LE DERNIER EMPEREUR

Charles d'Autriche
1887-1922

DU MÊME AUTEUR

Le Chouan du Tyrol. Andreas Hofer contre Napoléon, Perrin, 1991 et 2001.

Zita impératrice courage, Perrin, 1997 et Tempus, 2003 (prix Maurice-Baumont; prix Hugues-Capet; ouvrage traduit en allemand et en hongrois).

Le Terrorisme intellectuel, Perrin, 2000 et 2004; Tempus, 2004 (prix Louis-Marin de l'Académie des Sciences morales et politiques; prix Saint-Louis; ouvrage traduit en hongrois et en roumain).

Historiquement correct, Perrin, 2003 et Tempus, 2006 (prix Marcel-Thiébaut; Grand Prix catholique de littérature; ouvrage traduit en espagnol et en roumain).

Quand les catholiques étaient hors la loi, Perrin, 2005 et Tempus, 2006.

Moralement correct, Perrin, 2007 et Tempus, 2007.

En collaboration

Paroles de Croyants, Via Romana, 2007.
Le Livre noir de la Révolution française, Cerf, 2008.
Liquider Mai 68?, Presses de la Renaissance, 2008.

www.jeansevillia.com

Pour en savoir plus
sur les Editions Perrin
(catalogue, auteurs, titres,
extraits, salons, actualité...),
vous pouvez consulter notre site Internet :
www.editions-perrin.fr

Jean Sévillia

LE DERNIER EMPEREUR

Charles d'Autriche
1887-1922

PERRIN
www.editions-perrin.fr

© Perrin, 2009
ISBN : 978-2-262-02858-9

Pour Zita, Timothée et Alexis.

« Hommes de l'avenir souvenez-vous de moi
Je vivais à l'époque où finissaient les rois
Tour à tour ils mouraient silencieux et tristes
Et trois fois courageux devenaient trismégistes. »

Guillaume APOLLINAIRE,
Alcools.

« "L'empereur", ce mot avait réuni pour nous toute la puissance, toute la richesse, il avait été le symbole de la pérennité de l'Autriche et, dès l'enfance, on avait appris à prononcer ces syllabes avec vénération. Et maintenant je voyais son successeur, le dernier empereur d'Autriche, quitter le pays en proscrit. La glorieuse lignée des Habsbourg qui, de siècle en siècle, s'étaient transmis le globe et la couronne finissait à cette minute. Tous ceux qui nous entouraient sentaient l'histoire, l'histoire universelle, dans ce spectacle tragique. »

Stefan ZWEIG,
Le Monde d'hier.

« Il est venu chez les siens, et les siens ne l'ont pas reçu. »

Jean, 1, 11.

Charles Ier
Par la Grâce de Dieu
Empereur d'Autriche
Roi apostolique de Hongrie.

Roi de Bohême, de Dalmatie, de Croatie,
de Slavonie, de Galicie, de Lodomérie et d'Illyrie;
Roi de Jérusalem;
Archiduc d'Autriche;
Grand-duc de Toscane et de Cracovie;
Duc de Lorraine et de Bar,
de Salzbourg, de Steyr,
de Carinthie, de Carniole et de Bucovine;
Grand-prince de Transylvanie,
Margrave de Moravie;
Duc de Haute et de Basse-Silésie,
de Modène, Parme, Plaisance et Guastalla,
d'Auschwitz et de Zator, de Teschen, Frioul,
Raguse et Zara;
Comte de Habsbourg et du Tyrol,
De Kyburg, Goritz et Gradisca;
Prince de Trente et de Brixen;
Margrave de Haute et de Basse-Lusace
et en Istrie;
Comte de Hohenembs, de Feldkirch, Montfort,
Dornbirn, Bregenz, Sonnenberg;
Seigneur de Trieste, de Kotor;
Grand-voïvode du voïvodat de Serbie, etc.

Une place vide
dans la Crypte des Capucins

L'église se niche au cœur de Vienne. Extérieurement, elle ne brille pas par sa majesté : façade modeste, rue encombrée par les automobiles. Il faut passer la porte pour sortir de l'ordinaire. Car descendre l'escalier, c'est entrer dans l'Histoire : dans la crypte gisent les défunts d'une des plus prestigieuses dynasties européennes. Le sanctuaire, bâti au XVIIe siècle, à la demande d'Anne de Tyrol, épouse de l'empereur Matthias, avait été confié aux capucins : au XXIe siècle, ils y officient toujours. Selon le vœu de l'impératrice Anne, son époux et elle ont été enterrés ici. Depuis, la Crypte des Capucins est restée le cimetière des Habsbourg.

Cent quarante-cinq membres de la famille y sont inhumés, dont douze empereurs et dix-sept impératrices. Voici Ferdinand III, qui offrit la Hongrie et la Bohême à la maison d'Autriche. Léopold Ier, qui repoussa les Turcs et fit construire Schönbrunn. Joseph Ier, dont Eugène de Savoie emmena les armées à la bataille. Charles VI, dont les architectes transformèrent la capitale en joyau du Danube. La grande Marie-Thérèse, qui affronta la Prusse. Joseph II le réformateur. Léopold II, à qui la Convention déclara la guerre en 1792. François Ier, qui maria sa fille à Napoléon. Ferdinand Ier, qui fut chassé par la révolution de 1848. François-Joseph Ier, qui fut, disait-il à Théodore Roosevelt, le « dernier souverain de la vieille école ».

Le double sarcophage de Marie-Thérèse et de son mari,

François de Lorraine, est un chef-d'œuvre de la sculpture baroque. Celui de Joseph II est si dépouillé que sa simplicité devient ostentatoire. Les tombes de François-Joseph, de son épouse Elisabeth (Sissi) et de leur fils Rodolphe (mort à Mayerling) sont les plus fleuries.

Dans la pénombre de l'immense caveau, ces tombeaux racontent une civilisation : l'Autriche des Habsbourg. Dans un de ses chefs-d'œuvre, *La Crypte des Capucins*, l'écrivain Joseph Roth décrit un homme se réfugiant en ce lieu, en 1938, le jour de l'Anschluss, lorsque les nazis s'emparent du pays, parce que « là est l'Autriche ». C'est une méditation que l'on peut poursuivre dans le silence glacé d'un matin d'hiver, pour éviter la foule des visiteurs.

En 1989, le cérémonial solennel des obsèques impériales a été ressuscité pour l'enterrement de Zita, la dernière souveraine d'Autriche-Hongrie. Des mains anonymes fleurissent régulièrement sa tombe. Jusqu'en 2007, le sarcophage de l'impératrice était seul dans la chapelle de la crypte. A son côté se trouve désormais son fils, l'archiduc Charles-Louis. D'autres de ses enfants la rejoindront un jour. Mais son mari ?

Quand il est mort, en 1922, l'empereur Charles a été enterré là où il s'est éteint : à Madère. Il y est encore, et peut-être pour toujours*. Loin d'être délaissé toutefois : sur cette île si éloignée de sa patrie, il est l'objet d'une vénération populaire. Mais ce Habsbourg ne repose pas parmi les siens. Dans la Crypte des Capucins, sa mémoire n'est honorée que par un buste, qui fait face à la tombe de Zita. Un souverain éternellement condamné à l'exil ?

Charles Ier a exercé le pouvoir pendant deux ans. Rien, en comparaison des soixante-huit ans de règne de François-Joseph. Ce dernier, campé dans la légende de prince char-

---

* La raison pour laquelle les restes de Charles d'Autriche reposent à Madère est abordée dans le dernier chapitre du livre.

mant que lui a forgée le cinéma (la série des *Sissi*...), ou dans le portrait de vieillard aux favoris immaculés qui fait le bonheur des marchands de cartes postales, écrase de sa renommée son éphémère successeur.

Les plus cultivés, de nos jours, ont entendu parler des négociations de paix de 1917, et savent que l'empereur Charles a été mêlé à l'affaire, mais leur science s'arrête souvent là. L'impératrice Zita, parce qu'elle lui a survécu pendant plus de soixante ans, et parce que son destin d'exilée lui a fait parcourir le monde, est presque plus connue que son mari. De même que leur fils aîné, Otto de Habsbourg, qui a exercé une activité politique, en Europe, tout au long de la seconde moitié du XXe siècle.

Ainsi le dernier empereur d'Autriche et dernier roi de Hongrie est-il méconnu. L'auteur de ces lignes en est témoin : en 1997, en publiant une biographie de Zita[1*], il a éprouvé le sentiment de faire découvrir le couple impérial à un public qui en ignorait tout.

Depuis cette date, cependant, un événement a changé la perspective : le 3 octobre 2004, le pape Jean-Paul II a procédé à la béatification de Charles d'Autriche. Offert en modèle par l'Eglise catholique pour sa piété et pour ses qualités d'époux et de père de famille, mais aussi pour la façon dont il a servi la paix et la justice sociale, l'empereur est sorti de l'oubli. Là encore, l'auteur en est témoin : il est de plus en plus sollicité pour répondre aux questions d'un public désireux de connaître la vie du souverain. Dès lors, publier un portrait de Charles après avoir été le biographe de Zita était logique.

L'entreprise, cependant, posait deux difficultés. D'abord, comment éviter, en évoquant le même couple, d'écrire le même livre ? Par le recours à des sources nouvelles. D'une part, les actes du procès de béatification de Charles, dont la

---

* Les notes ne figurant pas en bas de page correspondent à des références bibliographiques ; elles sont regroupées à la fin du livre, p. 319.

publication s'est achevée en 2003². D'autre part, le premier vrai travail scientifique sur sa vie et son règne : deux épais volumes parus en 2004, sous la signature d'Elisabeth Kovács³. Le second tome, notamment, constitué par l'édition critique de tous les documents le concernant, tels qu'ils sont disponibles dans les archives du monde entier, est un outil sans égal pour la connaissance du souverain. Ce matériau a conduit à élargir, voire parfois à corriger, la vision historique développée dans *Zita impératrice courage*.

La seconde difficulté résidait dans le fait qu'il importait de rester dans le domaine de l'histoire, tout en intégrant la dimension religieuse et spirituelle de Charles, au demeurant centrale. Le présent ouvrage a donc l'ambition d'être non une hagiographie, mais une biographie.

Le lecteur, de son côté, est appelé à entrer dans ce livre en se dépouillant de certaines idées préconçues et de certains préjugés. Parce que l'Autriche-Hongrie a disparu, et que cet objet du passé n'est pas familier au public de langue française, beaucoup peinent à se représenter ce qu'était l'univers «k.u.k.*». Non seulement sur le plan politique, mais aussi du point de vue géographique, linguistique et culturel. Les Habsbourg, avant la Première Guerre mondiale, régnaient sur l'Autriche et la Hongrie. Si l'on considère une carte de l'Europe actuelle, l'ensemble épouse les contours de tout ou partie de treize Etats : l'Autriche, de larges régions du nord de l'Italie, la Slovénie, la Croatie, la Bosnie, le nord de la Serbie, un fragment du Monténégro, la Hongrie, la République tchèque, la Slovaquie, le sud de la Pologne, un morceau de l'Ukraine et l'ouest de la Roumanie**. Attention donc au sens des mots : un sujet autrichien, sous Charles Iᵉʳ, n'habite pas nécessairement en

---

* L'acronyme *k.u.k.* («*kaiserlich und königlich*», impérial et royal) symbolise la civilisation des Habsbourg.
** Voir les cartes en fin d'ouvrage, p. 333.

Autriche et ne parle pas forcément l'allemand*. Appréhender, par exemple, l'existence d'une marine de guerre austro-hongroise, qui mouille dans les ports de la côte dalmate, suppose un léger effort d'imagination...

Cet empire, par ailleurs, bénéficie d'un profond loyalisme dynastique, sentiment dont les Français, peuple républicain, n'ont plus idée. Nous verrons que ce sentiment, en Autriche, se sera maintenu jusqu'au bout, au moins jusqu'à l'été 1918.

Le récit qui suit ne doit pas être lu comme si la fin de l'histoire était connue. Encore moins comme si elle était courue d'avance : ni l'effondrement de la Double Monarchie, ni le destin personnel de Charles d'Autriche n'étaient écrits.

Mais quelle réelle liberté d'action restait-il à ce souverain lorsqu'il a accédé au pouvoir ? Broyé par une réalité sur laquelle il ne put peser, le dernier empereur eut une courte vie aux accents tragiques. Elle méritait d'être racontée

---

* Attention également au sens du mot « allemand » : le terme *Deutsch*, dans une perspective historique, revêt un champ sémantique large. L'absence de synonymes, dans la traduction française, peut entraîner des confusions que seul le contexte dissipe. Un Allemand, dans l'Autriche des Habsbourg, n'est pas un ressortissant de l'Allemagne, mais un sujet autrichien de langue et de culture allemandes : soit les habitants de l'Autriche, y compris les Tyroliens du Sud, plus les minorités germaniques de Bohême, de Moravie, de Carniole (Slovénie) et de Croatie. Il existe aussi de fortes minorités allemandes dans le royaume de Hongrie. Certains Autrichiens aiment l'Allemagne, mais d'autres Allemands (d'Autriche) se défient des Allemands (du Reich). Il est aussi des Allemands (d'Autriche) qui détestent les Prussiens.

1

La simplicité d'un prince

C'est sur le Danube, au château de Persenbeug, à 80 kilomètres à l'ouest de Vienne, que l'archiduc Charles voit le jour, le 17 août 1887*. L'enfant est un Habsbourg parmi d'autres, et son avenir est tout tracé. Il sera officier, comme tous ceux de sa lignée, et il servira l'empereur. L'empereur qui sera toujours, si Dieu lui prête vie, François-Joseph, son grand-oncle, et après lui François-Ferdinand, son oncle. Cet oncle est encore célibataire, mais il se mariera, et son fils aîné deviendra le souverain. Charles sera donc le loyal sujet de son cousin l'empereur.

Une série de ruptures dynastiques va cependant lui réserver un tout autre destin**. Est-ce un hasard, ou est-ce la Providence ?

Le grand-père de Charles, l'archiduc Charles-Louis, est un frère de François-Joseph. En 1889, à la mort du fils du souverain, Rodolphe, il vient en premier dans l'ordre de succession. Mais il est âgé de 56 ans et nul ne croit qu'il pourrait devenir empereur. C'est donc François-Ferdinand, son fils aîné, âgé de 26 ans au moment de la disparition de

---

* Tous les membres de la famille de Habsbourg, y compris ceux qui y sont entrés par le mariage, portent le titre d'archiduc ou d'archiduchesse. Lors de son baptême, Charles reçoit les prénoms suivants : Carl Franz Joseph Ludwig Hubert Georg Maria. Son premier prénom est orthographié avec un c, mais, en raison de la prononciation de cette lettre dans les langues slaves, on l'écrira Karl à partir de son accession au trône.

** Voir les tableaux généalogiques en fin d'ouvrage, p. 337.

son cousin, qui est regardé comme l'héritier de la Couronne.

Le deuxième fils de l'archiduc Charles-Louis, Otto, est le père de Charles. Il ne s'intéresse guère à la politique. C'est néanmoins pour resserrer les liens entre l'Autriche et le royaume de Saxe qu'on lui a fait épouser, à Dresde, la princesse Maria Josepha, qui ne peut pas se douter, alors, qu'elle sera un jour la mère d'un empereur.

La mère de Charles, nièce du roi de Saxe, fille du futur roi et sœur d'un autre futur roi, est issue d'une famille profondément catholique : un de ses frères sera prêtre. Maria Josepha, jeune femme sérieuse et pieuse, consacre beaucoup de son temps aux œuvres charitables. Un tempérament qui ne s'accorde pas avec celui de son mari.

L'archiduc Otto, âgé de 22 ans au moment de la naissance de Charles, est un bel homme, séduisant et séducteur, qui manifeste un goût impénitent pour les plaisirs de ce monde. Quand il était célibataire, ses frasques de lieutenant ont défrayé la chronique. On cite toujours cette soirée où, ayant bu plus que de raison, il se présenta au célèbre Hôtel Sacher, à Vienne, vêtu en tout et pour tout de son ceinturon et de son sabre. Ou encore le pari qu'il fit, et tint, de sauter à cheval par-dessus un corbillard transportant un mort anonyme. Marié, Otto se calmera à peine. Il lui arrivera, une nuit, d'amener des compagnons de beuverie dans la chambre conjugale, afin de leur montrer la « nonne » qu'il avait épousée.

Après avoir longtemps respecté les apparences, le couple finira par mener des vies séparées. Otto mourra, à 41 ans, des suites de la syphilis, soigné par sa dernière maîtresse. Maria Josepha aura supporté ses infidélités dans un surcroît de religion, et dans le soin apporté à l'éducation de ses deux fils : Charles et Maximilien, né en 1895, de huit ans son cadet.

Charles restera imprégné par le modèle de sa mère, qui partagera sa destinée, et qui connaîtra l'épreuve de devoir lui survivre. Sur son père, en revanche, il ne s'exprimera pratiquement jamais : un silence qui témoigne d'une blessure.

L'archiduc Otto est officier dans l'armée impériale et royale. La petite enfance de Charles se déroule donc au gré des affectations de son père : Brünn, en Moravie*, Prague, en Bohême, Sopron, en Hongrie. Quand Maria Josepha n'accompagne pas son mari, elle vit chez son beau-père, l'archiduc Charles-Louis. Soit au château de Persenbeug, soit dans son palais viennois, soit encore dans la maison qu'il a fait construire à Reichenau, à une centaine de kilomètres au sud de Vienne : la villa Wartholz. C'est là, sur les contreforts des Alpes, que Maria Josepha passe ses vacances avec ses enfants. Cette demeure, dont Charles héritera après son grand-père et son père, restera sa vraie maison de famille, avec toute la valeur affective qui s'y attache.

Dans cette région, les représentants de dynasties détrônées ont trouvé refuge : les Bourbons d'Espagne, héritiers du comte de Chambord, à Frohsdorf ; les Bourbons-Parme, à Schwarzau ; les Bragance, à Seebenstein. Quand chaque famille prend ses quartiers d'été, ces gens du même univers, souvent liés par des cousinages, se reçoivent d'une maison à l'autre. Déjeuners prolongés, parties de tennis, bavardages mondains : Charles a connu cette ambiance.

Durant l'hiver 1893-1894, Maria Josepha passe plusieurs semaines à Cannes avec Charles. François-Joseph, qui avait rejoint l'impératrice Elisabeth au Cap Martin, leur rend visite. Une photo montre le petit archiduc, âgé d'un peu plus de 6 ans, donnant la main à l'empereur : il a l'air tout intimidé.

---

* Aujourd'hui Brno, en République tchèque.

En 1896, Charles-Louis meurt. Peu après, Otto, nommé général, est muté à Vienne. Au même moment, son frère aîné, François-Ferdinand, atteint de tuberculose, lutte contre la maladie : on craint pour sa vie. Otto, au grand effroi de l'empereur, pourrait donc devenir l'héritier du Trône. A ce titre, il se voit attribuer un chambellan et une suite, et emménage avec les siens dans le palais de l'Augarten. Charles a 9 ans.

Un collégien apprécié de ses camarades

Jusqu'à l'âge de 7 ans, le petit garçon n'a pas quitté la garde des femmes. C'est sa gouvernante irlandaise, Miss Casey Bride, qui lui a appris à lire et à écrire – en anglais, et non en allemand.

En 1894, après le séjour à Cannes, le jeune prince est confié aux hommes. Son éducation se déroulera sous la houlette du comte Georg Wallis-Karighmain. Autrichien d'origine irlandaise, ce capitaine de cavalerie avait déjà servi de tuteur à son oncle François-Ferdinand et à son père. Ce catholique fervent aime l'enfant comme son propre fils. Mais il le soumet à une discipline de fer, ce qui procurera des moments difficiles à ce garçon de nature sensible. Lever à 6 heures du matin, été comme hiver, bain froid quotidien en toute saison, prière, déjeuner, puis étude toute la matinée ; l'après-midi, études et sport. Ce régime aguerrira Charles qui, adulte, restera attaché à son éducateur. Le comte Wallis, lui aussi, aura la douleur de devoir survivre à son élève.

En dépit de leur mésentente conjugale, les parents de Charles n'ont pas de différend sur l'éducation à lui donner. L'archiduc Otto le fait savoir à Wallis : «Nous sommes totalement d'accord avec vous et avec votre méthode dans votre façon d'élever Charles, et nous vous en serons toujours reconnaissants[1].»

Wallis, assisté du baron Mattencloit, deuxième éducateur et maître d'équitation, préside à un groupe de précepteurs chargés d'instruire l'archiduc dans toutes les matières. Au chapitre des langues, signalons qu'il apprend très jeune – outre le latin, l'anglais, le français et l'italien – les langues de l'empire. Il ne parlera couramment que trois d'entre elles : le hongrois, le tchèque et le serbo-croate. Dans le milieu rangé de ses professeurs (où figurent beaucoup d'officiers et d'ecclésiastiques), la personnalité de Josef Holzlechner détone. Cet homme d'origine modeste, docteur en droit, latiniste, helléniste et passionné de sciences, est un original : quand le temps le permet, il donne ses cours en plein air.

L'archiduchesse Maria Josepha élève son fils dans une foi chrétienne empreinte de piété mariale, et l'emmène tous les jours à la messe. Un dominicain, le père Geggerle, est chargé de sa formation religieuse. Tâche complétée, quand Charles sera adolescent, par Mgr Marschall. Ce prélat, ancien aumônier de son grand-père, était engagé dans le courant catholique-social qui s'était épanoui, en Autriche, sous l'autorité de Karl von Vogelsang. Encore une influence qui imprégnera le jeune homme.

Est-il possible de dater le moment où Charles a pris conscience que sa trajectoire pourrait un jour rencontrer la Couronne ? Dans ses souvenirs, le père Geggerle relate un court échange qu'il a eu avec l'enfant, alors âgé de 9 ans, après la mort de l'archiduc Charles-Louis, et alors que François-Ferdinand était malade.

« — Maintenant que mon grand-père est mort, qui deviendra empereur ? me demanda-t-il.

— Tout d'abord votre oncle François-Ferdinand, s'il guérit.

— Mais si mon oncle ne guérit pas, qui deviendra empereur ?

— Votre père.

— Et si lui aussi venait à tomber malade ?
— Alors c'est vous qui monterez sur le trône.
— Oh non ! Auparavant, ce sera maman !
— Votre mère ne peut être qu'impératrice régente. Si l'archiduc François-Ferdinand ne laisse pas de successeur, vous deviendrez empereur et roi apostolique après votre père.

Sur quoi Charles rougit. Jamais plus il n'aborda cette question avec moi[2]. »

Quand l'archiduc atteint les 13 ans, ses parents l'inscrivent au Schottengymnasium (Collège des Ecossais) à Vienne. Tenu par des bénédictins, l'établissement accueille les fils de la première société. Charles y fait son entrée en novembre 1900 et, parallèlement, pratique le sport au collège des jésuites de Kalksburg, à la lisière sud de la capitale. L'archiduc n'est cependant pas un collégien comme les autres : il bénéficie d'un régime qui l'autorise à fréquenter les cours exclusivement pour certaines matières, telles la physique, la chimie ou les sciences naturelles. Apprécié de ses camarades, il est surnommé Erz-Carl*. D'après ses relevés de notes, Charles n'est pas un élève brillant, mais appliqué. En juin 1901, il quitte le collège en ayant remporté l'examen final, mais il n'est pas autorisé à passer sa *Matura*, le baccalauréat autrichien, François-Joseph estimant qu'un Habsbourg dérogerait en concourant au milieu des autres.

A l'adolescence, Charles découvre de nouveaux horizons en compagnie du comte Wallis. Entre 1900 et 1904, ils visitent ensemble les régions-frontières de l'Autriche ou de la Hongrie : le Tyrol, la côte Adriatique, la Bosnie, l'Herzégovine, la Galicie**, la Bucovine et la Transylvanie***. Lors de

---

* Jeu de mots formé sur la contraction de *Erzherzog* (archiduc) et de Carl, *Erz-Carl* peut se traduire par « Archi-Charles ».
** La Galicie correspond au sud de la Pologne.
*** La Bucovine et la Transylvanie se situent aujourd'hui en Roumanie.

ces mêmes années, l'archiduc effectue plusieurs voyages en France : Paris, la Bretagne (avec deux séjours chez les Rohan, au château de Josselin), Trouville, Lyon, Chamonix. Il visite aussi l'Alsace et la Lorraine, annexées par l'Allemagne en 1871.

En 1904 et en 1905, Charles est envoyé en cure à Brixen, au Tyrol*. C'est là qu'il rencontre un ami de Wallis, le comte Arthur Polzer-Hoditz, un haut fonctionnaire, chef des services de la Chambre haute du Parlement autrichien. Près de vingt ans les séparent. En dépit de cette différence d'âge, il éprouve pour lui une sympathie immédiate, sentiment payé de réciprocité. Conseiller écouté, Polzer-Hoditz deviendra le directeur de cabinet de Charles. Lui aussi le verra mourir.

Lieutenant au 7ᵉ régiment de dragons

Nommé sous-lieutenant de uhlans à 16 ans, Charles commence son service militaire actif deux ans plus tard. Le 1ᵉʳ octobre 1905, il est incorporé au 7ᵉ régiment de dragons, « Duc de Lorraine et de Bar », unité stationnée à Bilin, en Bohême**. L'archiduc loge à la caserne, dans deux modestes pièces. Il suit la même formation que ses camarades, effectue un travail identique (remonte, soin des chevaux, tir, instruction des recrues), et participe à la vie quotidienne du régiment.

Le 1ᵉʳ janvier 1906, en congé à Vienne, Charles se casse la cheville, en patin à glace, après avoir été renversé par un mauvais plaisant, dont il refuse de livrer le nom. Victime de fractures multiples, il doit être opéré plusieurs fois et reste immobilisé de longues semaines au palais de l'Augarten, où vient le distraire son ami Polzer-Hoditz. Ce n'est qu'au

---

* Brixen (Bressanone), dans le Tyrol du Sud, se trouve aujourd'hui dans le Haut-Adige, en Italie.
** Aujourd'hui en République tchèque.

début de l'été suivant qu'il peut rejoindre son régiment, où il est promu lieutenant, le 1ᵉʳ novembre 1906.

Ce même jour, Charles et sa mère, rentrant de Cannes où ils ont assisté à un mariage, se trouvent en gare de Milan lorsqu'ils apprennent la mort d'Otto. Maria Josepha n'avait pas revu son mari depuis longtemps. Pour le garçon de 18 ans, l'événement est marquant, si distantes qu'eussent été ses relations avec son père. C'est aussi un tournant supplémentaire du destin. En 1900, en effet, François-Ferdinand a conclu un mariage morganatique qui a exclu sa descendance du trône des Habsbourg. Cet oncle a 43 ans : il a certes la vie devant lui. Il reste que Charles est désormais l'héritier en second de la Couronne.

En dépit des désordres de sa vie privée, Otto était conscient de ses devoirs dynastiques. En 1904, sa santé se dégradant, il avait adressé ses recommandations au comte Wallis, au sujet de «notre fils Charles, qui sera un jour empereur si Dieu le veut[3]». A 18 ans, l'archiduc devait entamer sa formation politique. A cette fin, il devait suivre les cours d'une université, de préférence à Prague ou à Innsbruck.

Ce sera Prague. Après les obsèques de son père, Charles ne rejoint pas son régiment, mais gagne la capitale de la Bohême. Toujours en compagnie du comte Wallis, il s'installe dans un appartement du Hradschin, la résidence royale qui domine la vieille ville. François-Joseph a interdit, cependant, que son petit-neveu soit traité comme les autres étudiants. Charles ne se rend donc pas à la faculté : ce sont des professeurs des deux universités de Prague – l'université de langue allemande et l'université de langue tchèque – qui lui dispensent des cours particuliers. Droit public, droit civil, droit pénal, droit canon, histoire, sciences politiques, économie et finances : le programme, étalé sur deux ans, a été approuvé par l'empereur et par le ministre de l'Instruction publique.

Le 17 août 1907, Charles a 20 ans, l'âge de la majorité. Une petite fête est organisée à la villa Wartholz. Charles y a convié tous ceux, éducateurs ou professeurs, qui ont œuvré à sa formation. La mission officielle du comte Wallis prend fin. Charles, majeur et second héritier du Trône, a droit à une suite et à une liste civile. Le prince Zdenko von Lobkowicz devient son premier chambellan, le comte Franz Ledebur son aide de camp. L'archiduc apparaît dans les manifestations officielles, telles les festivités qui se déroulent, en juin 1908, pour célébrer les soixante ans de règne de François-Joseph.

En 1909, ses études achevées, Charles reprend sa carrière militaire au 7e régiment de dragons, toujours en Bohême, mais cette fois à Brandeis an der Elbe*.

Sa grande qualité : l'attention aux autres

Quelle impression ce lieutenant de 22 ans laisse-t-il à ceux qui le rencontrent ? Sur le plan physique, son dossier militaire, conservé aux Archives de la Guerre, à Vienne, le décrit ainsi : « Blond, yeux bleus, visage ovale, traits réguliers, 1,78 m. » Les photos dévoilent un portrait moins flatteur : le visage encore enfantin, les oreilles décollées, les lèvres épaisses, Charles n'est pas le bel officier qu'étaient, au même âge, François-Joseph ou Otto. Son dossier signale qu'il parle allemand, français, italien, anglais et hongrois, qu'il possède des rudiments de tchèque suffisants pour le service, et qu'il est un cavalier plein d'allant, doté d'une bonne connaissance du cheval.

Toujours à en juger d'après son dossier militaire, les principaux traits de sa personnalité sont un « caractère déterminé », un « tempérament vif » et des « qualités d'esprit supérieures », une « capacité de conception exception-

---

* Aujourd'hui en République tchèque.

nellement rapide» et une «véritable compréhension des situations tactiques»[4]. Les archiducs sont notés au même titre que les autres officiers. Le sont-ils avec autant d'objectivité?

Une certaine difficulté à cerner la véritable personnalité de Charles tient à son caractère. Pour le dire franchement, il n'est pas quelqu'un qui en impose de premier abord. Peu éloquent, discret, presque timide, il peut donner l'impression d'une individualité effacée. Habitué à suivre son instinct ou le bon sens, plus que la rigueur d'un raisonnement, il ne frappe pas non plus par son intelligence. Il existe cependant de nombreux exemples d'hommes qu'il a déçus dès leur première rencontre, et parfois sévèrement, mais qui, après avoir appris à le connaître, ont été conquis par lui.

C'est par sa simplicité et par sa cordialité que Charles suscite la sympathie. Il est toujours attentif aux autres. Même quand il n'est pas d'accord avec son interlocuteur, il l'écoute, en restant calme et en tentant de comprendre son point de vue. La vérité, même si le mot fait sourire, c'est que Charles est bon. Ses adversaires, et il en comptera beaucoup, ne lui dénieront jamais cette qualité – du moins ceux qui l'auront personnellement croisé.

Revers de la médaille, sa bienveillance naturelle le conduit à commettre des erreurs de jugement sur les hommes, car il ne voit pas le mal. Par respect pour les autres, par crainte de les blesser, il hésite également à prendre des positions tranchées. Mais à force de tergiverser, il devient indécis.

Ses goûts sont rustiques. Charles aime la nature, la montagne, la chasse. Frugal, il ne s'intéresse pas au contenu de son assiette ou de son verre. Il fume avec modération : un petit cigare par jour. Mais il aime rire, et il est adepte de cet humour autrichien – viennois, pour mieux dire – qui confine à l'autodérision.

Pleinement Habsbourg, il ne se considère pas pour autant comme d'extraction supérieure. Certains membres de sa famille se font un devoir de manifester une réserve hautaine envers ceux qui ne sont pas reçus à la Cour. Charles, lui, a horreur du grand genre qui est de rigueur à Schönbrunn ou à la Hofburg. Mettant tout le monde à l'aise, il tend spontanément la main à celui à qui il parle, quel que soit son rang, ce que François-Joseph réserve à la plus haute aristocratie. A Vienne, il lui arrive de prendre le tramway. Un jour d'hiver, alors qu'il se rend en automobile à la villa Wartholz, il s'aperçoit que son chauffeur a les mains gelées (les conducteurs étaient alors installés à l'extérieur de l'habitacle) : Charles lui réclame le volant, et le prie de s'assoir à l'intérieur. « Envers les humbles, se souviendra sa belle-sœur, envers les petites gens, les domestiques, les gardes-chasse, les paysans, il avait toujours une bonne parole ; il leur montrait de l'intérêt en s'informant de leurs familles, de leurs travaux, les remerciait pour les moindres services[5]. »

Ce prince, en réalité, est un homme simple, tout simple, sans arrière-pensées. Malgré cela, il est très tôt l'objet de rumeurs malveillantes. Dans ses souvenirs, Arthur Polzer-Hoditz rapporte l'histoire d'une partie de chasse effectuée avec lui, le 29 décembre 1908, dans le Semmering (un massif montagneux situé à une centaine de kilomètres de Vienne). Quelques jours après cette sortie, le comte Wallis l'informe que le bruit s'était répandu dans Vienne que l'archiduc et lui avaient passé la nuit dans un pavillon de chasse, où ils s'étaient livrés à une orgie en compagnie d'une chanteuse d'opérette. Une accusation bâtie de toutes pièces. A 21 ans, Charles est déjà poursuivi par l'air de la calomnie. Cet air-là ne le quittera plus.

Une princesse nommée Zita

Printemps 1911. L'archiduc aura 24 ans cet été. Il a l'âge de se marier, mais François-Joseph ne veut pas d'un second cas François-Ferdinand. Convoquant son petit-neveu, il le somme de trouver une épouse, « exclusivement une princesse impériale ou royale ». Charles s'apprête à répondre, mais l'empereur lui coupe la parole : « Je le répète, c'est un ordre. Tu dois chercher s'il n'y a pas une princesse de ta connaissance qui te convienne. Le plus simple est que tu prennes le Gotha, regarde qui peut convenir. — Mais Majesté, j'ai... — C'est un ordre, tu as six mois. Et si tu ne t'en sors pas avec le Gotha, demande au comte Wallis, il t'aidera[6]. »

Neveu obéissant, Charles ouvrira le Gotha pour le principe*. Mais sa princesse, celle dont il a le nom en tête et qu'il n'a osé avouer à François-Joseph, il la connaît déjà.

Au cours de son enfance, Charles a fréquemment croisé Zita de Bourbon-Parme**. De cinq ans plus jeune que lui, elle appartient à ces familles souveraines qui sont établies autour de Vienne et avec qui des visites sont échangées pendant l'été. Charles se sent plus proche de ses frères, mais ils fréquentent les mêmes cercles. Pendant l'été 1909, alors qu'il est lieutenant, ils se revoient à Franzensbad, ville d'eaux de Bohême où Zita accompagne une cousine de sa mère, l'archiduchesse Maria Annunziata. Or cette cousine se trouve être la tante de Charles, du côté de son père. En garnison à Brandeis, l'archiduc prend plaisir à venir voir sa tante. Le plaisir se double vite de la présence de Zita... Pendant l'été de l'année suivante, Maria Annunziata effectuant de nouveau une cure, le manège se renouvelle.

Zita est la fille de Robert de Bourbon, qui est mort en 1907. Il avait été le dernier duc régnant de Parme, principauté absorbée par l'Italie en 1859. Orphelin, ce prince

---

* L'Almanach du Gotha, édité en Allemagne de 1763 à 1944, mais publié en français, était un annuaire des familles souveraines et de la haute noblesse.
** Zita est un prénom italien. Sainte Zita (1218-1278) était une servante qui a vécu à Lucques, en Toscane, où son tombeau est vénéré.

avait été élevé par son oncle, le comte de Chambord, héritier du trône de France. Marié, il s'était fixé en Autriche, au château de Schwarzau, non loin de Vienne, où il vivait la moitié de l'année. L'autre moitié se déroulait en Toscane, dans sa propriété de Pianore, près de Lucques. N'ayant aucune prétention politique, le duc de Parme pouvait aller et venir comme bon lui semblait en Italie, de même qu'en France où il se rendait régulièrement, ayant hérité du château de Chambord. Dans l'empire des Habsbourg, François-Joseph, gardien de la légitimité, veillait à ce qu'il fût traité en souverain exilé.

Interrogé sur la nationalité de sa lignée, où l'on parlait à l'égal le français, l'allemand, l'italien ou l'espagnol, le duc Robert répondait que les Parme étaient « des princes français qui avaient régné en Italie ». Sa famille était néanmoins très liée à l'Autriche. C'est un hasard, en 1892, qui a fait naître Zita à Pianore, en Italie. « Si j'étais née à Schwarzau, comme mes frères et sœurs, expliquera-t-elle plus tard, j'aurais été une Autrichienne de naissance. Car Autrichiens, nous l'étions tous en pensée[7]. »

Robert de Parme s'était marié une première fois avec une cousine, Maria Pia de Bourbon-Siciles, dont il avait eu douze enfants, le dernier ayant entraîné sa mère dans la tombe. Il s'était ensuite remarié avec Maria Antonia de Bragance qui, elle aussi, lui avait donné douze enfants, dont Zita. La princesse a donc grandi dans l'ambiance agitée d'une véritable tribu. Le duc et la duchesse de Parme étant d'un catholicisme exigeant, Zita a reçu, comme Charles dans sa propre famille, une éducation où la religion occupe la première place.

Maria Annunziata, qui a vu naître les sentiments de Charles et de Zita, alerte sa mère, l'archiduchesse Marie-Thérèse. Celle-ci est en effet un point de rencontre familial pour les deux jeunes gens. Née princesse de Bragance, elle est la sœur de la duchesse de Parme, et donc la tante de Zita. Par ailleurs, elle est la troisième épouse de l'archiduc Charles-Louis, frère de l'empereur, dont elle a élevé les enfants, François-Ferdinand et Otto. Elle est donc la quasi-grand-mère de Charles, qui la considère comme telle*. Marie-Thérèse va voir son beau-frère, François-Joseph, et lui explique qu'il conviendrait de marier Charles et Zita. Les Bourbons-Parme, catholiques et de rang souverain, correspondent aux critères d'un mariage impérial : le monarque consent donc à cette union.

A Londres, au couronnement de George V

Les fiançailles sont célébrées le 13 juin 1911, à Pianore, dans la maison qui a vu naître Zita. Journées de bonheur : les fiancés se promènent en Toscane, rendent visite au tombeau de sainte Zita, à Lucques. Mais, quatre jours plus tard, Charles doit partir pour sa première mission officielle : l'empereur l'a chargé de le représenter aux cérémonies du couronnement de George V, à Londres. En compagnie de son chambellan, le prince Lobkowicz, l'archiduc quitte donc Pianore pour Paris, d'où il prend le train pour Calais. Le 19 juin, après un détour par Ostende, pour saluer le roi et la reine des Belges de la part de François-Joseph, il embarque, avec les autres invités, sur le yacht du roi d'Angleterre. A Douvres les attend un train spécial pour Londres.

Deux jours de festivités précèdent le couronnement du roi. Lors d'un banquet à Buckingham, Charles, assis à la place d'honneur, à la droite de la reine Mary, lui montre fièrement le portrait de sa fiancée. Suivent un dîner chez le duc de Sutherland, un déjeuner à l'ambassade d'Autriche, un banquet chez le duc de Connaught. L'archiduc trouve le

---

* L'allemand possède un mot pour désigner ce lien *Stiefgrossmutter*, «belle-grand-mère».

temps de visiter au galop la National Gallery, et de faire un saut sur l'île de Wight. Là s'est installée, quelques années plus tôt, l'abbaye bénédictine Sainte-Cécile-de-Solesmes, chassée de France par les lois anticléricales. Une sœur de Zita, Adélaïde de Bourbon-Parme, y est entrée en religion en 1908*. Charles tient à voir sa future belle-sœur, qu'il avait naguère rencontrée dans les bals de Vienne ; elle s'appelle aujourd'hui Mère Marie Bénédicte, et a l'air « si immensément heureuse, écrit-il à sa fiancée, que chacun devrait l'envier[8] ».

La longue et fastueuse cérémonie du couronnement a lieu le 22 juin. Mais les réjouissances ne sont pas terminées. Charles passe encore cinq jours à Londres : défilé militaire à Hyde Park, concours hippique, banquet au Foreign Office, revue navale à Spithead, dîner d'honneur à l'ambassade d'Autriche, bal au palais du duc de Westminster (Charles, en l'absence de sa fiancée, refuse de danser), garden-party à Buckingham. Le 28 juin, il quitte l'Angleterre.

Son séjour a duré une semaine, durant laquelle il a écrit cinq fois à Zita. Ces lettres, qui ont été conservées, sont savoureuses : elles révèlent, derrière la façade officielle, ce qui se passe dans la tête d'un jeune homme amoureux. Du dîner où il était assis à la droite de la reine Mary, Charles confie qu'il était « atrocement ennuyeux ». Lors du couronnement, pour se rendre de Buckingham à l'abbaye de Westminster, Charles et le Kronprinz étaient placés dans le même carrosse que le prince héritier de l'Empire ottoman. A Zita, il rapporte cette anecdote : « Nous lui avons offert du cognac à boire, ce qui est contre l'islam. Il a d'abord refusé, et quand nous lui avons assuré que personne ne le voyait, il l'a bu avec beaucoup de plaisir. » Après un banquet, Charles se plaint : « Je ne peux plus souffrir toutes

---

* Deux autres sœurs de Zita seront bénédictines à Solesmes : Franziska (Françoise), en religion Mère Scholastique, qui entrera au monastère en 1913, et Maria Antonia, qui entrera en religion en 1919 et qui gardera son nom de baptême.

ces bombances. » Sur la capitale britannique, il exprime ce jugement abrupt : « Londres est quelque chose d'effroyable ; cela fait trois jours que je suis là pour mon malheur, et il y a toujours le même ciel gris et de la pluie[9]. »

Alors que Charles est à Londres, Zita se trouve à Rome, en compagnie de sa mère, de son frère Sixte et de sa sœur Isabelle. Avant son mariage, la princesse est venue recevoir la bénédiction du pape. Le 24 juin, la duchesse de Parme et ses enfants sont reçus en audience privée par Pie X, moment prolongé par un entretien particulier accordé à la mère et à la fiancée. Zita n'oubliera jamais les paroles du souverain pontife : « Vous allez épouser l'héritier du Trône. Je vous souhaite alors toutes les bénédictions. » La jeune fille, intimidée, n'ose objecter que l'héritier du Trône des Habsbourg est l'archiduc François-Ferdinand, et non Charles. Mais Pie X poursuit : « Je m'en réjouis infiniment, car une grande bénédiction tombera sur son pays grâce à lui. Il sera la récompense de l'Autriche, pour sa fidélité à l'Eglise. » C'est beaucoup plus tard que Zita interprétera ces mots comme une prophétie – apportant ce témoignage au procès de béatification de Pie X. Sur le moment, elle n'y voit qu'une confusion commise par le souverain pontife, glissant à sa mère, à la sortie de l'audience : « Dieu merci, le pape n'est pas infaillible en matière politique[10]. »

Un mariage pour la vie

Le samedi 21 octobre 1911, le mariage est célébré à Schwarzau, dans la propriété autrichienne des Parme. La veille, un grand dîner a été servi. Décor orné des lys des Bourbons, murs ornés de portraits de Louis XIV, Louis XV et Charles X, longues tables dressées avec le couvert d'argent, laquais à la française : la soirée revêt l'éclat des fêtes d'Ancien Régime. Dans un salon, les cadeaux peuvent être admirés. François-Joseph a offert un diadème en diamant, Charles un collier de perles à vingt-deux rangs – magnifique bijou qui, dans le temps des malheurs, restera l'ultime coquetterie de Zita.

Le jour du mariage, le temps est radieux. A 7 heures du matin, les fiancés assistent à une première messe. C'est à cet instant que Charles dit à Zita, qui l'a rapportée, une phrase qui prendra son sens plus tard : « Maintenant, notre devoir est de nous aider mutuellement à aller au Ciel. » Il a 24 ans, elle en a 19.

A 11 heures, François-Joseph, venu en train de Vienne, fait son entrée par le grand portail du château, qui n'avait pas été ouvert depuis sa précédente visite, en 1894, du vivant de Robert de Bourbon. Tandis que l'étendard des Parme est abaissé, celui des Habsbourg est hissé. Le souverain est accompagné de son officier d'escorte, Nikolaus von Horthy. Dix ans plus tard, ce Hongrois jouera un rôle aussi décisif que funeste dans le destin de Charles.

L'empereur est conduit jusqu'à la duchesse Maria Antonia de Parme, au côté de qui se tient Zita. Quand le monarque lui tend la main, la princesse, conformément à l'usage, s'incline pour la baiser. Mais le monarque se ravise et, marquant l'entrée de la jeune fille dans sa famille, l'embrasse sur les deux joues, la faisant rougir.

Trois cents invités sont réunis dans la salle de réception. L'empereur en tête, le roi de Saxe à sa suite, le cortège se forme en direction de la chapelle. Charles, qui vient d'être nommé capitaine, porte l'uniforme des dragons de Lorraine et l'Ordre de la Toison d'Or. Devant l'autel, il est rejoint par Zita, en robe de satin ivoire, traîne fleurdelisée. L'empereur est attendri : ce mariage contient la promesse de la pérennité de sa dynastie. On le verra plusieurs fois sortir son mouchoir pour se sécher les yeux, tout comme Zita, émue comme toutes les mariées du monde.

A midi, la messe est célébrée par Mgr Bisleti – ami de la famille de Parme, ce cardinal de la curie romaine restera lié avec le jeune couple – et par Maximilien de Saxe, oncle maternel de Charles. Les lectures et le consentement sont prononcés en français, langue de la famille de la mariée, et c'est donc par un « oui » sonore que Charles et Zita s'engagent pour la vie. A l'intérieur de leurs alliances, il a fait graver cette inscription : « Karl von Österreich – Zita von Bourbon-Parma. *Sub tuum praesidium confugimus, sancta Dei genitrix** ». L'homélie est dite en italien par Mgr Bisleti. Puis le prélat donne lecture d'une lettre de Pie X, dans laquelle le pape exprime des vœux pour l'empereur, et pour les nouveaux mariés. Dans ce texte, que François-Ferdinand demandera discrètement à relire, Charles est cité comme le successeur de François-Joseph, l'archiduc héritier étant une nouvelle fois passé sous silence...

Au terme de la bénédiction, le cortège regagne la salle de réception, où les mariés reçoivent les félicitations. Puis un déjeuner est servi à cinq grandes tables, dans la vaisselle en or gravée aux armes des ducs de Parme. Au fond de la salle à manger, une musique militaire joue des valses. L'atmosphère est joyeuse. Au dessert, François-Joseph se lève, et c'est en français, par courtoisie vis-à-vis de ses hôtes, qu'il porte ce toast : « Ce mariage qui nous réjouit tous, et pour lequel nous sommes réunis, me procure une grande joie et me remplit de satisfaction. L'archiduc Charles a choisi la princesse Zita de Parme comme compagne de toute une vie. Je le félicite pour le choix de son cœur, et je salue avec une joie profonde l'archiduchesse Zita comme membre de ma maison. Que Dieu protège l'archiduc Charles et l'archiduchesse Zita[11]. »

Après le déjeuner, une série de photos est prise sur la terrasse. C'est l'empereur lui-même, décidément d'excellente humeur, qui donne les directives, en plaisantant, pour que chacun se tienne à la bonne place. La scène est également

---

* « Charles d'Autriche – Zita de Bourbon-Parme. Nous nous réfugions sous Ta protection, Sainte Mère de Dieu. »

filmée. Uniformes, décorations et sabres, robes précieuses, bijoux et diadèmes, le spectacle est éclatant. Comment tous ces princes et ces princesses pourraient-ils se douter que leur monde vit ses dernières heures ?

Après le départ de François-Joseph, les mariés rejoignent la villa Wartholz. Pour les débuts de leur vie commune, Charles a choisi cette demeure qui lui est si chère. Ils passeront deux semaines dans la région, se promenant à pied, à vélo ou en voiture. Peu de jours après le mariage, Charles et Zita se rendent en pèlerinage à Mariazell. Dans ce village de Styrie, dans la montagne, se dresse une basilique qui abrite une statue de la Vierge à l'enfant, vénérée depuis le XIIe siècle. L'archiduc inscrit ici ses pas dans ceux de ses ancêtres : les Habsbourg, protecteurs du sanctuaire, ont depuis toujours placé leurs États sous la protection de la Vierge de Mariazell, qui attire les fidèles de tout l'empire : *Magna Mater Austriae, Magna Domina Hungarorum, Mater Gentium Slavorum*.

Le 8 novembre, Charles et Zita partent en voyage de noces, en voiture. Le jeune marié tient le volant. Direction le sud de l'empire. D'abord le Tyrol, le Trentin et la plaine du Pô. A Goritz, ils se recueillent dans la nécropole des Bourbons de l'exil, aïeux de Zita. A Trieste, ils logent au château de Miramare, face à l'Adriatique, dans la somptueuse demeure bâtie pour l'archiduc Maximilien, frère de François-Joseph, avant sa tragique odyssée mexicaine. Le 17 novembre, ils embarquent sur un vapeur de la marine impériale pour une croisière le long de la côte dalmate : Brioni, Zara, Dubrovnik. Sur la passerelle d'un sous-marin, ils admirent les Bouches de Kotor, le point le plus méridional sur lequel s'étend la souveraineté des Habsbourg. En train, ils visitent ensuite la Bosnie, de Mostar à Sarajevo, puis retournent à Trieste, d'où ils repartent enfin pour Vienne.

Partout, le couple a été accueilli avec enthousiasme. Zita apprend le métier d'épouse d'un héritier du Trône. A chaque halte, il faut saluer les autorités civiles, militaires et religieuses, embrasser les enfants qui offrent des fleurs, serrer la main des notables, dire quelques mots dans leur langue. La jeune femme prévoit d'apprendre le hongrois et le tchèque (elle n'y parviendra pas), et au moins quelques formules dans les autres langues de l'empire : slovaque, polonais, ruthène, roumain, slovène, serbo-croate.

Charles et Zita sont amoureux. Une indiscrétion – un téléphoniste de la Cour qui écoute leurs conversations et dont les notes ont été conservées – nous permet de connaître les surnoms que le jeune marié donne à sa femme : *liebes Herzl* («cher petit cœur»), *liebes Mausi* («chère petite souris»), *liebstes Pusserl* («très cher petit baiser»)[12].

Un jeune couple presque ordinaire

Rentré à Vienne le 28 novembre, le couple repart quatre jours plus tard : Charles doit regagner son régiment en Bohême. Au 7e dragons, il prend le commandement d'un escadron. Avec Zita, ils habitent au château de Brandeis, propriété impériale. Quand ils ont des obligations à Vienne, cinq heures de train seulement les séparent de la capitale. François-Joseph leur a offert pour résidence le petit château baroque de Hetzendorf, non loin du palais de Schönbrunn, mais il doit d'abord être rénové.

En février 1912, le 7e dragons reçoit l'ordre de partir en manœuvre en Galicie, non loin de la frontière russe. Le 1er mars, Charles et Zita entament un voyage de 800 kilomètres vers l'est, lui à cheval, à la tête de son escadron, elle le suivant en train ou en voiture et le rejoignant le soir. Le 14 avril, ils arrivent à Kolomea*. Dans cette ville du bout

---

* Aujourd'hui Kolomyja, en Ukraine.

du monde, ils ne trouvent qu'un logement sommaire. Charles et Zita se lient avec le capitaine Dudek, le gouverneur de la place, et avec sa femme. Avec ce ménage bourgeois, le couple passe des soirées de détente ou fait des excursions, le dimanche, dans les proches Carpates.

En août, au cours d'un exercice dans la région de Lemberg*, Charles fait une chute de cheval et reçoit un coup de sabot sur la tête. Victime d'un traumatisme crânien, il doit être hospitalisé, puis se voit prescrire une longue convalescence, qu'il décide d'effectuer à Vienne. Les travaux de rénovation du château de Hetzendorf n'étant pas terminés, le couple s'installe à la villa Wartholz. Le 1er novembre, toutefois, Charles apprend qu'il n'aura pas à repartir pour la Galicie : nommé commandant, il est muté à Vienne, au 39e régiment d'infanterie, où il prend la tête d'un bataillon. Zita n'en est pas mécontente : enceinte, elle fait plus confiance aux médecins de la capitale qu'à ceux des confins de l'empire.

Le 20 novembre 1912, à 2 heures du matin, l'archiduchesse met au monde un garçon. « Charles et moi étions un peu déçus, car nous voulions une fille[13] », racontera-t-elle plus tard. Ce fils est prénommé Otto, comme son grand-père. Le baptême a lieu cinq jours plus tard, là où l'enfant est né, à la villa Wartholz. L'empereur est son parrain mais, séjournant à Budapest, il doit se faire représenter par son neveu François-Ferdinand. Dans l'ordre de succession au Trône, Otto est le quatrième : l'avenir de la monarchie est assuré. Les journaux calculent d'ailleurs que ce prince devrait régner vers 1960 ou 1970...

En janvier 1913, Charles et Zita emménagent enfin à Hetzendorf. S'étant rapprochés de l'empereur, ils apprennent aussi à mieux le connaître, et réciproquement. A la

---

* Aujourd'hui Lviv, en Ukraine.

Cour, le protocole place l'archiduchesse Zita loin devant l'épouse de François-Ferdinand, la duchesse de Hohenberg, qui n'a pas rang de membre de la famille impériale. La toute jeune femme est donc la première dame de l'empire, ce qui lui confère quelques obligations. Rares, car le temps des galas et des grandes réceptions est passé, François-Joseph se faisant vieux.

Le 3 janvier 1914, au château de Hetzendorf, Zita met au monde son deuxième enfant : une fille, baptisée Adélaïde.

Le couple mène une vie normale, presque ordinaire. Le général Margutti, second aide de camp de François-Joseph, reçu à Hetzendorf un jour de 1913, est surpris que ses hôtes commencent par lui demander des nouvelles de sa famille, « chose qui ne serait jamais venue à l'esprit du vieil empereur, qui réservait ce genre de questions aux membres de la plus haute noblesse[14] ». De même pour Alfred Dumaine, nommé ambassadeur de France à Vienne en 1912. Reçu en audience par Charles à Hetzendorf, le diplomate est présenté à Zita, qui lui montre les travaux effectués dans la maison. « Toute la conversation se maintint sur ce ton, se souviendra-t-il, celui d'un jeune ménage se complaisant dans les joies d'une première installation. » Un autre jour, Dumaine est accueilli à la villa Wartholz, où Charles et Zita sont en vacances. « Nous les avons retrouvés, écrira-t-il, toujours aussi simples dans leur allure, tout occupés de leurs premiers-nés, et répandant autour d'eux des témoignages de leur bon cœur[15]. »

A ce stade de la vie de Charles, aucun acte officiel, aucune parole publique ne laissent entrevoir une quelconque opinion de sa part sur la politique extérieure ou intérieure de la Double Monarchie. Or il est, après son oncle François-Ferdinand, l'héritier putatif du Trône. Comment voit-il l'avenir ? Rien ne le laisse deviner.

Zita a rapporté que la seule – et courte – dispute qu'ils eurent touchait à cette question. La scène se déroule en octobre 1911, peu avant leur mariage. Alors qu'ils se promènent sur le terrain d'aviation de Wiener Neustadt, ils sont reconnus et applaudis. Au lieu d'en être heureuse, Zita ressent un malaise, expliquant à Charles que sa famille a été ovationnée, elle aussi, avant d'être chassée de ses Etats. La puissance, la gloire sont fugaces, insiste-t-elle. François-Joseph est le pilier de l'Autriche. Mais après lui? Charles reste silencieux un long moment : « Je comprends ce que tu veux dire, mais ici, c'est différent. Je t'en prie, n'en parlons plus[16] », finit-il par lâcher.

Illusion? Aveuglement? En réalité, à cette époque, Charles observe et réfléchit. Ses idées sur l'Autriche, il les dévoilera plus tard.

2

L'archiduc héritier sur le front

28 juin 1914. Charles et Zita se reposent à la villa Wartholz. C'est le début de l'été : il fait beau, l'air est doux. Le couple déjeune sous la véranda d'un chalet bâti dans le parc du château. Un bonheur tranquille. Soudain un majordome apporte un télégramme. Expédié de Sarajevo, par l'officier d'ordonnance de l'archiduc héritier : « Regrette profondément devoir vous annoncer que l'archiduc François-Ferdinand et son épouse ont été assassinés ici. » En une seconde, Charles et Zita passent du bonheur à l'accablement. Anéantis, pétrifiés, ils restent d'abord silencieux. Et pensent à une scène survenue deux mois plus tôt.

Ils dînaient ce soir-là au palais du Belvédère, invités par François-Ferdinand. L'archiduc était d'humeur sombre. Alors que sa femme était sortie pour coucher les enfants, il leur avait dit : « Je dois vous faire part d'une chose... Je... je vais être assassiné. » Charles s'était récrié : « Mais, oncle, ce n'est pas possible ! Qui donc commettrait un tel crime ? — Ne me contredisez pas. J'en suis certain. Dans quelques mois, je serai assassiné. » Et, entendant les pas de son épouse, il avait chuchoté : « N'en parlons plus. Je ne veux pas que Sophie soit triste[1]. »

Ces paroles, Charles et Zita les ont encore en tête. L'étrange présage s'est donc réalisé. Le jeune archiduc va avoir 27 ans. Il avait normalement vingt à trente ans devant lui pour se préparer au pouvoir. Et voilà que les événements s'accélèrent : il est l'héritier du Trône. Et, au regard de l'âge de l'empereur, l'échéance où il devra lui succéder est sûrement proche...

Charles et Zita se précipitent dans la villa, téléphonent pour avoir confirmation. Ils appellent Bad Ischl, la résidence d'été de François-Joseph, près de Salzbourg. La nouvelle est authentifiée : en visite officielle à Sarajevo, l'archiduc François-Ferdinand et la duchesse de Hohenberg ont été tués par des coups de feu tirés par un terroriste serbe. L'empereur part pour Vienne, et demande à son petit-neveu d'aller le chercher à l'arrivée du train.

Quelques heures plus tard, Charles accueille François-Joseph à la gare, puis ils se rendent ensemble à Schönbrunn. Quand ils se retrouvent seuls, le monarque dit à son nouvel héritier : « Rien ne m'aura été épargné. » Avant d'ajouter : « Au moins, je peux compter sur toi[2]. » Le souverain a maintes fois témoigné de son affection envers Charles. Avec François-Ferdinand, en revanche, les rapports ont toujours été difficiles.

En 1898, quand la passion de François-Ferdinand pour la comtesse Sophie Chotek avait été découverte, François-Joseph s'était dit qu'il s'agissait d'une passade. Aux yeux du souverain, le statut familial qui interdit les unions inégales était intouchable*. Or les Chotek appartenaient à la noblesse immémoriale tchèque, nullement à une lignée princière : un mariage était exclu. L'archiduc héritier, cepen-

---

* Edicté en 1839, ce statut contraint les archiducs à n'épouser que des princesses issues d'une maison souveraine ou de la très haute noblesse, dont les seize arrière-arrière-grands-parents sont de même naissance. Tout mariage morganatique ou inégal s'assortit de la perte de ses droits d'héritier, et de l'exclusion de la maison de Habsbourg. Ce cas de figure n'est pas théorique. Le dernier exemple en date est celui de Ferdinand-Charles, frère cadet de François-Ferdinand et d'Otto. En 1909, il a secrètement épousé l'honnête fille d'un professeur d'université de Vienne. En 1911, ce mariage découvert, François-Joseph a obligé son neveu à renoncer à ses droits et titres. Ce Habsbourg déchu vit en Allemagne sous le nom de Ferdinand Burg. L'empereur l'autorisera à assister aux obsèques de son frère François-Ferdinand, mais à condition de ne séjourner que vingt-quatre heures en Autriche.

dant, s'était avéré réellement amoureux. Deux ans de lutte sourde entre l'oncle et le neveu s'étaient ensuivis. A la suite d'une intervention de l'archiduchesse Marie-Thérèse, François-Joseph avait fini par plier : il avait consenti à un mariage morganatique, excluant de la dynastie les enfants à naître de cette union.

Le 28 juin 1900, à Vienne, François-Ferdinand avait dû signer un acte solennel de renonciation au Trône pour sa descendance. Trois jours plus tard, son mariage avait été célébré en Bohême, l'archiduchesse Marie-Thérèse ayant été la seule de la famille à s'être déplacée pour y assister.

Au fil du temps, la dignité de l'épouse de l'archiduc héritier avait fini par adoucir François-Joseph. L'empereur l'avait titrée princesse, puis duchesse de Hohenberg. Sophie avait obtenu le droit d'accompagner son mari lors de chasses ou de visites privées auprès des cours étrangères. Mais en Autriche le protocole restait impitoyable. Les trois enfants du couple n'étaient pas des enfants impériaux, et François-Ferdinand et Sophie, à la Cour, ne jouissaient pas de prérogatives égales : s'ils allaient à l'opéra, par exemple, ils devaient assister au spectacle dans des loges séparées.

Charles éprouvait une estime sincère pour son oncle, qui était devenu son tuteur à la mort de son père. Pourtant, on ne pouvait imaginer de caractères plus dissemblables. A l'opposé du placide Charles, François-Ferdinand, susceptible à l'excès, était un tempérament volcanique. Le jeune archiduc, qui n'avait pas le pouvoir de modifier une étiquette d'un autre âge, avait tout fait, surtout depuis son mariage avec Zita, pour éviter les situations blessantes vis-à-vis de la duchesse de Hohenberg. Au final, Sophie et Zita avaient noué une relation affectueuse, et François-Ferdinand n'avait jamais eu à se plaindre de son neveu.

Le drame de Sarajevo bouleverse donc Charles pour des raisons à la fois affectives, familiales, dynastiques et personnelles. Le choc est aussi politique. Quelles vont être les conséquences internationales de cet assassinat ? Charles, le nouvel héritier du Trône, doit-il reprendre les idées de son prédécesseur, fervent partisan d'une réforme de la Double Monarchie ?

La mosaïque austro-hongroise

L'Autriche-Hongrie est le deuxième Etat du continent européen, du point de vue de la superficie. Mais ce n'est pas un Etat unitaire. Cet empire de 51 millions d'habitants se répartit en groupes nationaux et linguistiques qui, sur certains territoires, sont inextricablement mêlés. Allemands, Magyars, Tchèques, Slovaques, Polonais, Ukrainiens, Ruthènes, Croates, Serbes, Slovènes, Roumains, Italiens et Ladins forment donc une mosaïque de peuples, qui pratiquent toutes les religions : catholicisme, protestantisme, orthodoxie, judaïsme et islam.

Depuis le compromis austro-hongrois de 1867, François-Joseph règne sur deux Etats. En Autriche (Cisleithanie), le souverain est empereur. En Hongrie (Transleithanie), il est roi*. Trois ministres gèrent les affaires communes de l'empire d'Autriche et du royaume de Hongrie : affaires étrangères, guerre et finances. Mais l'Autriche et la Hongrie possèdent chacune leur Premier ministre, leur gouvernement et leur Parlement.

Les deux parties de la Double Monarchie, à bien des égards, sont différentes. L'Autriche, à l'exception des confins de l'empire, représente une société de type occidental. Si la haute noblesse y jouit encore d'un prestige lié au système de cour (seule la « première société » est reçue à Schönbrunn et à la Hofburg), les derniers droits féodaux ont été abolis depuis longtemps. La paysannerie représente

---

* Cisleithanie et Transleithanie : ces deux termes ont été forgés à partir du nom de la Leitha, rivière qui, à l'époque, marque la frontière entre l'Autriche et la Hongrie.

la majorité de la population, mais le pays est entré dans le développement industriel, mouvement symbolisé, à Vienne, à Prague ou à Cracovie, par l'essor d'une bourgeoisie urbaine dynamique, souvent d'origine juive, essor soutenu par les Habsbourg. En Autriche, la Constitution de 1867 reconnaît aux citoyens toutes les grandes libertés modernes : égalité devant la loi, droit d'accession de tous aux fonctions publiques, liberté de résidence et de circulation, droit de propriété, liberté de conscience et d'expression, droit d'association. En 1907, l'introduction du suffrage universel a couronné ce mouvement.

La Hongrie, en revanche, est une société plus traditionnelle, plus rurale, où la noblesse conserve une place prépondérante. Budapest, cependant, est une capitale moderne, où s'active une bourgeoisie aussi inventive que celle de l'Autriche.

Cet empire dualiste, au-delà de ses disparités, tient par la solidité de la monarchie. Les Habsbourg règnent depuis le XIIe siècle. La dynastie, soutenue par l'Eglise, l'armée et le corps des fonctionnaires, jouit d'un loyalisme sans équivalent en Europe, que rien ne semble altérer. Des figures de la modernité comme le peintre Gustav Klimt, le musicien Gustav Mahler ou le médecin Sigmund Freud se définissent sans difficulté comme des sujets de François-Joseph : en Autriche, le sentiment républicain est alors inconnu.

François-Ferdinand, un rêve assassiné

En un temps où le nationalisme se répand en Europe, maintenir douze peuples sous la même Couronne constitue une gageure. Depuis le XIXe siècle, des mesures progressives ont certes reconnu des droits particuliers aux groupes nationaux de l'Autriche-Hongrie. Des efforts ont été accomplis, des compromis trouvés pour certaines minorités, mais des anomalies subsistent. Spécialement en

Hongrie, où le système électoral maintient la suprématie des Magyars : alors que ceux-ci ne représentent que la moitié de la population du royaume, ils détiennent 407 des 413 sièges du Parlement de Budapest.

L'architecture de l'empire des Habsbourg, infiniment complexe, repose sur des équilibres subtils. François-Joseph, conservateur de nature, est plutôt partisan de ne toucher à rien. Avec l'âge, ce trait s'est durci, au point de devenir une politique. François-Ferdinand, lui, était convaincu que le temps travaillait contre la Double Monarchie, et qu'il fallait mettre en œuvre d'importantes réformes.

Sa résidence du palais du Belvédère était devenue le centre de ralliement d'hommes qui échafaudaient des plans pour une nouvelle Autriche. La chancellerie de l'archiduc héritier avait notamment élaboré un programme pour le changement de règne, énumérant les décisions à prendre par le nouveau souverain. Ses conseillers avaient ébauché plusieurs projets visant à soutenir le pouvoir central, tout en renforçant les droits des nationalités : remplacement du dualisme austro-hongrois par un trialisme fondé sur l'instauration d'un royaume slave du Sud, ou fédéralisation de l'ensemble de la monarchie sur une base ethnique et géographique.

Ces desseins se seraient heurtés à deux réalités. Au fait, d'une part, que l'imbrication des différents groupes ethniques compliquait toute réforme conçue sur des critères nationaux. Au fait, d'autre part, que la haute noblesse magyare n'était nullement prête à se laisser dépouiller, en permettant aux minorités nationales d'accéder à l'autonomie. Pour cette raison, François-Ferdinand était partisan de l'introduction du suffrage universel en Hongrie, seul moyen de briser le monopole des magnats au Parlement de Budapest.

Que pensait Charles des projets de François-Ferdinand ? Arthur Polzer-Hoditz rapporte une discussion qu'ils eurent en 1908, au cours de laquelle l'archiduc invoqua les principes fédératifs, tradition Habsbourg dont l'Autriche s'était éloignée, au point, selon lui, que «l'avenir se vengerait cruellement de cette infidélité». Ajoutant : «Nul doute que mon oncle n'ait d'excellentes idées, mais je n'en connais que les grandes lignes; je crains du reste que ces idées ne soient réalisables que jusqu'à un certain point[3].»

Aux yeux des nationalistes serbes, François-Ferdinand était dangereux. Parce que ses projets, favorables aux Slaves du Sud au sein de l'Autriche-Hongrie, formaient un obstacle potentiel pour ceux qui espéraient réunir, autour de la Serbie indépendante, non seulement les Serbes de la Double Monarchie, mais aussi les Slovènes et les Croates. Aussi une association nationaliste de Belgrade, la Main noire, avait-elle prévu, à l'occasion de son déplacement en Bosnie, d'éliminer l'héritier du trône des Habsbourg.

Le 29 juin 1914, au lendemain de l'attentat, les dépouilles de François-Ferdinand et de la duchesse de Hohenberg quittent Sarajevo. A Vienne, le grand maître de la Cour, le prince Montenuovo, avait toujours interprété l'étiquette dans le sens le plus restrictif en ce qui concernait la place accordée à la duchesse de Hohenberg. En vue de l'enterrement, il commence par prévoir une cérémonie purement familiale, avec deuil de cour simple. La nouvelle s'en répand, et scandalise ceux qui ne veulent pas d'une cérémonie de seconde classe pour l'héritier du Trône. Mais comment protester auprès de l'empereur? Charles se trouve chargé de cette mission. Reçu par François-Joseph, l'archiduc, rassuré, constate que le souverain a déjà tranché contre Montenuovo : les obsèques seront célébrées selon l'étiquette impériale, sans différence de traitement pour la duchesse de Hohenberg. Le défunt, toutefois, selon son vœu, sera enterré avec sa femme dans la crypte qu'il a fait construire dans son château d'Artstetten, dans la vallée du Danube, au lieu de reposer dans la Crypte des Capucins comme tous les Habsbourg.

Le 2 juillet au soir, les dépouilles arrivent dans la capitale autrichienne. Bien que ce ne soit pas prévu par le protocole, Charles est là pour les accueillir. Les corps sont installés dans la chapelle de la Hofburg où la foule, le lendemain, ne dispose que de quatre heures pour les saluer. Une messe de requiem est célébrée dans l'après-midi, à laquelle assiste l'empereur. Les cercueils repartent ensuite en train pour Artstetten, où les obsèques ont lieu le 4 juillet, en présence des trois enfants des défunts, de Charles et Zita, de l'archiduchesse Marie-Thérèse, et d'une foule d'aristocrates et d'officiers de haut rang.

Tout le pays pleure-t-il le prince héritier? Stefan Zweig raconte avoir appris le meurtre de François-Ferdinand alors qu'il était en cure à Baden. « Pour faire honneur à la vérité, écrit-il, on ne pouvait lire sur les visages aucune consternation ni aucune amertume. Car l'héritier du Trône n'était nullement aimé. » Et l'écrivain d'ajouter : « Ce jour-là, il y eut beaucoup de gens en Autriche qui respirèrent en secret, soulagés que cet héritier du vieil empereur eût été éliminé au profit du jeune archiduc Charles, infiniment plus aimé[4]. »

Juillet 1914 : l'Europe roule vers la guerre

Le 1er juillet 1914, deux jours après l'assassinat de François-Ferdinand, l'empereur consulte. Les avis divergent. Le ministre de la Guerre, le général von Krobatin, et le chef d'état-major de l'armée austro-hongroise, le général Franz Conrad von Hötzendorf, se prononcent pour une intervention militaire immédiate contre la Serbie. Le Premier ministre hongrois, István Tisza, est le seul à conseiller la prudence.

Une semaine plus tard, un Conseil des ministres réunit les deux chefs de gouvernement, le ministre des Affaires étrangères et les trois ministres communs. A l'exception de

Tisza, tous se prononcent pour une action rapide. Un compromis est trouvé : un ultimatum sera adressé à Belgrade, et Vienne attendra la réponse serbe avant de prendre une décision. Le 23 juillet, le gouvernement serbe dispose de quarante-huit heures pour réagir à l'ultimatum. Deux jours après, Belgrade accepte huit des dix requêtes austro-hongroises, mais récuse celles qui mettent en cause sa souveraineté. L'Autriche-Hongrie interprète ce refus comme un *casus belli* : les relations diplomatiques sont rompues, huit corps d'armée sont mobilisés. Le 28 juillet, enfin, Vienne déclare la guerre à la Serbie.

François-Joseph voulait punir Belgrade, et non déclencher une conflagration européenne. Mais le comte Berchtold, son ministre des Affaires étrangères, a sous-estimé le lien qui unit la Russie à la Serbie : le 30 juillet, Saint-Pétersbourg mobilise à son tour. Le lendemain, l'Autriche-Hongrie riposte en décrétant la mobilisation générale.

L'engrenage s'est mis en marche. L'Autriche et l'Allemagne sont alliées depuis 1879, la Russie, la Grande-Bretagne et la France depuis 1907. Entre le 1er et le 12 août, les pays qui composent ces deux blocs se déclarent mutuellement la guerre.

Charles n'a aucunement été associé aux décisions prises par François-Joseph et ses ministres. Plus tard, Zita affirmera que c'était un calcul de la part du souverain, afin que son successeur reste une page blanche pour l'avenir. Ce n'est qu'une explication rétrospective : au départ, l'empereur ne sait pas qu'un embrasement mondial va se déclencher. Néanmoins, il est avéré que c'est pratiquement par hasard, en téléphonant à sa banque, que Charles apprend l'existence de l'ultimatum lancé à Belgrade. En revanche, il se tient au côté de l'empereur, à Bad Ischl, lors de la déclaration de guerre à la Serbie.

Quel est alors son état d'esprit? Charles est un Habsbourg, il est héritier du trône, et il porte l'uniforme. Il n'a donc aucune hésitation : la responsabilité du gouvernement serbe étant établie dans l'assassinat de François-Ferdinand, l'Autriche est dans son bon droit en déclarant la guerre à son voisin. Selon Zita, son mari lui aurait cependant confié ces mots : « Je me sens officier de corps et d'âme, mais je ne comprends pas comment les gens qui voient partir leurs proches pour la guerre puissent ainsi s'enthousiasmer[5]. »

La famille de Zita est divisée par les événements. Les Parme sont attachés à l'empire des Habsbourg, qui les a accueillis avec générosité. Demi-frère de Zita, Elie de Bourbon, né du premier mariage du duc de Parme, est ancien élève de l'école des officiers de Wiener Neustadt : il va faire la guerre dans l'armée impériale. Félix et René de Parme, frères de Zita, nés comme elle du second mariage de leur père, vont suivre la même voie. Ces trois princes combattront du côté autrichien, n'ayant posé qu'une condition, qui sera toujours respectée : n'être jamais engagés contre des Français.

Deux autres frères de Zita, Sixte et Xavier, sont en âge de porter les armes. Mais ils ont fait leurs études à Paris, Sixte ayant notamment soutenu une thèse de droit dans laquelle il défend l'idée selon laquelle tous les Bourbons sont français. Lors de l'attentat de Sarajevo, Sixte et Xavier sont à Londres, où ils préparent une expédition scientifique en Asie. Ils décident aussitôt de rentrer en Autriche. « Je crois que notre place à tous deux est à Vienne ; nous allons probablement nous engager dans l'armée autrichienne, pour aider contre la Serbie », écrit Xavier dans son journal, le 28 juillet, alors qu'il traverse une Allemagne où les signes de la mobilisation sont visibles. Une semaine plus tard, parvenus en Autriche et apprenant que Paris mobilise à son tour, les deux princes changent d'avis : « Il est grand temps que nous rentrions en France : le pays est en danger[6]. »

Sixte et Xavier de Parme, cependant, sont bloqués sur

place par la déclaration de guerre de la France à l'Autriche. C'est Charles qui, ayant sollicité l'empereur, obtient pour eux la permission de passer la frontière par la Suisse. «Je comprends qu'ils veuillent faire leur devoir», aurait répondu François-Joseph. Fin août, les deux princes sont en France, où leur incorporation est refusée. Après avoir subi la même déconvenue auprès de l'armée britannique, ils parviendront à se faire engager comme sous-lieutenants dans un régiment belge, par l'entremise de la reine des Belges, Elisabeth, qui est une cousine.

Charles et Zita s'installent à Schönbrunn

Charles et Zita quittent leur petit château de Hetzendorf, dont ils aimaient tant la tranquillité : ils n'y reviendront jamais. A la demande de l'empereur, le 10 août, le couple doit s'installer à Schönbrunn, comme pour se rapprocher les uns des autres dans l'épreuve. François-Joseph, veuf depuis 1898, père et grand-père affectueux pour ses deux filles et leurs enfants, a besoin de ses neveux et de leur jeune famille, qui est pour lui une source de joie. Au cours des années de guerre, quand le souverain recevra des princes alliés ou des personnalités, c'est la jeune archiduchesse Zita qui exercera le rôle de maîtresse de maison. Envers son arrière-petit-neveu, Otto, l'empereur témoigne d'une affection qui n'est pas feinte. Un jour, il tient à se faire photographier avec lui : le cliché, qui montre l'enfant accroché aux genoux de son aïeul, est resté célèbre.

Face au conflit qui vient de commencer, comment réagit le vieux souverain? Il a tant vu de guerres, et il connaît si bien l'état de son empire et de son armée, qu'il ne se fait pas d'illusions. Zita racontera une courte discussion qu'ils eurent le 17 août 1914, après une victoire des troupes austro-hongroises contre les Russes. L'archiduchesse venait de présenter ses félicitations à François-Joseph.

« — Oui, cela commence toujours ainsi, répond l'empereur. Et puis cela ira de plus en plus mal. Et cette fois, ce sera pire. On dira de moi : "Il est vieux, il ne maîtrise plus la situation." Alors éclateront des révolutions, et ce sera la fin.

— Mais, Votre Majesté, réplique Zita, ce n'est pas possible, nous combattons pour une juste cause.

François-Joseph sourit avec indulgence :

— Tu es encore très jeune pour croire à la victoire de la juste cause ; pourtant, cette fois, c'est la fin[7]. »

Charles est héritier du Trône. Peut-il l'être de la même manière que François-Ferdinand ? Il a vingt-quatre ans de moins : il n'a pas son expérience. Sur le plan militaire, il est colonel depuis trois mois, alors que son oncle occupait le poste stratégique d'inspecteur général de l'armée austro-hongroise. Sur le plan politique, Charles a pour lui une formation universitaire, mais cet atout reste théorique : sans la pratique, élevé loin de la Cour, il n'a jamais exercé la moindre responsabilité publique.

Au début du mois d'août 1914, Arthur Polzer-Hoditz obtient une audience à Schönbrunn. Il veut persuader Charles de préparer tout de suite son accession au Trône, et de se constituer une chancellerie semblable à celle de François-Ferdinand. « Malheureusement, réplique Charles, mon oncle m'a desservi sans le vouloir, et m'a rendu particulièrement ardue la tâche d'héritier présomptif[8]. » L'archiduc n'a aucunement envie de provoquer l'empereur : il choisit donc la voie de l'obéissance, persuadé qu'elle lui permettra, par la confiance qui s'établira, d'attirer l'attention du souverain sur les problèmes à résoudre.

Officier, Charles fera donc son devoir, au rang qui est le sien. Le 16 août 1914, il quitte Vienne pour le front. Direction le haut commandement de l'armée, en Galicie, où il doit observer l'efficacité de la mobilisation et saluer les troupes au nom du souverain.

L'archiduc héritier sur le front

Pour l'armée austro-hongroise, les premiers mois du conflit sont difficiles. Sur le front serbe, trois offensives sont lancées en août, septembre et novembre 1914, et se heurtent à une forte résistance. Sur le front oriental, après quelques succès, les forces austro-hongroises reculent, dès la fin août, devant la supériorité numérique russe, et la guerre se déroule sur le territoire de la Monarchie. Une victoire remportée en décembre parviendra toutefois à stabiliser la situation.

« Les gens, chez nous, croient encore qu'une grande bataille est terminée en quelques jours, comme autrefois à Sadowa, écrit Charles à Zita le 16 octobre 1914. Mais les batailles, désormais, durent des semaines et des semaines, comme on le voit en France. J'espère que les Français et les Anglais recevront des coups sévères, afin que nos troupes soient enfin récompensées pour leur courage et leurs efforts, et soient victorieuses[9]. » Le ton, on le voit, est offensif, et empreint de l'enthousiasme patriotique du début de la guerre.

L'archiduc Frédéric, commandant en chef de l'armée impériale – fonction consistant à représenter l'empereur auprès de l'état-major –, laisse la direction militaire effective de l'armée au chef d'état-major, le général Conrad von Hötzendorf. C'est dans les services de ce dernier, au grand quartier général, à la demande de François-Joseph, que l'archiduc passera plusieurs mois : d'abord dans la forteresse de Przemyśl, en Galicie, puis à Teschen, en Silésie*.

Mais entre Conrad et Charles le courant ne passe pas. Le général en chef considère ce colonel inexpérimenté comme

---

* Przemyśl se trouve aujourd'hui en Pologne ; et la ville de Teschen, à cheval entre la Pologne et la République tchèque.

un gêneur qui n'a rien à lui apporter, sinon des ennuis, quand il envoie ses rapports directs à l'empereur. Quant à Charles, nous savons ce qu'il pense d'après les notes qu'il a prises à cette époque. L'archiduc dépeint Conrad comme un tacticien capable de coups de génie, mais lui reproche d'être dénué de connaissance des hommes, d'en demander trop à la troupe, et de diriger les opérations devant ses cartes, sans vraie connaissance du terrain et de la situation concrète au front. Très vite, enfin, l'héritier du Trône déplore à quel point l'armée autrichienne est liée aux forces allemandes.

En quelques mois, passant d'un service de l'état-major à l'autre et visitant les unités combattantes, Charles a beaucoup vu, beaucoup entendu, beaucoup appris. Dès la fin 1914, il tente de convaincre François-Joseph de le nommer commandant en chef de l'armée, à la place de l'archiduc Frédéric. A ce dernier, Charles reproche de n'être qu'une «poupée» à côté de Conrad. Pour oser une proposition pareille, le jeune colonel s'est singulièrement enhardi. La réponse qu'il reçoit est évidemment négative.

Si l'Italie ne s'est pas engagée dans la guerre, elle monnaye le maintien de sa neutralité. François-Joseph accepterait de lui donner des compensations territoriales dans les Balkans ou en Méditerranée, mais Rome veut Trieste, le Trentin et même le sud du Tyrol, territoire immémorialement autrichien*. L'empereur refuse. Les Allemands, cependant, font pression sur leurs alliés, quitte à offrir ce qui ne leur appartient pas : le prince von Bülow, ambassadeur du Reich à Rome, promet ainsi le Trentin à l'Italie.

Afin d'exposer son point de vue à Guillaume II, François-Joseph délègue Charles au grand quartier général allemand,

---

* A l'époque, la distinction administrative entre le nord et le sud du Tyrol n'existe pas, même si, au sud, la population de la vallée de l'Adige est traditionnellement bilingue (allemand et italien). Le Tyrol est passé sous la souveraineté des Habsbourg en 1363, Trieste en 1382, le Trentin en 1814.

à Charleville, dans les Ardennes. L'archiduc y passe six jours, en janvier 1915, s'entretenant en tête à tête avec le Kaiser, avec le chancelier Bethmann-Hollweg ou avec le chef d'état-major allemand, le général von Falkenhayn. Ce dernier revenant sur les cessions territoriales que l'Autriche devrait consentir, et donnant l'exemple du Tyrol du Sud, Charles réplique promptement : «Pourquoi n'avez-vous pas, depuis longtemps, rendu l'Alsace-Lorraine à la France ? Le Tyrol représente plus pour nous que l'Alsace-Lorraine pour vous[10].»

En mars, dans le but d'empêcher Rome d'entrer dans la guerre, l'Autriche se déclare prête, finalement, à lui céder le Trentin. Mais le 26 avril 1915, à Londres, l'Italie signe avec l'Entente un traité secret qui lui accorde, au retour de la paix, Trieste, la côte Adriatique, Goritz, le Trentin, le Tyrol jusqu'au Brenner. Une semaine plus tard, Rome dénonce l'alliance défensive signée en 1882 avec l'Allemagne et l'Autriche. A l'annonce de cette nouvelle, Charles trouve François-Joseph en larmes. Et, le 23 mai 1915, l'Italie déclare la guerre aux puissances centrales.

Pour l'Autriche, c'est un front supplémentaire qui s'ouvre. Cette bataille, au Sud, sera populaire jusqu'au bout, jusqu'en 1918 : l'opinion y consentira profondément, ayant le sentiment que les troupes impériales défendent le sol de la patrie. Les régiments austro-hongrois déployés sur le front méridional, toutes nationalités confondues, feront preuve d'une vaillance exceptionnelle, repoussant un adversaire bénéficiant de l'avantage du nombre et de l'armement.

Charles, pendant ce temps, continue ses visites sur le front oriental. Mais pas dans les bureaux : il arpente le terrain, descend dans les tranchées et les abris, côtoie les soldats, découvre leurs conditions de vie. Les armes, les chefs, les champs de bataille, il connaît tout, et rend compte à l'empereur.

En juillet 1915, nommé général de brigade et contre-amiral, il est muté à Vienne*. C'est une nouvelle phase de sa formation qui l'attend. A la requête de François-Joseph, l'archiduc héritier s'entretient avec des directeurs et des chefs de service des différents ministères, et doit en tirer des rapports pour la chancellerie de l'empereur. Chaque matin, après la messe, il fait le point chez le souverain (à 5 h 45 !). Ensuite, il a une série d'entretiens à la Hofburg, jusqu'au déjeuner, rapidement avalé. L'après-midi est consacré à un nouvel enchaînement de réunions, puis au dîner avec François-Joseph (à 17 h 30). Après un début de soirée passé en compagnie de Zita et des enfants, le travail l'attend de nouveau, jusqu'à minuit. D'ores et déjà, Charles manifeste ce qui sera une de ses caractéristiques lorsqu'il régnera : une exceptionnelle endurance face au travail quotidien.

Zita, elle aussi, est occupée. L'archiduchesse patronne des œuvres de bienfaisance, et visite les hôpitaux de guerre. Elle effectue ces visites d'abord à Vienne puis, François-Joseph ayant mis à sa disposition le wagon-salon de l'impératrice Elisabeth, de plus en plus loin sur le territoire austro-hongrois. Elle aussi rend compte à l'empereur de ce qu'elle a pu observer.

Le 8 février 1915, Zita donne naissance à son troisième enfant, l'archiduc Robert, qui naît à Schönbrunn. Charles, venu à Vienne pour l'accouchement, repart le lendemain, après le baptême. Le 31 mai 1916, le quatrième enfant du couple, l'archiduc Félix, vient également au monde à Schönbrunn. Son père, retenu sur le front, découvre la voix de son fils au téléphone.

* Charles sera général de division et vice-amiral le 12 mars 1916, général de corps d'armée et amiral le 1er août 1916, général d'armée et grand amiral le 1er novembre 1916.

Le comte Polzer-Hoditz, ami et futur directeur de cabinet de Charles, raconte une visite qu'il rendit à la villa Wartholz en décembre 1915 : « Depuis qu'elle était occupée par les archiducs héritiers, la villa était meublée avec une simplicité toute bourgeoise. L'ancienne salle à manger, qui était la pièce la plus vaste et la plus claire, avait été transformée en nursery. Je dus la traverser pour me rendre à l'audience. L'archiduchesse Zita y jouait avec les enfants ; elle me salua au passage et dit au petit archiduc Otto – le futur prince héritier, dont la tête était auréolée de ravissantes boucles blondes – d'aller me serrer la main[11]. »

Un chef économe du sang des hommes

Depuis le début de la guerre, l'armée austro-hongroise a reconstitué ses forces et ses effectifs, et amélioré ses moyens tactiques. Le corps des officiers d'active, décimé en 1914, était essentiellement aristocratique, et de culture allemande ou hongroise. Il a été renouvelé par les officiers de réserve, dont les origines sociales et nationales sont plus diversifiées, mais dont le patriotisme n'est pas moindre. A la surprise de ceux qui pronostiquaient son effondrement, cette armée plurinationale tient bon.

En mars 1916, alors que Charles est général depuis huit mois, il obtient enfin son premier commandement sur un théâtre d'opérations. On lui confie, sur le front sud, la direction du XXe corps d'armée. Baptisé « Edelweiss-Korps », ce corps d'élite réunit huit régiments de troupes alpines. Nous possédons le premier ordre du jour adressé par le jeune général à ses officiers. Un document instructif pour comprendre la façon dont Charles conçoit la guerre : « Il importe d'épargner les hommes, écrit-il. Il vaut mieux qu'une attaque mette plus de temps à atteindre son but qu'une attaque rapide, mais coûteuse en hommes. Tout commandant qui aura de trop grandes pertes sans raison valable sera considéré par moi comme personnellement responsable, et sans indulgence[12]. »

De la même époque date une anecdote illustrant à quel point Charles peut se montrer attentif envers les autres, dans les occasions les plus simples. Au cours d'un mouvement de troupes, après une longue marche, un soldat se plaint d'avoir mal aux pieds. Par hasard, Charles assiste à la scène. Pris de zèle, et soucieux de plaire au commandant en chef, le médecin militaire traite le fantassin de simulateur. Au lieu d'approuver le major, Charles lui commande d'examiner le soldat devant lui. Le malheureux s'étant déchaussé, et montrant des pieds en sang, l'archiduc fait sèchement remarquer au médecin qu'il serait incapable de marcher dans cet état. Il lui ordonne donc de le faire soigner à l'hôpital, et de lui rendre compte. Dans l'armée, ce genre d'histoires circule, et vaut à Charles une popularité qui ne fera que croître.

Autre témoignage, d'autant plus précieux qu'il n'émane pas d'un thuriféraire des Habsbourg, celui de Julius Deutsch. En 1918, celui-ci deviendra le secrétaire d'Etat à la Guerre de la République d'Autriche. En 1916, alors qu'il est sous-lieutenant d'artillerie, sa batterie est fréquemment inspectée par Charles, alors commandant de l'Edelweiss-Korps. Dans ses souvenirs, il brosse en quelques lignes un portrait qui mérite d'être cité dans son entier : « L'archiduc était un jeune homme mince, à l'aspect engageant, qui savait se comporter devant un officier comme un camarade parmi d'autres. Le ton libre qu'il adoptait lui valait beaucoup de sympathie. Un de mes supérieurs devait avoir attiré son attention sur moi, car il engagea souvent la conversation, et m'interrogea une fois sur mes idées politiques. Je ne me cachai pas derrière mon petit doigt, et je lui dis que j'étais social-démocrate depuis ma jeunesse. L'héritier du Trône prit cette annonce sans gêne et poursuivit la conversation avec intérêt. C'était presque comme si s'entretenaient deux frères d'armes du même âge. J'avais l'impression d'être devant un homme curieux de savoir, réceptif, qui faisait preuve de la meilleure volonté pour se renseigner sur tout[13]. »

Le 15 mai 1916, les troupes austro-hongroises déclenchent l'offensive vers le sud, le XXe corps en tête. Dans une lettre écrite le soir même à Zita, Charles médite sur la lourde responsabilité du chef qui lance ses hommes à l'attaque, « doublement pour moi, dans ma situation, si le futur souverain devait sacrifier des milliers d'hommes en vain[14] ».

Après des débuts prometteurs, l'offensive s'enlise. Conrad, le chef d'état-major général, a sous-estimé les difficultés du terrain. Mais il a fallu aussi dégarnir le front sud en hâte, afin d'envoyer des troupes en Galicie, où les Russes, sous la direction de Broussilov, ont lancé l'assaut. Le 4 juin, en dépit des renforts arrivés du Sud, les lignes austro-hongroises sont enfoncées sur le front nord-est. Deux armées sont anéanties : un désastre pour Vienne.

La vérité, c'est que l'Autriche-Hongrie n'a plus les moyens de faire la guerre sur deux fronts. En septembre, l'offensive Broussilov est stoppée, mais grâce à l'appui des Allemands. Qui y ont mis une condition : la formation d'un nouveau corps d'armée, à l'Est, mêlant troupes allemandes et autrichiennes. Le chef d'état-major de ce corps est l'Allemand von Seeckt, et son commandant en chef, nommé le 1er juillet 1916, n'est autre que... Charles. L'archiduc, mis devant le fait accompli, est furieux.

Mais Berlin veut plus. Fin août 1916, Falkenhayn, démis de son poste de chef d'état-major de l'armée allemande, est remplacé par le général Paul von Hindenburg, qui prend comme adjoint le général Erich von Ludendorff. Jusqu'en 1918, ces deux hommes dirigeront la guerre, du côté allemand, et voudront imposer leur stratégie aux Autrichiens. Une de leurs premières décisions, confirmée par Guillaume II et imposée à François-Joseph, est l'instauration d'un commandement militaire unifié des puissances centrales, confié aux Allemands. Charles est de nouveau en désaccord, mais il ne déroge pas de la ligne qu'il s'est fixée par rapport à l'empereur : il obéit.

Fin septembre, l'archiduc est à Vienne. François-Joseph lui demande s'il serait opportun de chercher un successeur à Conrad. Tout en renouvelant ses critiques vis-à-vis du chef d'état-major, Charles le déconseille, en raison de la «grande autorité militaire dont jouit Conrad, y compris auprès des Allemands», et de la «difficulté de trouver un successeur valable»[15]. En réalité, les archives le prouvent, l'héritier du Trône ronge son frein : il aspire à prendre la direction des forces austro-hongroises, mais c'est un plan qu'il ne peut mettre en œuvre pour l'instant.

Le 9 octobre 1916, à Pless, en Haute-Silésie*, Charles représente François-Joseph lors d'un sommet qui réunit le Kaiser, Hindenburg et Ludendorff. Au programme des discussions : une démarche de paix à entreprendre conjointement auprès de l'Entente. Mais Charles s'aperçoit immédiatement que les dispositions d'esprit de l'état-major allemand ne sont nullement pacifiques. C'est à ce moment que l'empereur aurait dit au général von Georgi, ministre de la Guerre : «J'attendrai encore trois mois, puis je déposerai les armes[16].»

Trois jours après le sommet de Pless, un nouveau commandement est confié à Charles, en Transylvanie, à la tête d'un corps d'armée austro-hongrois. Le 21 octobre 1916, comme tout le monde, il apprend l'assassinat, à Vienne, du Premier ministre autrichien, le comte Stürgkh. Ce dernier a été tué, d'un coup de révolver, par le jeune député social-démocrate Friedrich Adler, le propre fils de Viktor Adler, le fondateur du parti. Adler a présenté son geste comme une protestation contre la suspension du Parlement. Les sociaux-démocrates autrichiens sont légalistes. L'acte commis par Friedrich

---

* Aujourd'hui en Pologne.

Adler est donc isolé. Néanmoins, que le Premier ministre en exercice ait été assassiné en plein jour, dans un restaurant où il déjeunait, alors que l'Autriche est un pays sans tradition terroriste ou révolutionnaire, prouve que quelque chose est en train de se dérégler. Pour Charles, il n'y a pas de doute : cette guerre qui dure commence à faire des ravages dans les esprits.

Le 11 novembre 1916, l'archiduc héritier reçoit un télégramme du grand maître de la Cour, le prince Montenuovo. La santé de l'empereur, à la suite d'un refroidissement, se dégrade de jour en jour. Charles est prié de rejoindre la capitale : on craint le pire.

3

Sa Majesté impériale et royale apostolique l'empereur et roi Charles

Depuis deux ans, la santé de François-Joseph n'a pas donné d'alerte grave, mais cet homme de 86 ans se fatigue facilement. Au cours des premiers jours de novembre 1916, il commence à tousser, et à perdre du poids. Quand Charles arrive à Vienne, il traverse un léger mieux. L'archiduc lui rend visite à Schönbrunn en compagnie de Zita. Comme d'habitude, le souverain se tient à son bureau, mais il est fiévreux. Les jours suivants, il continue de travailler, et d'accorder des audiences.

Le 20 novembre, une pneumonie est diagnostiquée. La fièvre ne descend plus, et l'empereur s'affaiblit de plus en plus. Mgr Seydl, aumônier de la Cour, lui apporte la bénédiction pontificale. Auparavant, François-Joseph se confesse, et reçoit la communion. Charles et Zita, venus de la villa Wartholz, passent une heure en sa compagnie. L'aide de camp du monarque a dû se battre pour qu'il reste assis, bien qu'il lui paraisse inconcevable de ne pas se lever devant une femme. Zita a insisté. « Si une dame commande, a répondu le vieux gentilhomme, je dois obéir. »

Le 21 novembre, l'empereur se réveille à 3 h 30 du matin, comme tous les jours depuis le début de la guerre. En milieu de journée, il n'a plus la force de se tenir debout. Il reçoit à nouveau Charles et Zita, mais assis, et en tremblant de fièvre. Après leur départ, il se penche à nouveau sur ses dossiers, mais s'endort, la tête sur le bureau. Le soir, il n'a pas la force de s'agenouiller pour la prière, et ses serviteurs doivent le coucher. Mais il demande qu'on le réveille le lendemain à l'heure habituelle. Les proches, dont Charles et Zita, ont été prévenus. Ils veillent l'empereur. Vers 20 h 30, le chapelain apporte l'extrême-onction. A 21 heures, le médecin annonce que François-Joseph est mort. Sa fille, l'archiduchesse Marie-Valérie, lui ferme les yeux.

Quand Charles et Zita sortent de la chambre mortuaire, l'assistance s'incline devant eux. Le prince Zdenko von Lobkowicz baise la main de Charles, puis trace une croix sur son front en lui disant : « Dieu bénisse Votre Majesté. » Ce fidèle est le premier à donner son titre au nouveau souverain.

Le lendemain, parmi les personnes qui se tiennent dans l'antichambre, se trouve la comédienne Katharina Schratt, amie de cœur de François-Joseph. L'étiquette lui interdit de pénétrer dans la chambre impériale. Charles la prend par la main et la conduit devant le corps du défunt, à côté duquel elle dépose trois roses. Puis Zita amène Otto, qui apporte un bouquet de violettes.

Veillée pendant cinq jours à Schönbrunn, la dépouille mortelle est ensuite transférée à la chapelle de la Hofburg. Les obsèques sont célébrées le 30 novembre dans la cathédrale de Vienne. Le temps est froid, brumeux, et la solennité du cérémonial ajoute à l'austérité du deuil.

Avec François-Joseph, qui incarnait la dynastie des Habsbourg depuis 1848, est-ce l'Autriche impériale qu'on enterre ? Tout le monde le redoute. Et pourtant l'empereur est là. Il a maintenant le visage d'un homme qui n'a pas 30 ans, au côté de qui s'avance, voilée de noir jusqu'aux pieds, une toute jeune femme, déjà mère de quatre enfants. Entre eux deux se tient, boucles blondes et de blanc vêtu, leur fils Otto, qui vient d'avoir 4 ans. Le protocole avait prévu un autre ordre de marche pour le cortège. Mais

Charles avait mis fin à toute discussion : « C'est moi qui choisis la forme de la cérémonie. »

L'empereur, sa femme et le petit prince : autant que sur le corbillard qui roule vers la Crypte des Capucins, les regards sont tournés sur eux. La monarchie n'a pas dit son dernier mot.

Changement de ministres

Le jour de la mort de François-Joseph, Charles signe son premier manifeste : « A mes peuples ! » Rédigé et contresigné par le Premier ministre autrichien, Ernest von Koerber, publié le lendemain dans la presse, le texte ne se signale pas par son originalité. Le souverain y proclame son attachement à la liberté constitutionnelle, à l'égalité de tous devant la loi, à la liberté et à l'ordre. Tout juste remarque-t-on un passage ajouté à la demande de Charles : « Je ferai tout ce qui sera en mon pouvoir pour bannir dans le plus bref délai les horreurs et les sacrifices de la guerre, et rendre à mes peuples les bénédictions regrettées de la paix, dès que le permettront l'honneur de nos armes, les exigences vitales de mes Etats, le respect de nos loyaux alliés et l'entêtement de nos ennemis[1]. »

Aux membres du gouvernement, de même, Charles présente une déclaration pleine de bonnes intentions, où il exprime son intention d'œuvrer en priorité à la paix et aux besoins les plus urgents du pays. Ajoutant : « Je suis persuadé que ces messieurs, tout comme ils ont servi fidèlement feu notre gracieux souverain, me soutiendront[2]. »

Débuts décevants ? Ne va-t-il rien se passer de neuf ? Si. En l'espace de quelques semaines, par le choix des hommes comme par le style qu'il va imposer à la tête de l'Etat, le souverain imprime sa marque. Au point de dérouter.

Le premier domaine où Charles intervient, c'est l'armée. Constitutionnellement, il en est le chef. Cet instrument unitaire, dans un Etat où cohabitent les populations les plus diverses, a toujours été l'objet des soins attentifs de la dynastie. Officiers et soldats portent la cocarde de l'empereur et roi. Même si c'est par délégation, c'est de lui qu'ils reçoivent leurs ordres. En temps de guerre, ce lien intime entre le souverain et les militaires n'en est que plus fort.

Le 22 novembre 1916, Charles adresse un ordre du jour à ses armées, en soulignant que lui aussi est un homme du front : « Dans ce moment capital, c'est d'au milieu de vous que j'accède, comme chef suprême de la guerre, à la tête de mon armée et de ma flotte rompues au combat, dans la foi inébranlable en notre droit sacré et en la victoire pour laquelle nous combattrons avec l'aide de Dieu, et en union avec les alliés fidèles de notre juste cause[3]. »

Le 23 novembre, la réponse lui parvient du front, des camps et des casernes de tout l'empire. Les troupes de ligne, puis la réserve autrichienne et ensuite la réserve hongroise renouvellent le serment à l'empereur. Ce serment est d'abord prononcé par les officiers – en allemand, langue du commandement –, puis par les hommes, dans une des douze langues réglementaires : « Nous jurons au Dieu tout-puissant un serment solennel, d'être fidèles et obéissants à Sa Majesté Apostolique, Notre Altesse Sérénissime, Notre Prince et Seigneur Charles, par la grâce de Dieu empereur d'Autriche, roi de Bohême, roi apostolique de Hongrie, etc[4]. »

Dix jours plus tard, le 2 décembre, Charles prend lui-même le commandement des forces terrestres et navales austro-hongroises. Rétrogradé au poste de commandant en chef adjoint, l'archiduc Frédéric reste le représentant de l'empereur au grand quartier général, et Conrad von Hötzendorf – pour l'instant – le chef d'état-major. Mais les instructions de Charles sont claires : les choix opérationnels passent désormais sous son autorité directe, de même que les questions du personnel et les nominations.

Pour ce qui est du gouvernement, en Autriche, Charles commence par confirmer Koerber comme Premier ministre. Ce bureaucrate prudent, réputé libre-penseur, a été nommé un mois auparavant, après l'assassinat du comte Stürgkh. Mais, un peu plus de vingt jours après son accession au Trône, le monarque convoque Alexandre Spitzmüller, directeur du Creditanstalt, une banque d'affaires de Vienne. L'homme a appartenu aux cercles de François-Ferdinand. Charles lui offre de prendre la direction d'un gouvernement de transition, car il envisage, lui explique-t-il, une profonde réforme constitutionnelle. Spitzmüller accepte, mais rencontre des difficultés pour former le cabinet. Cinq jours après avoir été sollicité, il prévient l'empereur qu'il doit renoncer.

Pour Charles, c'est une première déception. Elle annonce un problème récurrent : la difficulté de trouver des hommes de valeur pour gouverner l'Autriche. Le 20 décembre, le comte Heinrich Clam-Martinic est nommé Premier ministre. Représentant typique de la noblesse de Bohême, chef de la droite à la Chambre haute, il a courageusement rejoint son régiment, au début de la guerre, malgré sa haute position, afin de servir comme officier. Lui aussi a été un proche de François-Ferdinand, et passe pour être favorable aux réformes. L'empereur cherchait mieux, mais il aurait pu trouver pis.

La nomination capitale, toutefois, c'est celle du ministre des Affaires étrangères. La Double Monarchie n'ayant pas de chef de gouvernement commun, c'est lui qui apparaît, aux yeux de l'étranger, comme le Premier ministre de l'Autriche-Hongrie. Le 22 décembre, le comte Ottokar Czernin est nommé à la tête du Ballhausplatz*. Membre de la noblesse

---

* A Vienne, le ministère des Affaires étrangères de l'Autriche-Hongrie s'élève à côté de la Hofburg, sur la place dénommée Ballhausplatz (dans le palais qui abrite aujourd'hui la chancellerie de la République d'Autriche). Ballhausplatz (ou

de Bohême, ce brillant sujet est entré sur protection dans la diplomatie impériale, sans passer les concours nécessaires. Après avoir été en poste à Paris et à La Haye, il s'est fait mettre en disponibilité pour faire de la politique, puis, revenu dans la diplomatie, a été ambassadeur en Roumanie.

Czernin, qui a déjà été présenté à Guillaume II, est un partisan de l'alliance allemande. Conscient des avantages dont dispose l'Entente, notamment si les Etats-Unis devaient entrer dans la guerre, le diplomate craint cependant la désagrégation de la Monarchie dans le cas où le conflit se prolongerait. En juillet 1916, il a rédigé un rapport développant des propositions de paix. Charles, en tant qu'archiduc héritier, a eu le document entre les mains, dont la teneur lui a plu. C'est ce qui vaut sa nomination à Czernin : ami des Allemands, mais convaincu du caractère impératif d'une initiative de paix autrichienne, il a le profil adapté à la tactique que Charles entend suivre à ce moment.

Le nouveau ministre, toutefois, est un ambitieux, sûr de lui à l'excès. Autant il se montrait respectueux envers François-Ferdinand, dont il se considérait comme le serviteur, autant sa relation avec Charles va être ambiguë. Czernin rêvait d'être Premier ministre d'Autriche. A Spitzmüller, il avait dit : « Le pauvre petit empereur a besoin d'un chef de gouvernement qui sache le conseiller. Cela ne peut être votre cas[5]. » Le nouveau titulaire du Ballhausplatz se juge donc comme supérieur à son souverain. Le temps venu, les conséquences en seront terribles.

Couronnement royal à Budapest

Le comte István Tisza, Premier ministre de Hongrie depuis 1913, personnage tout-puissant, est un des rares

---

Ballplatz en abrégé) : par effet de métonymie, le lieu désigne l'institution, comme le Quai d'Orsay à Paris.

hommes d'Etat austro-hongrois. Mais, s'il est loyal envers la dynastie, ce grand seigneur est d'abord un ombrageux patriote magyar. Si, en 1914, il était réticent devant la déclaration de guerre, c'était d'abord par inquiétude pour la Hongrie. A Budapest, chef du parti majoritaire, il contrôle le Parlement, institution qui reste très vivante, alors que, à Vienne, les Chambres sont en sommeil. La Hongrie n'a pas été envahie depuis le début du conflit, à l'exception d'une brève incursion des Roumains, chassés en sept semaines : Tisza en recueille le bénéfice. En raison de son poids politique, Charles a intérêt, dans un premier temps, à le ménager : il restera donc chef du gouvernement.

Le 22 novembre, alors que la dépouille de François-Joseph repose encore sur son lit de mort, Tisza se présente à Schönbrunn. Il s'est précipité à Vienne afin de convaincre Charles de se faire couronner le plus vite possible à Budapest. De par la Constitution, le nouveau roi dispose d'un délai de six mois pour procéder à cette cérémonie. Mais, tant que celle-ci n'a pas eu lieu, il ne peut signer aucune loi. Or, en temps de guerre, la Hongrie ne peut courir le risque d'une paralysie institutionnelle. Le 23 novembre, Charles signe un rescrit qu'il fait contresigner par Tisza. Celui-ci le fait lire, quatre jours plus tard, au Parlement de Budapest : il y annonce son intention de se faire couronner le plus rapidement possible « roi de Hongrie, de Croatie-Slavonie et de Dalmatie ».

Le couronnement de Charles et de Zita a lieu le 30 décembre 1916. Les racines de ce rituel remontent au Moyen Age. Mais dans sa forme, à quelques détails près, ce sera le même cérémonial que celui mis au point pour François-Joseph et l'impératrice Elisabeth. Ce sera à la fois une cérémonie religieuse et une démarche constitutionnelle, puisque le couronnement est aussi un acte parlementaire.

Le 27 décembre, l'arrivée du couple royal à Budapest est saluée par trente-trois coups de canon et par les acclamations de 200 000 personnes qui se sont massées entre la gare et le palais. En fin d'après-midi, dans la salle du Trône, Charles reçoit une délégation du Parlement. Le primat de Hongrie, le cardinal Jànos Csernoch, demande au monarque s'il accepte de se laisser couronner, et lui présente le « diplôme inaugural » : cette charte définit les devoirs du souverain vis-à-vis de la nation magyare.

Le lendemain a lieu l'ouverture du coffre dans lequel sont rangés les insignes royaux : la couronne de saint Etienne – elle fut offerte par le pape Sylvestre II, en l'an 1000, à celui qui fut le premier roi de Hongrie* –, le globe terrestre, le sceptre et le manteau du sacre. Pour la reine est sortie une couronne légère qui fut utilisée par Anne de Hongrie. Selon la tradition, il appartient à Zita de coudre elle-même une pièce, à l'aide de fil d'or, sur le manteau du couronnement du roi, vêtement de parade qui daterait aussi de saint Etienne.

La veille du couronnement, les ornements sont transportés dans l'église Mathias, où se tiendra la cérémonie. L'édifice, consacré à Notre-Dame, doit son nom à Mathias Corvin, roi de Hongrie qui y fit célébrer ses deux mariages.

Le 30 décembre, Budapest pavoise : partout flottent des drapeaux aux couleurs magyares. Le temps est froid, mais lumineux. Au petit matin, trente coups de canon sont tirés depuis le Mont Gellert. Au château royal se forme un cortège qui rejoint l'église Mathias, dont l'intérieur a été tendu de velours rouge. Magnats en costume, officiers en uniforme, députés de la Chambre basse, seigneurs de la Chambre haute, représentants des comitats et des Etats : une assistance bigarrée a rempli la nef. Le nonce est là, de même que tous les diplomates accrédités auprès de la cour de Vienne, dont l'ambassadeur des Etats-Unis, puissance

---

* C'est en leur qualité de successeurs de saint Etienne, premier roi de Hongrie, que les Habsbourg portent le titre de Majesté apostolique.

qui n'est pas en guerre avec l'Autriche-Hongrie. Journalistes et photographes ont aussi été invités.

Charles porte un uniforme rouge de général hongrois ; Zita, une robe coupée d'après le costume national magyar et un manteau brodé d'hermine ; Otto, un costume de sacre qui a été dessiné pour lui. La présence du petit archiduc n'était pas prévue par le cérémonial, mais son père l'a voulue, là encore, afin de symboliser la continuité dynastique. Salué par le primat, le couple royal entre dans l'édifice.

Charles, agenouillé devant l'autel, prononce un premier serment en latin, dans lequel il s'engage à protéger l'Eglise. Puis, allongé, il entend la Litanie des saints. Le cardinal procède ensuite à l'onction du roi, sur lequel le manteau de saint Etienne est posé.

Commence ensuite la célébration de la messe. Le rituel prévoit un rôle pour le seigneur palatin, qui jadis représentait le roi en Hongrie quand il était à Vienne. Mais François-Joseph n'a nommé personne à cette fonction. Le comte Tisza, en tant que chef de la majorité parlementaire, s'est fait attribuer ce rôle, bien qu'il soit calviniste et que la cérémonie soit catholique.

A genoux, Charles ceint la couronne que le palatin a remise au primat, puis reçoit le sceptre et le globe terrestre. Après le couronnement du roi, c'est au tour de son épouse d'être sacrée.

A la fin de la messe, la reine retourne au château avec le prince impérial. Pour le roi, le deuxième volet de la cérémonie a lieu en plein air, devant la colonne de la Trinité qui se dresse face à l'église Mathias. Revêtu des insignes royaux, le visage tourné vers l'est, Charles tient de la main gauche un crucifix et prête serment, s'engageant à protéger la Hongrie.

Après être rentré dans l'église, le roi monte à cheval. Devant l'entrée du palais royal a été érigé, selon la coutume, un monticule de terre provenant de tous les comitats de Hongrie. Charles lance son cheval au galop et, au sommet du tertre, brandit son épée vers les quatre points cardinaux. D'une fenêtre du château, Zita et Otto regardent la cérémonie. Ce qui vaut une intervention non prévue par le cérémonial quand Otto, apercevant son père à cheval, ne peut retenir un cri : « Papa, papa ! »

Au début de l'après-midi, un banquet est servi dans la salle d'apparat du château. Ce repas fait partie des rites du couronnement, mais il est symbolique : il ne réunit que six convives (le roi, la reine, le primat, un autre évêque, le nonce et le palatin), à qui sont servis dix-neuf plats qui, aussitôt présentés, repartent sans avoir été touchés. Sur ordre de Charles, ils sont portés à l'hôpital de Budapest, à destination des blessés de guerre.

Le banquet terminé, les souverains regagnent leurs appartements. Le Parlement se réunit à nouveau, en séance solennelle, afin de prendre acte de la conformité du couronnement avec les formes exigées par la Constitution. Les insignes royaux sont rapportés dans l'église, où la population peut les admirer.

La journée aurait dû s'achever par un véritable banquet et par un bal, mais Charles a décrété que c'était impossible : on ne danse pas quand des hommes meurent au front. En fin d'après-midi, le couple royal repart pour Vienne.

Si l'on a décrit un peu longuement la cérémonie, c'est pour en faire sentir la portée morale pour Charles et Zita. A leurs yeux, ce rituel, riche de symboles religieux et patriotiques, revêt une signification profonde. Du point de vue religieux, les souverains, catholiques convaincus, sont pénétrés de la dimension spirituelle du couronnement. Du point de vue politique, cet acte ne les engage, *stricto sensu*, qu'en Hongrie. Néanmoins, élevés dans la ferveur monarchique, ils estiment que l'onction reçue confère son sens ultime à la mission dont ils sont investis : roi et reine, ils sont responsables devant Dieu de leurs peuples et de leur couronne.

Cette certitude les habite, et ne les quittera plus. Même quand ils auront été détrônés.

A cet égard, Charles est déjà traversé de pressentiments : Zita l'a raconté. La veille du couronnement, depuis la terrasse du château, ils regardaient Budapest illuminée. Faisant allusion aux paroles du Christ avant son entrée à Jérusalem, à l'occasion de la fête des Rameaux, le monarque dit à sa femme : « Aujourd'hui, ils m'acclament. Mais bientôt ils crieront, et réclameront ma tête[6]. »

Le souverain prend le commandement de l'armée

Après la mort de François-Joseph, Charles a convoqué le général Conrad von Hötzendorf, afin de lui annoncer qu'il allait prendre lui-même le commandement suprême de l'armée et transférer le quartier général à Vienne, ou à proximité. « Je lui fis de graves objections, ce dont Sa Majesté fut visiblement irrité[7] », note Conrad dans ses Mémoires.

Depuis ce jour, le chef d'état-major sait qu'il n'a plus la confiance de l'empereur. Au début du mois de février 1917, le haut commandement est déplacé de Teschen, en Silésie, à Baden, petite ville d'eaux située à 20 kilomètres au sud de Vienne. Plus qu'un transfert géographique, ce déplacement du haut commandement vers la capitale constitue une mesure politique. Pour Charles, il s'agit de mettre fin à l'autonomie du pouvoir militaire, et d'annuler l'accord germano-autrichien de septembre 1916 qui avait créé un commandement commun aux puissances centrales. En clair, l'empereur veut reprendre la main sur la direction de la guerre.

Le 1er mars 1917, dernière phase de ce processus, Conrad von Hötzendorf est déposé de son poste de chef d'état-major. En acceptant en contrepartie le commandement du front du Tyrol, le généralissime obéit à l'empereur, mais il lui voue désormais une animosité secrète.

Au-delà de l'aspect stratégique et diplomatique du problème, cependant, c'est toute une conception du monde qui sépare les deux hommes. L'aveu rétrospectif figure dans les Mémoires de Conrad, publiés après la guerre. Le général y déplore une « conduite molle et démoralisante à l'intérieur de la monarchie » (celle de Charles), et accuse les « notions de charité, de pitié, d'égalité des hommes, de bonheur pacifique » (c'est-à-dire les valeurs chrétiennes auxquelles se réfère l'empereur) d'être porteuses de « défaitisme »[8]. Marqué par le darwinisme social – mentalité fréquente, à l'époque, dans les milieux militaires allemands –, Conrad conçoit la vie comme la lutte des forts contre les faibles, la guerre étant la projection de ce conflit. Pour Charles, au contraire, la guerre doit être faite afin de se défendre, mais reste un fléau.

En renvoyant Conrad, le souverain prend un risque : en cas de défaite militaire, il en sera l'ultime responsable. Il s'est aussi créé un ennemi de poids, ce qui n'est pas sans conséquence : dans l'armée, le général conserve un solide réseau d'influence.

Le nouveau chef d'état-major est le général Arthur Arz von Straussenburg. Originaire de Transylvanie, ce Hongrois de langue allemande a été le supérieur de Charles, à l'automne précédent, lors de la campagne de Roumanie. Un tacticien méritant, mais modeste : il ne fera pas d'ombre à l'empereur.

Bientôt, de poste en poste, toute la chaîne du haut commandement est renouvelée. A l'état-major, les habitudes changent aussi. Fini les dîners aux chandelles et les couverts d'argent qu'affectionnait Conrad : les menus viendront de la cantine. Les visites des épouses seront limitées, celles des maîtresses interdites.

En décembre 1916, l'empereur prend le haut patronage du Comité central autrichien pour la création de foyers du soldat. Selon ses consignes, ces foyers doivent être éclairés et chauffés, et proposer livres et journaux, de quoi écrire, des jeux de société, des instruments de musique, des rafraîchissements, une salle de cinéma et de conférence. D'après leurs statuts, doit être banni de ces foyers tout ce qui pourrait introduire «un élément de division politique, national ou confessionnel», au sein des régiments. L'arrière-plan, là encore, est politique : pour Charles, il convient de fortifier, chez les soldats, le patriotisme austro-hongrois.

Par deux ordonnances du 2 avril et du 15 juin 1917, les dernières punitions corporelles sont supprimées dans l'armée. Et enfin, le 4 novembre 1917, le duel est interdit. Il l'avait déjà été en 1852, mais restait toléré, François-Joseph y voyant une concession au code de l'honneur cultivé par ses officiers. Dorénavant, ces affaires doivent se régler pacifiquement, devant des jurys militaires. Le décret, là encore, invoque la nécessité d'épargner les hommes : «Celui qui met sa vie en jeu lors d'un duel n'agit pas seulement contre la loi de Dieu et la loi civile, il agit aussi contre sa patrie, qui compte maintenant sur la force intacte de chaque homme pour défendre les frontières, puis pour la reconstruction et pour le progrès[9].»

Imposer des bornes à la guerre, l'humaniser, tel est l'objectif que l'empereur poursuit désormais, comme à l'époque où il commandait un corps d'armée. Charles renforce l'interdiction de bombarder Venise que François-Joseph avait édictée (la cité abrite un important arsenal italien), et refuse le bombardement des villes ouvertes dénuées d'enjeu stratégique. Conrad lançait des vagues de fantassins contre des positions tenues par des canons; Charles, lui, s'oppose à l'engagement de l'infanterie sans préparation d'artillerie. En pourcentage, l'armée austro-hongroise essuiera moins de pertes de 1917 à 1918 que de 1914 à 1916. Sur le terrain, les plans sont revus de façon à ajuster le nombre d'hommes aux besoins opérationnels.

En septembre 1917, un décret ordonnera d'affecter aux

postes non exposés les soldats dont la famille déplore déjà deux tués, ainsi que les pères de plus de six enfants : une décision personnelle de Charles.

Sauver des hommes : c'est l'obsession de l'empereur. En 1918, au Tyrol, il visite un régiment de chasseurs impériaux (*Kaiserjäger*), une unité d'élite. Une compagnie lui présente les armes. Le commandant explique au souverain que les hommes vont monter à l'assaut d'une position particulièrement dangereuse :

« — Est-ce que cette opération est nécessaire ? demande Charles.

— Elle n'est pas indispensable, répond l'officier, mais ce doit être un morceau de bravoure afin de prouver que nous sommes toujours capables d'entreprendre quelque chose.

— Si ce n'est pas indispensable, il faut renoncer. Nous devons épargner les vies humaines[10]. »

Après le départ de l'empereur, l'opération est décommandée. Ce témoignage sera livré, en 1987, par un ancien combattant de 95 ans, qui se demandait encore s'il ne devait pas à Charles d'être resté en vie...

Un nouveau style de pouvoir

Changements de ministres, changements à la tête de l'armée. Mais c'est aussi l'entourage immédiat de l'empereur qui change avec la mort de François-Joseph. Le prince Lobkowicz, chambellan de Charles depuis sa majorité, devient son premier aide de camp. Le souverain s'adjoint par ailleurs les services d'hommes qu'il connaît depuis longtemps et envers qui sa confiance est totale, tel Arthur Polzer-Hoditz, nommé directeur du cabinet civil. Certains sont de sa génération : le lieutenant Rudolf Brougier, aide de camp, ou le comte Josef Hunyady, officier d'ordonnance. Des hommes jeunes se trouvent proches du Trône. « C'est l'ère du 7ᵉ dragons ! » grommelle un conseiller évincé. Entre décembre 1916 et février 1917, en quelques semaines, la vieille garde a été partout remplacée : le règne commence avec des visages neufs.

Mais ce ne sont pas seulement les visages qui changent, c'est le style du pouvoir. François-Joseph avait des goûts simples pour lui-même mais maintenait le cérémonial de la Cour avec vigilance, afin de souligner la majesté de la fonction impériale. Au fil du temps, il avait même accru la complexité du système. Les audiences, par exemple, se divisaient en audiences ordinaires, particulières ou extraordinaires ; à chacune s'appliquaient une durée déterminée et un code vestimentaire précis.

Charles, lui, a horreur de l'étiquette. Il la tolère – en la simplifiant au maximum – dans les circonstances officielles, mais dans la vie ordinaire il refuse de s'en encombrer. Alors qu'il vient de prendre ses fonctions, il demande à voir un ambassadeur. On lui demande si ce sera une audience publique ou privée, et s'il faut prévoir une réception solennelle, conformément au protocole. «Cela m'est complètement égal, répond Charles, ce que je veux, c'est lui parler[11].»

Le port de l'habit est supprimé pour les audiences. Le souverain serre la main à ses interlocuteurs, quel que soit leur rang, et les prie de s'asseoir, ce que son prédécesseur réservait aux visiteurs du plus haut rang. Plus surprenant, quand le beau temps le permet, Charles donne ses audiences en plein air, dans le parc de sa résidence du moment. «Parfois, raconte Polzer-Hoditz, au lieu de rester assis sous les platanes, l'empereur préférait écouter les rapports en marchant. Comme il marchait toujours à vive allure et à pas de géant, il m'arrivait souvent d'être considérablement gêné par le vent et le soleil, à cause de la serviette bourrée de documents que je devais toujours porter avec moi et dont le vent enlevait parfois une feuille[12].»

Encore plus surprenant, le prince Ludwig Windischgrätz, ministre hongrois du Ravitaillement, raconte comment, un jour qu'il devait être reçu par Charles à Schönbrunn, et qu'il attendait dans son appartement viennois l'heure de partir pour l'audience, on sonna à sa porte : c'était l'empereur en personne qui, passant dans sa rue, avait demandé au chauffeur de s'arrêter et était monté le chercher!

Quand il se trouve dans la capitale, il n'est pas rare que le monarque s'échappe du palais pour déjeuner au restaurant avec ses collaborateurs. En ce qui concerne la table, il faut préciser que, à l'exception des cas où Charles reçoit officiellement, les menus de la Cour sont réduits à leur plus simple expression : quand le peuple souffre des restrictions alimentaires, l'empereur refuse d'échapper au sort commun. Un régime qui marquera les enfants impériaux. Le petit archiduc Otto, un jour, interroge ses parents pour savoir pourquoi on ne leur sert jamais de viande. Charles lui répond que seuls les gens riches peuvent s'en offrir. A ce moment surgit le général Arz, chef d'état-major de l'armée, venu au rapport. Le prince impérial, du haut de ses 5 ans, lui demande ce qu'il a mangé au déjeuner. « Du goulasch, altesse impériale », répond le généralissime. Et Otto de répliquer : « Du goulasch ? Mais c'est de la viande ! Est-ce que tu es riche[13] ? »

L'emploi du temps de François-Joseph, fixé à l'avance, immuable, réglé comme du papier à musque, ne laissait place à aucune improvisation. Charles, lui, faisant fi de la ponctualité, bouscule les horaires, improvise sans cesse, et accumule les journées de dix-huit heures. Un rythme qui n'est pas sans compliquer la tâche de sa suite, et qui exige de la patience de la part de ceux qui attendent d'être reçus en audience.

L'empereur est de son temps. Il préfère l'automobile à la calèche, et se sert sans cesse du téléphone, ce que François-Joseph refusait. Avec ses ministres, ses collaborateurs, et aussi sa femme : quand il est séparé de Zita, il l'appelle trois à quatre fois par jour. Charles fait équiper le train impérial d'un wagon télégraphe dans lequel sont installés trois appareils Hugues, système qui permet, sur une ligne unique, d'établir une liaison en duplex.

Car ce nouveau souverain, au contraire de François-Joseph qui ne sortait plus de Schönbrunn à l'exception de son séjour estival à Bad Ischl, est sans cesse sur les routes. Au cours des deux années de son règne, de novembre 1916 à novembre 1918, il effectuera exactement 82 voyages, soit une moyenne de plus de trois déplacements par mois, presque un par semaine. Le prince Lobkowicz, responsable de leur mise en œuvre, calculera que, dans ce laps de temps, le jeune monarque a parcouru 80 000 kilomètres en chemin de fer.

La plupart de ces voyages ont lieu dans le train de la Cour, et chacun d'eux, souvent annoncé à bref délai, nécessite une organisation parfaitement rodée. Quand Zita accompagne son mari, deux voitures-salons sont arrimées au convoi, une pour l'empereur, l'autre pour l'impératrice. La suite, le médecin de l'empereur, les membres de la chancellerie militaire et ceux du cabinet civil se répartissent dans les wagons suivants. Un compartiment privé est prévu pour chacun des généraux et ministres qui participent au déplacement. Après leur entrevue avec le monarque, ils descendent à la gare la plus proche, et empruntent un autre train pour rentrer ; à l'inverse, ils peuvent rejoindre le train impérial en cours de route. Charles, au cours de ces voyages, n'interrompt jamais son labeur.

Le jeune monarque est un empereur que l'on voit et même que l'on touche, puisque l'usage est de lui baiser la main. Nous possédons de nombreuses photos qui le montrent parmi les plus humbles, souriant, attentif aux doléances qui lui sont présentées. Lisons le témoignage de Karl Nowak, un journaliste autrichien dont l'opinion est généralement hostile à Charles : « Souvent il se mêlait, de façon inattendue, à la foule, et chacun, quand l'empereur était devant lui, avec sa gaîté familière et rayonnante, avait l'impression sincère d'un entretien d'homme à homme. Jamais monarque ne gagna aussi vite les suffrages du peuple[14]. »

En visite au Tyrol, Charles voit venir à lui un paysan. L'homme arbore deux décorations prouvant qu'il a combattu en Bosnie, en 1878, parmi les chasseurs impériaux. Il se plaint d'avoir reçu l'ordre de donner une vache à l'armée, alors qu'il n'en possède que deux, dont il a besoin pour nourrir sa nombreuse famille. Charles lui tape sur l'épaule : « Père, vous avez fait votre devoir. Rentrez tranquillement chez vous, la vache restera à l'étable[15]. »

Taper sur l'épaule : un geste typique de Charles. Lisons encore Nowak : « Il aimait à afficher une ronde bonhomie quand il tapait sur l'épaule des soldats au front – et il tapait infatigablement sur l'épaule de milliers d'entre eux. Dans toute sa manière d'être, il y avait toujours quelque chose de l'officier de cavalerie qu'il avait été en sa première jeunesse[16]. »

Dans ce registre, il existe d'innombrables histoires illustrant le rapport direct que Charles entretient avec la troupe. Retenons celle-ci, racontée, en 1968, par un ancien chauffeur militaire. Charles se trouve de nouveau au Tyrol, en compagnie de Conrad von Hötzendorf, le commandant du secteur. A l'heure du déjeuner, le convoi fait halte au bord d'une route, et les ordonnances sortent le pique-nique préparé par le cuisinier du train impérial. A cet instant surgit, remontant la route à pied, un adjudant bosniaque, lourdement chargé. Le sous-officier salue, et continue son chemin. Charles le hèle, et l'interroge pour savoir d'où il vient, et où il va. De retour de permission à Sarajevo, l'homme a débarqué du train à Trente. Il a encore quatre heures de marche pour rejoindre son régiment. L'empereur, remarquant qu'il porte une décoration, le félicite. Puis lui demande s'il a mangé quelque chose aujourd'hui. L'adjudant répond par la négative. Alors l'empereur lui donne son propre repas, auquel il n'a pas encore touché. « Merci, mon général », répond le sous-officier, qui salue de nouveau et s'en va. Charles, cependant, prie le chauffeur d'aller lui porter une bouteille de vin. Le Bosniaque remercie, mais refuse poliment, en expliquant qu'il est musulman. Le chauffeur insiste et le prie de prendre la bouteille, au moins comme souvenir :

« — Bon, d'accord. Mais dis-moi, camarade, qui est ce général ?

— C'est notre empereur.

— Notre empereur ! »

En deux bonds, l'homme se campe devant Charles, croise les mains sur sa poitrine et, dans sa langue, prononce une longue phrase que Conrad traduit. C'est une prière : l'adjudant implore Allah d'accorder longue vie à l'empereur[17]...

La simplicité de Charles fait qu'il n'aime ni Schönbrunn, ni la Hofburg, dont la solennité lui pèse. Au début du mois de février 1917, le couple impérial emménage à Baden, en même temps que l'état-major de l'armée. Une belle maison de deux étages, au centre de la ville, abrite à la fois le haut commandement militaire, la chancellerie de l'empereur, son cabinet civil, et sa famille. Charles peut ainsi travailler tout en restant proche de ses enfants. En raison de l'exiguïté des lieux, un curieux ballet conduit cependant ministres et généraux à croiser les nurses. La situation est sympathique, mais malcommode.

Dès le 15 mars, par conséquent, Charles se résout à installer Zita et les enfants, ainsi que le cabinet civil dirigé par Polzer-Hoditz, au château de Laxenburg, propriété impériale située à une quinzaine de kilomètres de Baden. Le souverain se rend chaque matin à Baden, où il donne ses audiences militaires et politiques, et retourne l'après-midi à Laxenburg, où ont lieu ses audiences civiles, jusqu'au dernier rapport militaire qui lui est présenté dans la soirée.

Au mois de juillet, le couple impérial prend ses quartiers d'été à la villa Wartholz, où suivent une partie des services militaires ou civils de l'empereur, disséminés dans des maisons voisines que Charles a achetées. Moments privilégiés, où le souverain conserve du temps pour les siens. Dans ses souvenirs, Polzer-Hoditz évoque une fin de journée en ces lieux : « L'empereur écrivait à sa table de travail, et l'impératrice, assise par terre et entourée de ses enfants, regardait un livre d'images qu'elle tenait à la main. C'était un ravissant tableau de famille. Je commençai mon rapport. Brusquement la porte s'ouvrit, et le prince impérial se précipita dans la chambre ; mais en un clin d'œil il comprit la situation et se dirigea vers sa mère pour regarder les images. L'archiduchesse Adélaïde et l'archiduc Robert, appuyés contre leur père, écoutèrent mon rapport, visiblement impatients de me voir finir, afin que l'empereur puisse de nouveau s'occuper d'eux. Les enfants se sentaient dans leur bon droit, car l'empereur leur appartenait pendant la demi-heure qui précédait le coucher[18]. »

L'Autriche possède à nouveau un couple impérial

La dernière, et non la moindre, des nouveautés que Charles apporte à la Cour, c'est la présence de sa femme. L'impératrice Elisabeth était morte en 1898. Depuis dix-huit ans, l'Autriche-Hongrie était privée de souveraine. En fait depuis plus longtemps, car Sissi n'avait jamais pleinement épousé ce rôle. Zita, elle, va incarner la figure de la *Landesmutter*, la « mère du pays ». Mais dans une société en guerre. Jolie jeune femme et jolie mère de famille, accompagnant l'empereur dans ses voyages, consacrant beaucoup de son temps aux hôpitaux et aux œuvres sociales, l'impératrice donne un visage nouveau à la monarchie.

Le genre simple et familial adopté par Charles et Zita porte ses fruits : au cours de la première année du règne, les rapports des diplomates en poste à Vienne témoignent de la popularité du jeune couple impérial.

Cette popularité, cependant, touche moins les élites. La haute noblesse, notamment, est réticente. Elle qui a été façonnée, pendant des siècles, par le service de la Cour, par le cérémonial, par le spectacle des grandes fêtes dynastiques, est amputée d'une partie de sa raison d'être, à la fois par la guerre et par le style de Charles, qui vit peu dans la capitale. Aussi les salons de la première société critiquent-ils son allure (manquant de majesté, grincent-ils), son absence de distance avec le peuple, son habitude de parler avec n'importe qui, son mode de vie quasi bourgeois. Les gens distingués regrettent François-Joseph, ou font des comparaisons avec Guillaume II – à l'avantage du Hohenzollern, bien sûr, car les cercles élégants de Vienne ont la fibre allemande. A l'instar du ministre des Affaires étrangères, le comte Czernin, la haute société daube sur le «pauvre petit empereur».

Ouvrons les carnets politiques du député Josef Redlich à la date du 29 décembre 1916. Charles règne depuis un mois. Voici son portrait : «Nature naïve, sans grand intérêt, très "noble chevalier Teutonique", mais bon cœur et bonne volonté. Sait peu de choses des affaires de l'Etat. Il rappelle quelque chose de Joseph II, avec son impatience, chaque jour, pour faire quelque chose de nouveau[19].» Redlich, précisons-le tout de suite, ayant changé d'avis, sera un jour ministre de Charles.

Le général Margutti, vieux serviteur de François-Joseph, colporte dans Vienne le mot de Koerber, Premier ministre dont Charles vient de se séparer : «L'empereur Charles a 30 ans; il en paraît 20, et pense et parle comme un enfant de 10 ans[20].»

La spontanéité de Charles, sa liberté de parole, son naturel qui confine parfois à la naïveté, tout cela désarçonne Redlich, encore lui, raconte la surprise d'un simple député qui, ayant demandé audience à l'empereur pour une affaire banale, est interrogé pour savoir qui serait le bon Premier ministre ! Charles reçoit beaucoup de monde, et écoute beaucoup. Tempérament sensible, il est donc porté à modifier son opinion en fonction de ce qu'il a entendu, au point de paraître influençable, si ce n'est versatile.

Ce trait de caractère empêche souvent de comprendre le couple qu'il forme avec Zita. L'impératrice est une jeune femme forte, extrêmement décidée. Est-elle plus intelligente que son mari ? C'est possible, sans que cela puisse être prouvé. Au début du règne, hommes politiques ou hauts fonctionnaires veulent lui être présentés. Tous sont frappés par sa vivacité d'esprit : le contraste ne parle pas en faveur de Charles. Ainsi se construit la légende d'un mari qui serait sous la coupe de sa femme.

Or cette idée n'a que l'apparence de la vérité. Ce ménage est exceptionnellement uni. Par les sentiments, bien sûr, par la fécondité du lien conjugal – huit enfants en dix ans de mariage –, par les convictions religieuses, mais aussi, il faut le dire, par la passion politique. Zita n'est pas seulement impératrice parce qu'elle est l'épouse de l'empereur, mais parce qu'elle est, quoique la Constitution ne lui attribue aucun rôle, une femme que la politique captive. Leur union étant heureuse, Charles et Zita discutent de tout. Ce qui signifie qu'ils discutent aussi politique, même si l'impératrice, à l'extérieur, garde son rang.

Dans des notes rédigées en 1920, Charles s'en expliquera : « Il est facile à comprendre qu'un homme et sa femme parlent ensemble des sujets qui leur sont les plus proches ; chez les monarques, c'est la politique. Si un mari possède une épouse qui ne s'intéresse pas à ses soucis, à ses besoins et à ses joies, le mariage est généralement malheureux, et il n'en est pas différemment dans les cercles élevés de la société. (...) Si une souveraine intelligente a une idée intelligente, c'est le devoir de son mari d'y réfléchir, et éventuellement de la mettre en application ; le devoir de l'épouse est de nier sa paternité dans cette idée[21]. »

Il est donc évident que Zita influence Charles sur le plan politique, dans une proportion que l'historien ne peut évaluer, puisqu'elle relève de l'intimité d'un couple. En revanche, il est possible de prouver que des désaccords politiques surgiront entre eux : rares, ils seront signalés dans ce livre. A chaque fois, cependant, c'est Charles qui maintiendra sa position, et Zita qui s'inclinera : le nouvel empereur n'est nullement le jouet de sa femme.

Charles est-il préparé à régner?

Au fond, Charles est-il prêt à régner ? Est-il capable, pour les peuples de l'Autriche et de la Hongrie, d'être le symbole que fut François-Joseph ?

Depuis ses années de formation, il observe. Il n'a jamais exprimé ses idées en public, ce qui ne veut pas dire qu'il n'en a pas. Polzer-Hoditz rapporte une discussion qu'il a eue avec le jeune archiduc, en 1906, à l'époque où Charles poursuivait ses études à Prague. Le point de départ était une comparaison entre la Bohême et la Hongrie ; la dernière s'était révoltée contre les Habsbourg, au XIXe siècle, mais avait retrouvé un statut favorable, tandis que la première, muselée au XVIIe siècle, restait pénalisée. Charles jugeait dangereuse pour la cohésion de l'empire cette différence de traitement entre deux peuples. Une telle analyse, exprimée à 19 ans, n'était pas d'un esprit conformiste, car elle revenait à remettre en cause la structure institutionnelle de la Monarchie, à savoir le compromis austro-hongrois de 1867.

A propos d'un autre débat un peu vif entre son élève et lui, Polzer-Hoditz s'explique ainsi : « Je ne pouvais laisser passer sans protester des idées aussi modernes chez un héritier du Trône[22]. »

Il existe un journal tenu par Charles d'octobre à décembre 1914, au moment où il effectue des missions entre Vienne et le quartier général de l'armée. Ce texte, truffé de tournures familières et d'expressions dialectales, a été rédigé pour lui. Mais il atteste que son auteur, archiduc héritier, se préoccupe de l'avenir politique et diplomatique de la Monarchie. Non seulement à court terme, mais encore en pensant à l'après-guerre. Charles réfléchit notamment à la création d'un royaume des Slaves du Sud sous le sceptre des Habsbourg ou à la nécessité de réinstaurer un couronnement à Prague, l'empereur étant aussi roi de Bohême. «Nous devons, écrit Charles, combattre le principe nationaliste, tout en assurant à chaque nation, à l'intérieur de l'Autriche, sa plus grande autonomie possible[23].» Ces développements montrent que l'archiduc héritier, dès la fin de 1914, jugeait nécessaire d'apporter des changements à la Monarchie.

En accédant au pouvoir, en 1916, après deux ans de guerre, Charles s'engage sur une voie étroite. Mais il n'a pas le choix. C'est parce qu'il n'a pas le choix, notamment, qu'il a accepté de se faire couronner si vite à Budapest. Son serment du sacre le contraint à maintenir l'intégrité du royaume de Hongrie, auquel les Slaves du Sud sont rattachés. Une promesse contradictoire avec son projet de donner à ces derniers un royaume qui leur soit propre. Mais, en pleine guerre, Charles ne va pas provoquer les Magyars : il a besoin de la fidélité de la Hongrie, de la vaillance de ses régiments, et de ses moissons de blé.

Peut-on réformer en temps de guerre? Non. Dès lors, il faut faire la paix. La paix, les réformes : c'est le seul programme de Charles lorsqu'il accède au pouvoir. Avec l'énergie d'un homme jeune, qui pense avoir du temps devant lui.

4

L'empereur tend la main aux Alliés

28 novembre 1916. Les obsèques de François-Joseph n'ont pas encore eu lieu. Venu s'incliner devant la dépouille du souverain, Guillaume II profite de son voyage pour s'entretenir avec son ambassadeur en Autriche, le comte Botho von Wedel. Au cours de la discussion, il s'exclame :

« — Je veux voir les ministres autrichiens. Je veux expliquer ma position au Premier ministre.

— Les ministres ne sont pas conviés, Majesté, répond le diplomate. Les Autrichiens regardent votre présence aujourd'hui comme une visite privée.

— Pas conviés ? Qu'est-ce que cela signifie ? Alors je vais les convoquer. »

Les ministres autrichiens, n'étant pas aux ordres de Berlin, ne seront pas convoqués. Mais Guillaume II quittera Vienne en laissant cette consigne à ses représentants : « Ne vous laissez pas faire par Charles. Répondez-lui toujours que nous conduisons la guerre, qu'il laisse faire Hindenburg[1]. »

Charles n'a pas choisi d'être associé au Reich il a hérité d'une alliance que François-Joseph avait nouée – contre son vœu intime – pour sortir l'Autriche de son isolement. Mais le vieux souverain, auréolé de son prestige de doyen des chefs d'État européens, en imposait à Guillaume II, à ses ministres et à son état-major. Tandis que Charles, inexpérimenté, leur paraît facile à manipuler. Dès lors, les Allemands vont se montrer de plus en plus arrogants.

Où en est la situation militaire quand le souverain accède au Trône ? A l'Ouest, les belligérants font jeu égal. A l'Est, Allemands et Autrichiens ont arrêté les Russes. Au Sud, les Italiens ne parviennent pas à percer les lignes autrichiennes. Le grand état-major de la marine allemande persuade alors Hindenburg et Ludendorff qu'il est possible de faire plier la Grande-Bretagne en déclenchant la guerre sous-marine à outrance. Le gouvernement civil du Reich est réticent : le chancelier Bethmann-Hollweg craint qu'une telle option ne pousse les Etats-Unis, attachés à la liberté des mers, à entrer dans le conflit.

Charles, lui, est persuadé que les puissances centrales ne peuvent plus gagner la guerre. Et que les Américains, s'ils débarquent, feront définitivement pencher la balance. Le sang qui continue de couler est inutilement sacrifié : faire la paix est impératif. Avec son ministre des Affaires étrangères, qui est encore Burián, nommé par François-Joseph, le souverain en parle dès le lendemain de son arrivée au pouvoir : il faut, lui dit-il, prendre une initiative diplomatique dans ce sens.

Le 5 décembre 1916, l'empereur rencontre Guillaume II, Hindenburg et Ludendorff au quartier général allemand. Cette visite de courtoisie lui est rendue, le lendemain, au quartier général austro-hongrois. Mais ce même jour tombe une nouvelle : les troupes allemandes et autrichiennes viennent de prendre Bucarest. Dans les états-majors des deux armées, la chute de la capitale roumaine provoque un climat d'euphorie. Une euphorie que Charles juge déplacée. Après sa rencontre avec les dirigeants du Reich, il donne à son ministre Burián son impression sur la situation chez les Allemands : « Ministère des Affaires étrangères totalement évincé. Dictature militaire pure. Kaiser complètement ignorant de la situation économique réelle du Reich, et de la lassitude du peuple devant la guerre[2]. »

Ce sommet a ôté toute illusion à Charles : son allié ne partage nullement ses vues sur la nécessité de la paix. En tout cas pas les militaires. Certes, le 12 décembre suivant, le chancelier du Reich adresse aux pays neutres une note proposant l'ouverture de discussions avec l'Entente. Mais c'est la victoire remportée sur la Roumanie qui pousse les Allemands à paraître généreux. La note de Bethmann-Hollweg est rédigée au nom de toutes les puissances centrales : Berlin coupe l'herbe sous le pied de Charles, en devançant l'initiative de paix qu'il s'apprêtait à lancer. Mais le document se prononce pour le *statu quo* à l'Ouest, sans concession territoriale significative, notamment au sujet de l'Alsace-Lorraine. Par conséquent, le 30 décembre, Paris et Londres rejetteront cette proposition.

Charles veut éviter la rupture avec les Etats-Unis

Cet échange entre l'Entente et les puissances centrales va se croiser avec une autre initiative, venue d'Amérique celle-là. Aux Etats-Unis, Thomas Woodrow Wilson vient d'être réélu sur un programme de non-intervention dans le conflit européen. En réalité, le président américain balance entre neutralité et participation aux hostilités. Le 18 décembre 1916, il invite tous les belligérants à lui faire connaître leurs buts de guerre.

Français et Anglais interprètent l'initiative de Wilson comme une ingérence visant à faire des Etats-Unis l'arbitre du conflit. Leur réponse, le 30 décembre, se borne à des généralités, ou présente au contraire des exigences maximales, comme la séparation des Tchèques ou des Slaves du Sud d'avec la Double Monarchie, programme qui reviendrait à dissoudre l'Autriche-Hongrie.

Quand ils reçoivent le questionnaire de Wilson, Allemands et Autrichiens attendent encore la réaction de l'Entente à leur proposition de paix du 12 décembre. Aussi envoient-ils au président américain une réponse dilatoire. A la veille de Noël, Charles prie toutefois son nouveau ministre des Affaires étrangères, le comte Czernin, de préparer de nouvelles propositions de paix, qu'il adresse à Guillaume II. Peine perdue : la logique belliqueuse prévaut chez les Allemands. Car l'état-major est parvenu à persuader Guillaume II et Bethmann-Hollweg que les Etats-Unis ne se mêleront jamais au conflit. Par conséquent, le 9 janvier 1917, le gouvernement et les autorités militaires du Reich se mettent d'accord pour lancer la guerre sous-marine à outrance.

Cette forme de combat, Charles y est doublement hostile. Pour des raisons stratégiques, d'abord : il est certain que l'Amérique n'acceptera pas la menace qui planera sur les mers, et qu'elle entrera dans le conflit. Pour des raisons morales, ensuite : la guerre sous-marine, lutte aveugle qui n'épargne pas les civils, lui répugne.

Le 20 janvier, les Allemands sont à Vienne pour plaider leur cause. A l'issue de ces discussions, le chef de l'amirauté du Reich, l'amiral von Holtzendorff, est reçu par l'empereur. Qui refuse de donner son aval à la guerre sous-marine. Ayant épuisé tous ses arguments, Holtzendorff rétorque que Berlin se passera de l'assentiment de l'Autriche... Au baron Musulin, ambassadeur austro-hongrois à Berne, Charles livrera cet aveu : « J'ai tout fait, jusqu'à la dernière heure, pour empêcher la guerre sous-marine. Mais j'ai finalement dû céder, contre mes sentiments et mon jugement[3]. » C'est tout le drame du souverain. Dans son for intime il résiste aux Allemands, mais dans la pratique il est dépourvu de moyens capables d'exprimer cette résistance.

Le 1er février, le nouvel ambassadeur d'Autriche-Hongrie à Washington, le comte Tarnowski, débarque en Amérique. Parti d'Europe trois semaines plus tôt, manquant d'informations, il est pris au dépourvu quand le secrétaire d'Etat

Robert Lansing lui dit ne pas douter que la « chevaleresque Autriche » désapprouve la guerre sous-marine. Le 3 février, les Etats-Unis rompent avec l'Allemagne, en maintenant leurs relations diplomatiques avec l'Autriche-Hongrie.

Le 13 février, Guillaume II est à Vienne. Ses discussions avec Charles sont tendues. Le lendemain, l'empereur se confie à Polzer-Hoditz, son directeur de cabinet : « Nous allons perdre la guerre, nous devons perdre la guerre si l'Amérique prend les armes. Entretenir notre peuple dans l'espérance de la victoire est une malhonnêteté. » Quand Polzer-Hoditz lui objecte qu'il n'est pas souhaitable de faire connaître la gravité de la situation de l'Autriche, Charles réplique : « On n'a nullement besoin de dire que nous sommes à bout de forces. Mais si le peuple entend constamment parler de notre brillante situation, il ne comprendra jamais qu'il faille faire des concessions pour obtenir la paix. Il ne suffit pas que je sois seul à vouloir la paix. Il faut que j'aie le peuple entier et les ministres à mes côtés[4]. »

Pour empêcher la rupture avec les Etats-Unis, Charles fait tout ce qu'il peut, notamment en cultivant l'amitié que Zita et lui ont nouée avec l'ambassadeur américain à Vienne, Charles Penfield. « Il aimait l'Autriche et nous fîmes évidemment tout pour le renforcer dans ce sentiment[5] », se rappellera l'impératrice.

Mais les dés roulent. Le 6 avril 1917, les Etats-Unis déclarent la guerre à l'Allemagne.

Wilson spécifie que cette déclaration ne concerne pas l'Autriche-Hongrie, qui n'a pas encore nui aux intérêts américains. Mais Czernin annonce que, en raison de son alliance avec Berlin, Vienne doit rompre ses relations diplomatiques avec Washington. L'ambassadeur d'Autriche-Hongrie, qui n'avait pas été reçu par Wilson depuis son arrivée sur le sol américain, n'avait pu lui remettre ses lettres de créance. Rappelé dans son pays, il embarque sur un navire hollandais. Une fois de plus, et contre le gré de Charles, le sort de l'Autriche est lié à celui de l'Allemagne.

La dernière tentative de diplomatie dynastique

Convaincu que la guerre ne peut plus être gagnée, exaspéré par l'intransigeance des Allemands et par leur attitude vis-à-vis de l'Autriche, Charles va s'engager sur son propre chemin, en ouvrant des discussions secrètes avec l'Entente. Etant donné le rôle qu'y joueront les frères de Zita, les princes Sixte et Xavier de Bourbon-Parme, ces négociations seront associées à leur nom. Elles sont pourtant bien une initiative autrichienne, prise par Charles lui-même, dès son accession au pouvoir*.

Le 5 décembre 1916, par voie diplomatique luxembourgeoise, la duchesse de Parme écrit à la reine des Belges, sa cousine, exprimant le vœu de voir ses fils, les princes Sixte et Xavier, officiers dans l'armée belge. L'entrevue aurait lieu en terrain neutre, en Suisse. En fait, c'est Charles qui a prié Zita de prendre contact avec ses frères par l'entremise du canal familial.

Le 23 janvier 1917, Sixte et Xavier quittent le front pour Paris. Dans la capitale, ils retrouvent un groupe de leurs amis, unis par la volonté de détacher l'Autriche de l'Allemagne. Notamment Charles Salomon, un bon connaisseur des milieux diplomatiques, et Georges de Manteyer, un historien, alors lieutenant dans un service de censure de la presse. Ce groupe est en rapport avec William Martin, chef du service du protocole au Quai d'Orsay, qui est lui-même un ami du président de la République, Raymond Poincaré.

---

* Tous les acteurs de ces négociations ont écrit leur version des faits : l'empereur Charles, à travers les souvenirs de l'impératrice Zita, le prince Sixte, le prince Xavier, le comte Czernin, le comte Erdödy, le président Poincaré, le président du Conseil Alexandre Ribot, le Premier ministre Lloyd George. Ces versions, évidemment, ne concordent pas.

Le 28 janvier, Sixte et Xavier se rendent à Neuchâtel, en Suisse. Le lendemain, ils rencontrent leur mère, venue incognito. Le rendez-vous a lieu chez Maurice Boy de la Tour, un cousin de Charles Salomon. Après les effusions familiales – ils ne se sont pas revus depuis août 1914 –, la duchesse de Parme explique à ses fils la raison de l'entrevue : l'empereur entend discuter de la paix. S'ils y sont prêts, tout est arrangé pour qu'ils se rendent directement à Vienne. Dans le cas contraire, Charles est disposé à leur envoyer un émissaire.

Des deux solutions proposées par l'empereur, Sixte et Xavier préfèrent la seconde : ils reviendront afin de discuter avec le messager de Charles. Avant de quitter Neuchâtel, les princes confient à leur mère, à l'intention de l'empereur, une note dans laquelle ils ont consigné les principales conditions de paix de l'Entente, telles qu'ils les résument d'après leurs contacts à Paris : restitution de l'Alsace-Lorraine à la France, rétablissement de la Belgique, restitution du Congo au roi des Belges, restauration de la Serbie, cession de Constantinople à la Russie.

De retour à Paris, les deux frères s'entretiennent avec William Martin et avec Jules Cambon, secrétaire général du ministère des Affaires étrangères, à qui ils révèlent la démarche de Charles. Au même moment, à Vienne, l'empereur reçoit un ami d'enfance, le comte Tamás Erdödy, et le charge d'une mission secrète : il partira le soir même pour la Suisse, où il rencontrera ses beaux-frères. Il leur fera part de ses offres de paix.

Le 13 février, Charles informe Guillaume II des sondages qu'il a lancés auprès des Alliés, sans pour autant livrer les noms des intermédiaires. Mais les Allemands, qui disposent de services de renseignement efficaces, seront vite informés de l'entrée en scène des princes de Parme.

La première rencontre entre l'émissaire de Charles et les princes a lieu le 14 février à Neuchâtel. Erdödy énumère les propositions autrichiennes : restitution de l'Alsace-Lorraine, rétablissement de l'indépendance belge, signature d'un armistice secret avec la Russie, fondation d'un royaume des Slaves du Sud intégré à la fédération austro-hongroise, avec un Habsbourg à sa tête. Sixte, lui, plaide pour une offre de paix publique de l'Autriche, exprimée sous le couvert de l'amitié avec l'Allemagne. En ajoutant que, si cette solution s'avère impossible, il est prêt à entreprendre des tractations secrètes.

Rentré à Vienne, Erdödy rend compte de ses discussions. Charles décide d'informer le ministre des Affaires étrangères, Czernin, du processus qu'il vient de déclencher. Mais l'empereur, d'accord en cela avec son ministre, estime qu'il vaudrait mieux parler *de visu* avec Sixte. Il est donc convenu avec Zita qu'elle incitera ses frères à venir en secret en Autriche.

Le 20 février, Erdödy et Sixte ont un nouveau rendez-vous à Neuchâtel. L'émissaire autrichien apporte deux documents. Le premier lui a été dicté par Czernin. C'est une réponse aux propositions exprimées par Sixte une semaine plus tôt. Le ministre des Affaires étrangères y récapitule les points qui, selon lui, forment la base des futures tractations avec l'Entente : indissolubilité de l'alliance des puissances centrales, ce qui exclut toute paix séparée ; accord pour une reconstruction de la Serbie, sur une base qui ne menacera pas l'Autriche ; soutien autrichien au retour de l'Alsace-Lorraine à la France, à condition que l'Allemagne y consente ; rétablissement de la Belgique. Le second document apporté par Erdödy lui a été dicté par l'empereur. A Vienne, en effet, lorsque Charles a lu le texte de son ministre, il a estimé qu'il laissait peu d'ouvertures. Aussi a-t-il dicté, à l'insu de Czernin, une note apportant un autre ton dans les échanges. Charles, notamment, y insiste au sujet de l'Alsace-Lorraine : l'Autriche soutiendra la France, et fera pression sur l'Allemagne à ce sujet.

Sixte de Bourbon-Parme reçu à l'Elysée

Rentrés à Paris, les princes Sixte et Xavier, munis du mémoire de Czernin et de la note complémentaire de l'empereur, entrent en relation avec les autorités françaises. Le 5 mars, le président de la République reçoit le prince Sixte à l'Elysée. En prenant connaissance du texte de Czernin, le chef de l'Etat se braque, et répond qu'il n'y a pas matière à discussion. La lecture de la note de Charles, heureusement, détend l'atmosphère. Poincaré précise cependant qu'il est obligé de prévenir Aristide Briand, le chef du gouvernement, qui est aussi le ministre des Affaires étrangères.

Ce dernier, à ce moment, connaît déjà l'état d'esprit de Charles. Il a été alerté par la duchesse d'Uzès, qui lui a affirmé le tenir de source sûre : « L'Autriche désire la paix, je puis vous assurer que ce n'est pas un vain mot[6]. »

Trois jours plus tard, au cours d'un deuxième entretien qui a lieu à l'Elysée, Poincaré, qui a conféré avec Briand, résume pour Sixte la position de la France. Quatre conditions sont non négociables : la restitution de l'Alsace-Lorraine, le rétablissement de la Belgique, celui de la Serbie, et l'ouverture de discussions avec la Russie, à qui Constantinople pourrait être cédée. Reste la question de l'Italie : ses alliés devront l'informer des pourparlers qui s'ouvrent, et l'Autriche devra lui faire une concession territoriale.

Ce 8 mars 1917, dans son journal, Raymond Poincaré pose une question pertinente : « Comment l'Autriche pourra-t-elle se passer du concours de l'Allemagne pour nous faire rendre l'Alsace et la Lorraine ? Les intentions de l'empereur Charles peuvent être excellentes, mais l'Allemagne est encore maîtresse d'en faire des pavés infernaux[7]. »

Le 19 mars, Sixte et Xavier retrouvent l'envoyé de l'empereur. La rencontre, cette fois, a lieu à Genève, à l'Hôtel

Beau Rivage, face au lac Léman. Erdödy se propose d'emmener les deux frères à Vienne, garantissant le secret de leur voyage : ils ne verront que les souverains, et Czernin. Une lettre de Zita, adressée à Sixte, appuie le projet : « Pense à tous ces malheureux qui vivent dans l'enfer des tranchées, qui y meurent par centaines tous les jours, et viens[8]. »

Aller en Autriche ? Les princes hésitent. S'ils accordent une confiance totale à leur beau-frère, ils s'interrogent sur Czernin : le ministre souhaite-t-il la paix ? Par ailleurs, officiers d'un pays en guerre, est-il conforme à leur devoir de franchir la frontière et de pénétrer en territoire ennemi ? Jusqu'à 3 heures du matin, ils en délibèrent. A l'aube, ils font part à Erdödy de leur décision : elle est positive.

Tentant l'aventure, Sixte et Xavier partent le soir même avec Erdödy. Tout a été préparé par l'attaché militaire autrichien à Berne, qui ignore cependant l'identité des deux hommes pour lesquels il a fait établir, sur ordre chiffré venu de Vienne, deux passeports portant de faux noms. Le voyage s'effectue en train de Genève au Liechtenstein, puis en automobile de Vaduz à la frontière autrichienne. A Feldkirch, Erdödy prend le train pour Vienne, les deux princes le rejoignant une station plus loin. Le 22 mars au soir, ils arrivent dans la capitale des Habsbourg, où ils logent chez Erdödy.

Tôt le lendemain, à Baden, ce dernier prévient l'empereur que tout s'est déroulé selon le plan prévu. Il lui remet une lettre dans laquelle Sixte a résumé ses entretiens de Paris. Rendez-vous est pris pour le soir même au château de Laxenburg.

Il fait nuit noire et il neige, ce 23 mars, quand Erdödy arrive en automobile à Laxenburg, accompagné de deux hommes qui dissimulent leur visage en remontant le col de leur manteau. La voiture s'arrête dans une cour extérieure, devant les écuries. Un vieux capitaine de la garde, qui jouit de la confiance totale de l'empereur, conduit les visiteurs, dont il ignore le nom. Après avoir prononcé le mot de passe, le groupe est autorisé à poursuivre son chemin. Les quatre hommes pénètrent dans le château par une porte donnant sur l'escalier qui conduit aux appartements privés des souverains. Tandis que l'officier et Erdödy restent à garder, l'un, l'escalier, l'autre, l'antichambre, Sixte et Xavier entrent dans le salon de l'impératrice. Charles et Zita les y attendent.

Instants d'émotion : le couple impérial et les deux princes ne se sont pas revus depuis le début de la guerre. Après quelques échanges familiaux, la conversation passe tout de suite à l'objet de la rencontre. Zita assiste au premier quart d'heure de l'entrevue, puis se retire. Xavier, il le racontera dans son journal, est étonné par le comportement de Charles, qui parle debout, sans cesser d'arpenter le salon : « Je le vois encore devant moi, dans la pénombre de cette pièce, l'air plus jeune, plus frais et en meilleure santé qu'il ne l'était en réalité. La première chose qui m'avait frappé en entrant, c'était que ses cheveux commençaient à grisonner[9]. » L'empereur, rappelons-le, n'a pas 30 ans...

Le moment est choisi pour négocier, explique le souverain, car les forces des deux camps s'équilibrent. Son devoir est de contraindre son allié à la paix. En cas d'échec, il conclura la paix séparément. Puis la discussion s'engage, sur la base de la note que Sixte a rédigée à l'issue de ses entretiens parisiens.

Au cours de la soirée, le comte Czernin fait son apparition. Charles a annoncé sa venue à ses beaux-frères, en dépeignant son ministre comme un homme aspirant à la paix : il ne dira pas de mal des Allemands, mais il est possible de parler librement devant lui. Sixte, dans le livre qu'il consacrera à l'affaire après guerre, décrit Czernin comme un homme grand, maigre et froid. De fait, à partir du moment où il entre dans la pièce, la discussion, en dépit des efforts de Charles, prend un autre tour. Le ton devient plus raide. Czernin parle peu, mais quand il intervient soudain, c'est pour contrer Sixte. Charles se retire alors avec lui dans un salon contigu. Quand ils reviennent, d'après le témoignage de Sixte, l'empereur a l'air préoccupé. Il est finalement convenu que le ministre se rendra chez Erdödy, le lendemain matin, afin de reprendre en direct les pourparlers avec les princes.

Charles appuie les revendications françaises

Le 24 mars, la deuxième discussion entre Czernin et Sixte, chez Erdödy, n'apporte guère de progrès. Le ministre prétend accepter les points de vue de Poincaré et de Briand comme base de discussion, mais refuse de le confirmer par écrit.

Le soir, Sixte et Xavier, toujours guidés par Erdödy, retournent au château de Laxenburg. Charles leur remet une lettre manuscrite, rédigée à l'intention de Sixte mais destinée à être remise aux autorités alliées. Après un hommage aux qualités militaires de la France, l'empereur s'engage à faire jouer son influence personnelle en vue de la restitution de l'Alsace-Lorraine et du rétablissement de la Belgique. Concernant la Serbie, Charles accepte la restauration de la dynastie des Karageorgévitch et s'affirme disposé à garantir des atouts économiques à Belgrade, mais exige l'interdiction des sociétés secrètes nationalistes. Quant à la Russie, la révolution venant d'éclater à Saint-Pétersbourg, Charles se prononcera après qu'un gouvernement stable aura été rétabli. Ces propositions doivent être transmises à la France et à l'Angleterre, afin de déboucher sur de véritables négociations*.

Cette lettre de l'empereur, datée du 24 mars 1917, possède une histoire. Bien qu'il en soit le signataire, Charles

---
* Voir le texte intégral de cette lettre en annexe, p. 327

ne peut en être le seul auteur. D'abord parce que le texte est rédigé dans un français impeccable : or le souverain parle bien cette langue, mais ne la maîtrise pas au même degré à l'écrit. L'intervention de Zita, au moins à ce stade, est évidente.

Il est certain, en outre, que Czernin a été associé à la rédaction d'un document dont les enjeux sont capitaux pour la politique étrangère de la monarchie. Dans quelle proportion ? Zita, quand elle donnera sa version des faits (beaucoup plus tard, dans les années 1960), affirmera que Charles, en rédigeant le texte, avait consulté son ministre des Affaires étrangères par téléphone. La réalité est plus complexe.

Des recherches historiques ont émis différentes hypothèses. D'après Elisabeth Kovács, il y aurait eu quatorze brouillons de la lettre à Sixte du 24 mars[10]. Certains d'entre eux ont été conservés, et montrent des variations – par exemple sur la question de l'Alsace-Lorraine – qui illustrent les divergences séparant le souverain de son ministre. Selon l'historien Karl Johannes Bauer, Mgr Alois Musil, orientaliste, explorateur et titulaire de la chaire d'études bibliques à l'université de Vienne, aurait aussi participé à la conception du document[11]. Le prélat, cousin de l'écrivain Robert Musil, était un ami de Sixte, et un homme de confiance du couple impérial. Charles aurait pu recourir à lui afin de ne pas mêler les fonctionnaires de la Cour à une mission aussi secrète.

A Laxenburg, en lui remettant la lettre, Charles prévient Sixte : si quoi que ce soit de ces discussions devait transpirer à l'extérieur, il devrait démentir, et donner des gages supplémentaires à ses alliés. Par exemple envoyer des troupes sur le front ouest, demande récurrente des Allemands. Le silence absolu s'impose donc.

Le lendemain, Sixte et Xavier quittent Vienne aussi discrètement qu'ils y sont venus. Mais en France la situation politique a changé : le ministère Briand est tombé, et le nouveau président du Conseil et ministre des Affaires étrangères est Alexandre Ribot. Raymond Poincaré fait savoir à Sixte qu'il le recevra, et que Ribot, prévenu des discussions avec l'Autriche, sera là. Mais le 31 mars, lorsque Poincaré accorde une audience à Sixte, Ribot, ayant prétexté un rendez-vous avec Clemenceau, est représenté par Jules Cambon.

En découvrant la lettre de Charles, le chef de l'Etat, impressionné, se prend à rêver : serait-il possible de faire éclater la coalition des puissances centrales ? Poincaré décide aussitôt d'avertir George V. Sixte se propose d'aller lui-même en Angleterre, afin de porter la missive de l'empereur. Le même jour, Poincaré en informe Ribot. Mais le chef du gouvernement, qui met peu d'empressement à recevoir Sixte, refuse qu'il se rende à Londres. Devant prochainement rencontrer le Premier ministre anglais, David Lloyd George, il entend lui parler d'abord.

Au même moment, Charles ne néglige aucune occasion pour faire comprendre aux Allemands que l'aspiration à la paix n'est pas une clause de style, mais un besoin impérieux. Le 3 avril 1917, un nouveau sommet austro-allemand se tient au grand quartier général du Reich, au château de Bad Homburg, près de Francfort. Côté allemand sont présents Guillaume II, le chancelier Bethmann-Hollweg et les généraux Hindenburg et Ludendorff ; côté autrichien, Charles, le comte Czernin et le chef d'état-major, le général Arz. Charles est accompagné de Zita, qu'il doit présenter à l'impératrice Auguste Viktoria, mais les deux femmes ne participent pas aux entretiens politiques.

Le souverain autrichien entreprend de convaincre ses interlocuteurs de renoncer à l'Alsace-Lorraine. En guise de compensation, l'Autriche se déclare prête à céder la Galicie, territoire polonais dont Vienne a hérité au XVIIIe siècle, et à se dégager de la Pologne russe, occupée par les Centraux.

De la part de Charles, le sacrifice n'est pas mince : il revient à renoncer à la totalité de la Pologne, et à offrir aux Allemands la souveraineté sur l'ensemble du pays.

Les Autrichiens insistent : ils ne sont pas en état de supporter un hiver de guerre supplémentaire. Mais Guillaume II et ses conseillers militaires font la sourde oreille. En fin de journée, dans le train impérial qui repart pour Vienne, l'atmosphère est déprimée. « Il y a de terribles difficultés avec les Allemands, confie Charles à Zita. A la fin, nous serons peut-être obligés de suivre notre propre voie. Mais, auparavant, nous devons faire tout notre possible. Cela marchera peut-être[12]. »

L'obstacle des revendications italiennes

L'entrevue d'Alexandre Ribot avec le Premier ministre anglais aura lieu à Folkestone le 11 avril. A la lecture de la lettre de Charles, Lloyd George, selon le témoignage de Ribot, est enthousiaste : « C'est la paix ! C'est la seule vraie paix », s'exclame-t-il. De tous les dirigeants alliés, le Britannique sera le mieux disposé envers l'empereur, et le restera après la guerre. Lloyd George veut aussitôt prévenir George V de l'espoir qui s'ouvre. Ribot, toutefois, parvient à le persuader d'associer les Italiens aux discussions secrètes avec Vienne.

Le lendemain, à Paris, Sixte revoit Jules Cambon, le secrétaire général du Quai d'Orsay. En apprenant que l'Italie va être mêlée à l'affaire, le prince est inquiet Sixte, en outre, n'a toujours pas vu le chef du gouvernement français.

La rencontre avec Ribot a lieu enfin le 12 avril, à l'Elysée, dans le bureau de Poincaré. Sixte met en garde contre le risque présenté par l'irruption des Italiens dans le processus qui s'amorce, mais Ribot demeure intraitable : il avertira personnellement Sidney Sonnino, le ministre des

Affaires étrangères italien, au cours d'une réunion prévue de longue date, qui doit se dérouler à Saint-Jean-de-Maurienne, en Savoie. Lloyd George doit d'ailleurs également participer à cette réunion.

Le 18 avril, à l'Hôtel Crillon, Sixte réussit à voir Lloyd George, qui est en route pour la Savoie, et obtient l'assurance que les discussions sur l'offre autrichienne resteront secrètes Le lendemain, le sommet de Saint-Jean-de-Maurienne se tient dans le train qui a amené Ribot et Lloyd George. L'Italie est représentée par Boselli, son président du Conseil, et par son ministre des Affaires étrangères, Sonnino, qui a négocié le traité secret de Londres (25 avril 1915) par lequel Rome est entré en guerre en échange de la promesse de territoires autrichiens. Autant dire que l'avenir de l'empire des Habsbourg est le cadet de ses soucis. Ribot et Lloyd George commencent par s'en tenir à de prudentes généralités. Si les Autrichiens, demandent-ils, émettaient des propositions de paix, quelle conduite conviendrait-il d'adopter? Sonnino, immédiatement, se montre hostile, assurant que ni le roi d'Italie, ni son gouvernement ne renonceront aux clauses du traité de Londres.

«Dès les premiers mots, écrit Ribot dans son journal, Lloyd George a vu qu'il serait inutile et dangereux d'insister[13].» Le Français, en réalité, est soulagé : ce blocage le dispense d'une négociation à laquelle il ne croit pas. A son initiative, le compte rendu de la réunion de Saint-Jean-de-Maurienne mentionne que les Alliés sont tombés d'accord sur l'inopportunité d'engager de nouvelles conversations de paix avec l'Autriche-Hongrie, conversations qui risqueraient d'affaiblir leur union...

Dès ce moment, on peut dire que les offres de Charles sont inutiles : ses adversaires ne les prennent même pas en considération. A l'exception de Lloyd George, peut-être. En repassant par Paris, le Premier ministre anglais revoit Sixte, et s'entretient avec lui des éventuelles cessions territoriales que l'Autriche pourrait consentir à l'Italie. Quant à Jules Cambon, désappointé, il informe le prince de la réponse négative du gouvernement français, exprimant toutefois l'espoir que les discussions pourront reprendre.

Le 4 mai, Erdödy revient à Neuchâtel et y rencontre les princes. Il leur apporte une lettre de Charles, et une de Zita. Le souverain souhaite revoir son beau-frère ; quant à l'impératrice, elle fait allusion au jeu confus de l'Italie... L'affaire se complique, en effet : Charles vient de recevoir une offre de discussion émanant d'un officier italien, probablement chargé de cette mission par le chef d'état-major, le général Cadorna, et peut-être par le roi Victor-Emmanuel. A l'en croire, l'Italie serait prête à signer une paix séparée, à condition que l'Autriche lui cède seulement le Trentin. Un discours tout autre que celui tenu par Sonnino à Saint-Jean-de-Maurienne. Le camp italien est divisé : à qui se fier ? Charles s'interroge, et c'est pour cela qu'il prie Sixte de faire une nouvelle fois le voyage jusqu'en Autriche.

La seconde lettre à Sixte ne recevra jamais de réponse

Tandis que Xavier reste à Neuchâtel, Sixte part pour Vienne. En train, à travers la Suisse, puis, à partir de la frontière autrichienne, en voiture militaire, avec Erdödy. Le prince voyage en uniforme autrichien, ce dont il ne se vantera pas dans le récit qu'il fera paraître après guerre. A Vienne, il descend chez Erdödy. Le 8 mai, à 14 heures, il a une audience au château de Laxenburg. C'est une belle journée de printemps. Comme à son habitude, Charles, qui l'attend avec Czernin, le reçoit dans le parc.

La discussion part d'un projet de lettre conçu par Sixte. Charles s'y déclarerait désireux de parvenir à la paix avec la France et l'Angleterre, et s'affirmerait prêt à faire des concessions à l'Italie. Vienne céderait le Trentin de langue italienne. En cas de paix séparée, l'Autriche-Hongrie ne devrait en aucun cas prendre les armes contre l'Allemagne. *A contrario*, si l'Allemagne devait attaquer l'Autriche, l'Entente devrait se porter à son secours. Face à cette proposition étonnante, curieusement Czernin ne proteste pas et, contrairement au mois de mars, se montre plutôt cordial avec le prince.

Le lendemain, Sixte se rend de nouveau à Laxenburg. Charles lui remet une lettre manuscrite, écrite au crayon, datée du 9 mai. Comme celle du 24 mars, cette missive lui est adressée, mais elle est en réalité destinée aux autorités alliées. Elle est écrite en français : Zita a sûrement revu la forme. Pour le fond, outre le signataire, plusieurs intervenants ont participé à sa rédaction, dont, de nouveau, Mgr Musil. « La bonne entente entre la monarchie et la France et l'Angleterre sur un si grand nombre de points essentiels permettra, nous en sommes convaincus, écrit l'empereur, de surmonter les dernières difficultés qui se présentent pour aboutir à une paix honorable[14]. »

Une note manuscrite de Czernin, rédigée en allemand, est jointe à la lettre. Le ministre précise que l'Autriche exige une compensation pour toute rectification de frontière, et réclame des garanties pour l'intégrité de la Monarchie. Vienne continuera à négocier, poursuit la note, seulement après concertation avec ses alliés. Voilà pourquoi Czernin, la veille, ne s'est pas opposé à Sixte : il préparait sa riposte. Qui surgit sous la forme de cette lettre où il durcit la position autrichienne.

Rentré à Paris, Sixte entreprend de traduire la note de Czernin en vue de la présenter à ses interlocuteurs. Mais la comparaison des deux versions montre qu'il a « arrangé » la traduction, afin de faire passer la pilule... En vain. Le 20 mai, lors de la cinquième audience que Poincaré accorde au prince, en présence de Ribot, l'atmosphère n'est plus la même. Le président de la République se montre réservé. Quant au président du Conseil, il répète que la France et l'Angleterre sont solidaires de la totalité des revendications italiennes. Ribot a quand même prévenu Lloyd George que Sixte avait rapporté du nouveau de Vienne. Cette fois, il ne s'oppose pas à ce que le prince aille voir les Anglais.

Le 23 mai, Sixte rencontre le Premier ministre britannique au 10 Downing Street. Ayant apporté à Londres la lettre de Charles et la note de Czernin, le prince se plaint de la mauvaise volonté dont fait preuve Ribot depuis le début de l'affaire. Lloyd George rétorque qu'il faut alerter la cour d'Angleterre. Le jour même, à 15 heures, les deux hommes sont à Buckingham Palace. George V, très compréhensif, se déclare prêt à voir le roi d'Italie pour l'inciter à baisser ses exigences territoriales vis-à-vis de l'Autriche.

Dans les jours qui suivent, Lloyd George tente d'organiser une rencontre entre George V et Victor-Emmanuel, qui aurait lieu sur le front français. Mais Sonnino, qui a flairé le piège, parvient à bloquer l'initiative. Sixte aura d'autres entrevues avec Lloyd George. Lors de la dernière, le Premier ministre lui dira : « L'occasion d'une paix avec l'Autriche est trop belle pour que nous la laissions échapper[15]. » C'est pourtant ce qui va se passer. Dans ses Mémoires, Lloyd George dénonce l'attitude française : « Ignorer tous les avantages qui découleraient d'une paix séparée avec l'Autriche et être prêt à y renoncer peut être assimilé à de la démence[16] »...

Le 5 juin, Sixte et Xavier rentrent à Paris, où ils s'efforcent de maintenir le contact avec les autorités françaises. Au Quai d'Orsay, il leur est invariablement répondu que les tractations avec l'Autriche butent sur un problème avec l'Italie. Le 20 juin, on leur fait savoir que, selon le gouvernement, il n'y a rien à faire pour l'instant. La seconde lettre de Charles ne recevra jamais de réponse. Le 25 juin 1917, les princes regagnent leur régiment.

Leur mission a échoué.

Les négociations Sixte pouvaient-elles aboutir ?

Si ces pourparlers n'avaient pas été interrompus, s'ils avaient enclenché un processus mettant fin à la guerre, au moins pour l'Autriche, ils auraient sauvé des dizaines de milliers de vies, et peut-être changé la face de l'Europe. Mais pouvaient-ils aboutir ?

Charles aspire à la paix. Mais ses interlocuteurs ? La logique des alliances prévaut. N'ayant pas de front commun avec l'Autriche, la France et l'Angleterre n'ont pas d'intérêt stratégique immédiat à la cessation des hostilités avec Vienne. En revanche, elles sont liées par les promesses consenties à l'Italie lors du traité de Londres. Or Rome n'a que faire d'une paix qui serait signée sans que ses objectifs aient été atteints.

Charles lui-même se trouve dans une situation difficile. Il espère contraindre ses alliés à la paix ; cependant, dans la mesure où l'Autriche se trouve en situation d'infériorité militaire vis-à-vis de l'Allemagne, l'empereur ne dispose pratiquement d'aucun moyen de pression sur eux. Par ailleurs, le souverain est isolé dans son propre camp : même son ministre des Affaires étrangères, Czernin, exclut une paix séparée. Est-il d'ailleurs certain que Charles pense à une paix séparée ? Au cours de ces négociations, le prince Sixte tend à tirer la tentative de Charles dans le sens d'une rupture à tout prix avec les Allemands. C'est forcer la pensée de son beau-frère. Car l'étude des documents prouve que Charles recherche d'abord une paix générale, et que l'hypothèse d'une paix séparée, qu'il n'écarte pas par principe, n'est pour lui qu'un dernier recours.

Au nom de l'honneur militaire, d'abord, Charles répugne à rompre une alliance en pleine guerre. Sur un plan pratique, ensuite, un retrait unilatéral du conflit serait périlleux pour les Autrichiens : sur de nombreux théâtres d'opérations, leurs troupes sont imbriquées dans le dispositif allemand. Comment pourraient-elles cesser le combat sans provoquer de réactions hostiles ? Et d'ailleurs l'armée impériale y aurait-elle consenti ? Rien n'est plus douteux. Charles l'écrit à Czernin en mai 1917 : « S'écarter de l'alliance allemande serait impossible, car cela nous conduirait premièrement à un conflit avec l'Allemagne, et deuxièmement parce que nos braves Allemands [d'Autriche] et nos Hongrois ne le supporteraient pas[17]. » Quant à un renversement des alliances, un affrontement militaire avec le Reich, nul Autrichien n'y est prêt.

Par ses services de renseignement, l'empereur sait que les Allemands ont élaboré des plans très détaillés afin d'occuper l'Autriche. Des plans qui comprennent l'internement de la dynastie. Concrètement, une paix séparée non consentie par le Reich (et le Reich n'avait aucune raison d'y consentir) aurait donc signifié la fin du pays.

Quand Charles engage des pourparlers avec les Alliés, il ne dispose donc que d'une marge de manœuvre extrêmement étroite. Il reste que, à part Lloyd George, et dans une moindre mesure Poincaré (dont les pouvoirs constitutionnels sont limités), personne chez les Alliés ne prend ses offres au sérieux. Au lieu de l'encourager, on ne lui oppose que des rebuffades, ou le silence. Chez certains, comme Ribot, les préjugés idéologiques anti-Habsbourg et même anti-Bourbons (contre le prince Sixte) y sont pour quelque chose.

En dernière analyse, si les discussions secrètes du printemps 1917 n'ont pas débouché, c'est que le souverain était seul à vouloir leur réussite. Anatole France, plus tard, portera ce jugement : « L'empereur Charles a offert la paix : c'est le seul honnête homme qui ait paru au cours de cette guerre, et on ne l'a pas écouté[18]. »

5

Un souverain réformateur

Le 29 janvier 1917, Charles reçoit Julius Tandler. Ce médecin illustre, professeur à l'université de Vienne, sera sous-secrétaire d'Etat de la République d'Autriche. Il sera également conseiller municipal de la capitale : dans les années 1920, « Vienne la Rouge » devra à ce militant social-démocrate d'innombrables institutions sociales.

Pour l'heure, Tandler a obtenu une audience, à Baden, afin de faire des propositions à l'empereur sur la politique de santé publique en Autriche. Nous connaissons la teneur de l'entretien par ses souvenirs. Le professeur y souligne que le souverain – qui règne depuis deux mois – est déjà bien informé des questions abordées : les carences de la médecine militaire, les conséquences des maladies vénériennes, l'assistance à l'enfance, le traitement des blessures de guerre et de leurs séquelles. Tandler plaide pour la création d'un ministère de la Santé. Charles demande de lui fournir un projet détaillé, dont il s'entretiendra avec le Premier ministre. La conversation prend ensuite un tour plus général. Le médecin insiste sur la nécessité de convoquer le Parlement, qui ne s'est plus réuni depuis avant la guerre. « Vous avez tout à fait raison, répond l'empereur : c'est dans l'intérêt de la dynastie[1]. »

Des audiences de ce type, Charles en accordera des centaines. Contact direct avec les spécialistes, sans souci de leur étiquette politique : telle est sa méthode. Si ce souverain consulte tant, s'il donne tant d'entretiens, c'est que la tâche est immense. Les toutes dernières années du gouvernement de François-Joseph, homme de l'autre siècle, ont été marquées par l'immobilisme. La société autrichienne, pourtant, possède un potentiel créatif qui ne demande qu'à s'exprimer. Charles, lui, pense qu'il faut libérer ces forces vives. En premier lieu sur la scène politique.

Un monarque constitutionnel

La Constitution de 1867 était née d'un compromis entre la légitimité historique des Habsbourg et le principe de la souveraineté populaire. Charles, à n'en pas douter, se place du côté de la légitimité monarchique et de la théologie du droit divin : il est convaincu que sa couronne lui confère un devoir personnel dont il aura à répondre devant Dieu. Cette exigence, ce chrétien convaincu ne la prend pas à la légère. Sur le plan politique, en tant que souverain, c'est lui, ultimement, qui est comptable du bien commun. « Feu l'empereur François-Joseph m'a souvent répété, pour que je ne l'oublie jamais, rappellera-t-il à Polzer-Hoditz, que toutes ces histoires de responsabilités ministérielles ne sont au fond qu'une plaisanterie. En réalité, la responsabilité, c'est nous qui la portons[2] ! »

Pour autant, Charles n'a pas la vocation d'un despote. Souverain de son siècle, il est également persuadé qu'il appartient au suffrage populaire de désigner une représentation dont il juge la légitimité indiscutable, même s'il ne la situe pas sur le même plan que la sienne. Le jeune empereur est également habité par l'idée que les aspirations à l'autonomie nationale ou culturelle, au sein de l'empire, résultent d'un mouvement naturel : rien ne les freinera. Le jeu démocratique en Autriche-Hongrie, estime enfin le souverain, est d'autant plus nécessaire que les puissances occidentales se targuent de mener une guerre entre Etats de droit et Etats réactionnaires. Faire de l'Autriche-Hongrie une puissance moderne, c'est désamorcer la propagande alliée.

A la Chambre des députés, en Autriche, vingt-huit groupes parlementaires sont déclarés. Un véritable casse-tête pour dégager une majorité cohérente. Les incidents de séance et l'obstruction parlementaire y sont monnaie courante. A telle enseigne que le Premier ministre, Stürgkh, a décidé, en mars 1914, conformément à la Constitution, de ne plus convoquer le Parlement et de gouverner à l'aide de l'article 14, qui permet de diriger le pays par ordonnances. Quand Charles accède au Trône, la situation dure depuis deux ans et demi : il est résolu à y mettre fin. Rétablir la sanction du gouvernement par les députés est un risque politique, mais l'empereur l'assume. Pour mener à bien les réformes dont il rêve, il a besoin du soutien de l'opinion.

Le projet fédéraliste de Charles

Depuis le début de la guerre, le ciment austro-hongrois a tenu. A la surprise de ceux qui, à l'Ouest, définissaient l'empire des Habsbourg comme une «prison des peuples», le loyalisme dynastique agit toujours : l'armée impériale mène au combat, au coude à coude, des hommes issus d'une douzaine de groupes nationaux, parlant autant de langues.

Des signes, toutefois, attestent que chacun de ces groupes nationaux aspire à être mieux respecté. Au sein de l'armée, creuset unitaire de l'empire, quelques craquements sont apparus : des unités tchèques, travaillées par la propagande panslaviste, ont déserté pour rejoindre les Russes. Un phénomène numériquement limité, mais qui n'a pas échappé à Charles alors qu'il était archiduc héritier.

Pendant la maladie de François-Joseph, le 15 novembre 1916, une conférence des peuples slaves se tient à Vienne. Quelques jours plus tard, l'Union nationale tchèque et la

Délégation nationale des Tchèques décident de former une fraction parlementaire. Le 28 novembre, à l'occasion d'une cérémonie de deuil organisée à la mémoire de l'empereur défunt, les parlementaires du club croate et ceux du groupe slovène se prononcent pour un Etat qui leur serait commun au sein de la Monarchie. Les promoteurs de cette initiative se déclarent loyaux envers la dynastie. Il reste que les Croates appartiennent au royaume de Hongrie, tandis que les Slovènes vivent dans l'empire d'Autriche. Réclamer leur rapprochement revient, insensiblement, à remettre en cause la charpente institutionnelle austro-hongroise.

Depuis 1914, quelques émigrés originaires de l'empire sont installés chez les Alliés. Des intellectuels, pour la plupart, qui visent à créer de nouveaux Etats nationaux, à la fin de la guerre, sur les décombres d'une Autriche-Hongrie dont ils espèrent la défaite. Leur ennemi, ce sont les Habsbourg : on y reviendra plus loin. Au moment où Charles devient empereur, le message de ces exilés reste lointain, et peu écouté. Il ne faut jamais oublier, encore une fois, la force du lien qui existe entre la dynastie et les peuples qui vivent depuis des centaines d'années sous la couronne impériale ou royale. Néanmoins, le mouvement nationaliste, très actif au XIXe siècle mais qui s'est assoupi à partir des années 1900, s'est réveillé. François-Ferdinand le savait. Charles en est également conscient.

Si le nouveau souverain est partisan de réformer les institutions autrichiennes dans un sens fédéraliste, c'est par principe, parce qu'il aspire à satisfaire toutes les nationalités de l'empire. Mais c'est aussi par tactique, dans le but de faire taire les voix dissidentes qui parlent de l'étranger : Charles sait que la guerre, si elle bouleverse tous les rapports sociaux, peut aussi saper les fidélités ancestrales sur lesquelles repose l'Autriche-Hongrie.

A Vienne, le monarque est décidé à convoquer le Parlement. Mais un obstacle se dresse sur sa route : la question de l'octroi de Bohême. Eux aussi sous l'emprise du réveil nationaliste, les députés allemands d'Autriche cherchent alors à faire de leur langue la seule langue administrative de l'empire, et à instituer en Bohême, où la population allemande est minoritaire, un statut électoral qui lui donnerait la suprématie sur les Tchèques. L'Union nationale des partis allemands réclame que cette réforme soit octroyée (d'où l'expression « octroi de Bohême »), autrement dit imposée par le gouvernement, au moyen de l'article 14, en se passant du vote parlementaire.

Hostile à cette mesure, qui privilégierait un groupe national sur un autre, Charles est décidé à empêcher le gouvernement de l'adopter. Mais en avril 1917, au cours d'une discussion de cinq heures – qui se déroule comme souvent dans le train impérial –, Polzer-Hoditz, son directeur de cabinet, le convainc qu'il ne suffit pas de procéder négativement en refusant l'octroi de Bohême. Ce qu'il faut, lui explique-t-il, c'est présenter un projet ambitieux de réorganisation des institutions dans le sens fédéraliste. Le conseiller ne lance pas l'idée en l'air : pour en avoir souvent parlé avec Charles avant son accession au Trône, il sait qu'un tel projet correspond à sa conception de la Monarchie. Un projet où l'on retrouve l'écho des desseins de François-Ferdinand.

Le souverain lui ayant signifié son accord, le directeur de cabinet se met au travail. « Je remis à l'empereur, raconte-t-il, un projet de manifeste dans lequel Sa Majesté exprimait sa volonté d'accorder l'autonomie nationale à tous ses peuples à l'intérieur des frontières de l'empire[3]. » Cependant, quand Polzer-Hoditz lui donne le document, Charles paraît déjà moins assuré. Aurait-il changé d'avis ? En fait, le souverain a exposé le projet au Premier ministre, Heinrich Clam-Martinic, qui s'y est opposé. Comment adopter une réforme aussi fondamentale sans l'appui du chef du gouvernement ?

Non seulement Clam-Martinic est hostile à l'autonomie

nationale, mais il est partisan de l'octroi de Bohême. Ce double différend avec le monarque le conduit à présenter sa démission. Charles la refuse, afin d'éviter une crise gouvernementale au moment de son accession au Trône. Le souverain et son Premier ministre ont cédé tous les deux : Charles en différant son projet de réforme fédéraliste, Clam-Martinic en renonçant à l'octroi de Bohême. Un vrai compromis politique à l'autrichienne.

A Vienne, le Parlement reprend ses droits

La réouverture du Parlement a lieu le 30 mai 1917. Charles a procédé à quelques nominations à la Chambre haute : le feld-maréchal Franz Conrad von Hötzendorf, l'industriel Paul von Skoda, le banquier Louis de Rothschild, le chirurgien Julius von Hochenegg ou le journaliste Moritz Benedikt, rédacteur en chef de la *Neue Freie Presse*, le quotidien libéral de Vienne. Les députés de la Chambre basse, élus au suffrage universel, exercent leur mandat depuis 1911. La législature est expirée, mais il est impossible d'organiser des élections en temps de guerre : comme le permet la Constitution, la Chambre est donc reconduite.

Certains députés portent l'uniforme. La place des élus tués au front reste vide, comme celle des internés pour haute trahison. Après l'ouverture de la séance par le doyen d'âge, on procède à l'élection du président, un Allemand, qui rend hommage à l'empereur. A leur tour, les chefs des groupes parlementaires montent à la tribune. Les Tchèques réclament l'institution d'un Etat fédéral qui reconnaîtrait les mêmes droits à tous les peuples, en soulignant que ce changement s'effectuerait dans l'intérêt de l'empire et de la dynastie. Les Slaves du Sud demandent l'union des Croates, des Slovènes et des Serbes de la Monarchie dans un Etat autonome, « sous le sceptre de la dynastie de Habsbourg-Lorraine ». Les partis allemands, eux, défendent le droit des

Allemands de Bohême à l'autonomie administrative, et condamnent les revendications des Slaves du Sud...

A peine la vie parlementaire reprend-elle que chaque groupe national, comme sous François-Joseph, regarde d'abord ses intérêts. Pour Charles, la partie sera difficile. Cette difficulté, cependant, ne fait que le renforcer dans sa conviction : la question des nationalités exige une réponse.

Le 31 mai, l'empereur prononce le discours du Trône. Un texte préparé par le Premier ministre, mais en liaison avec le souverain. La cérémonie se déroule à la Hofburg, et revêt la solennité des grands rituels impériaux. Les invités, accueillis par des haies de laquais et de soldats de la garde en tenue rouge vif, montent par l'escalier des Ambassadeurs. Dans la grande salle de réception, les parlementaires de la Chambre haute prennent place à gauche, ceux de la Chambre des députés à droite. Dans les loges, sur le côté, se presse la première société viennoise. Tous scrutent l'entrée du jeune empereur, en uniforme de général, précédé de Zita. Charles s'assoit sur un trône doré, installé sous un baldaquin, et lit le discours que lui a tendu le Premier ministre.

Charles explique pourquoi, alors qu'il règne depuis six mois, il n'a toujours pas prêté serment à la Constitution, comme le prescrit la loi : il attend le moment où une nouvelle organisation de la vie publique aura été fixée. Ainsi suggère-t-il qu'une grande réforme des institutions est dans l'air. Le gouvernement, poursuit-il, a pour ambition de servir la paix et la prospérité. Puis l'empereur annonce un train de mesures sociales : aide aux victimes de guerre, hygiène du peuple, protection de la jeunesse, soutien aux familles nombreuses, renforcement des assurances sociales, protection des femmes et des enfants...

Chaleureusement applaudi, le discours fait bonne impression. Quand Charles revendique l'« esprit de la véritable démocratie », il emploie un langage nouveau. C'est sur ses instances que le Premier ministre a ajouté un passage dans le texte. L'empereur y assure que le Parlement, à l'unisson avec la Couronne, veillera à « favoriser le développement libre, national et culturel des peuples dotés de droits égaux, dans le cadre de l'unité de l'Etat[4] ». Certes, ce n'est pas la proclamation de l'autonomie nationale, qui reste le grand projet de Charles. Mais personne – hors Polzer-Hoditz, le directeur de cabinet – n'attendait une telle révolution. Nul n'est donc déçu ce jour-là.

Le 12 juin 1917, Heinrich Clam-Martinic, le Premier ministre, présente sa déclaration de politique générale devant la Chambre des députés. Il met en garde contre les discours entendus, le jour de la rentrée parlementaire, dans la bouche des chefs de groupes nationaux, accusés de mettre l'unité de l'empire en péril. « Mon programme, c'est l'Autriche », répète le chef du gouvernement. Un propos vague, assorti d'aucune proposition concrète, qui, lui, déçoit tout le monde. Lors du vote du budget, peu après, Clam-Martinic n'obtient pas la majorité. L'impasse le contraint, dès le 21 juin, à remettre sa démission.

Pour le remplacer, Charles songe à quelques personnalités : Heinrich Lammasch, professeur de droit international à l'université de Vienne et expert au Tribunal international de La Haye, ou Josef Redlich, professeur de droit constitutionnel de réputation européenne. Lammasch refuse, et Redlich renonce après avoir accepté. Le 23 juin, Ernst von Seidler, un honnête haut fonctionnaire, chef de section au ministère de l'Agriculture, est nommé Premier ministre par intérim. Après avoir obtenu le vote du budget, il est définitivement nommé, le 31 juillet 1917. Il a échoué, toutefois, à faire entrer des sociaux-démocrates dans son gouvernement, comme l'empereur l'en avait pressé : figures historiques du socialisme autrichien, Viktor Adler et Karl Renner ont décliné l'offre impériale.

Peu d'hommes de valeur pour gouverner, les vraies compétences qui se défilent, et les rivalités partisanes et nationales qui envahissent la vie parlementaire : Charles commence à mesurer sa solitude politique.

2 juillet 1917 : une amnistie controversée

Le 21 mai 1917, une semaine avant l'ouverture du Parlement, Charles a accueilli à Laxenburg les délégations des principaux groupes parlementaires de la Chambre. Le même jour, le souverain a donné audience à plusieurs hommes politiques tchèques. Or ces derniers, tout comme les députés que Charles a vus auparavant, ont attiré son attention sur les procès de haute trahison en cours. Des procédures expéditives, a-t-on dit à l'empereur, fondées sur des accusations arbitraires. Charles, sans connaître le dossier, a réagi immédiatement, avec le cœur : il a promis que, si nécessaire, les procès seraient révisés et qu'il signerait le recours en grâce des condamnés.

A peine au pouvoir, au début du mois de janvier, l'empereur avait déjà tenu à étudier la situation de deux nationalistes tchèques, Karel Kramář et Josef Rašin, condamnés à mort pour haute trahison, en 1915, sur pression du haut commandement. François-Joseph, à l'époque, ayant estimé que le dossier d'accusation n'était pas étayé, s'était opposé à l'exécution de la sentence. En Bohême, les deux leaders étaient considérés comme des victimes innocentes. Charles avait commué leur peine à quinze ans de prison pour Kramář, à dix pour Rašin. Une mesure d'apaisement.

Le 1er juin, l'empereur fait appeler Polzer-Hoditz et lui confie une mission : étudier les dossiers des procès de haute trahison en cours. A l'issue de « deux jours et deux nuits de labeur acharné », le directeur de cabinet rend compte au souverain. L'entrevue se déroule dans le train, Charles et Zita revenant d'une visite au Vorarlberg. Le rapport de Polzer-Hoditz, accablant, révèle « d'abondantes preuves de procès arbitraires[5] ».

Comme dans les autres pays belligérants, la justice militaire s'était vu confier certains délits relevant normalement des juridictions civiles, surtout dans les régions proches du front. Or les tribunaux militaires, peuplés d'officiers à l'esprit pangermaniste, raisonnaient comme le chancelier allemand, Bethmann-Hollweg, qui avait défini cette guerre comme « un conflit des Germains contre les Slaves ». En Autriche, la législation d'exception avait permis un grand nombre d'abus à l'encontre de citoyens tchèques, serbes ou polonais. Une faute contre la justice, et une faute contre la monarchie, le patriotisme habsbourgeois reposant sur le loyalisme de chaque peuple.

Le 29 juin, Charles annonce au Premier ministre Seidler, qui approuve le projet, son intention d'accorder une amnistie portant sur ces jugements spéciaux. Le même jour, il fait part de sa décision à Polzer-Hoditz. « On a prononcé des condamnations tellement iniques, explique le souverain, qu'il m'est impossible de faire autrement. Les procès ont été instruits d'une façon tendancieuse. Je ne puis exposer la justice militaire et l'armée au scandale qui éclaterait inévitablement si l'on faisait la pleine lumière sur ces procès[6]. » Le monarque ajoute que l'impératrice, toutefois, ne partage pas ses idées, et prie son directeur de cabinet de lui exposer les raisons qui militent en faveur de l'amnistie. Polzer-Hoditz, en présence de Zita, se lance donc dans un argumentaire juridique et politique. Proclamer l'amnistie, résume-t-il, c'est réparer des dénis de justice, et couper l'herbe sous le pied aux ennemis de la monarchie. L'impératrice, selon ses aveux ultérieurs, n'est toujours pas convaincue, estimant que cet acte de clémence ne sera pas compris, et ne vaudra que des critiques au souverain. Le comte Czernin est également hostile à l'amnistie. Mais l'empereur estime inutile d'essayer de le convaincre : dans tous les cas, il est décidé à passer outre.

Le 2 juillet 1917, en la fête du saint patron du prince héritier,

Otto, et contre l'avis de sa femme, contre l'avis du ministre des Affaires étrangères, et sans que le chef d'état-major de l'armée ait été prévenu, Charles signe le texte d'une amnistie qui est proclamée le jour même : « Par ce signe de réconciliation, je veux, avec l'aide du Dieu tout-puissant, exercer mes devoirs de souverain. Empruntant le premier le chemin de l'indulgence, je désire, par-delà les errements politiques qui se sont produits avant et pendant la guerre, et qui ont conduit à des poursuites judiciaires, jeter le voile de l'oubli[7]. »

L'amnistie touche les condamnations pour haute trahison, injures au souverain, atteintes à l'ordre public, rébellion contre l'autorité. En sont exclus ceux qui ont déserté ou fui à l'étranger. Très exactement 2593 prisonniers politiques en profiteront avant la fin du mois de juillet, et seront relâchés. Beaucoup de Tchèques, mais pas exclusivement.

Par malchance, le jour même de l'amnistie, les Russes engagent sur le front de Galicie les trois régiments de légionnaires tchèques qu'ils ont recrutés dans leurs camps de prisonniers. Au cours de l'offensive, ceux-ci perdent 200 hommes et plusieurs centaines de blessés, mais font un nombre de prisonniers autrichiens supérieur à leur effectif. Les troupes de la Monarchie qui ont été vaincues ce jour-là étaient en majorité composées de Tchèques : décontenancés par cette guerre fratricide, ils se sont rendus sans combattre. La concomitance de cette défaite et de la libération de meneurs nationalistes, due au hasard, va alimenter le ressentiment contre la mesure de grâce voulue par l'empereur.

Dans l'armée, surtout, la décision fait grincer des dents : l'amnistie est accusée de miner la discipline. Quelques mois après, sur le front du Tyrol, le feld-maréchal Conrad, trop content de pouvoir critiquer Charles sans en avoir l'air, prie un de ses officiers, à l'occasion d'une visite du souverain, de lui présenter un rapport. Il ressort des statistiques que les désertions ont augmenté de 80 % depuis l'amnistie.

Les déserteurs repris ont tous expliqué qu'ils avaient cédé à l'envie de revoir leur famille, ce qui leur paraissait une faute vénielle par rapport à la haute trahison qui, elle, avait été amnistiée...

Paradoxe : l'armée gronde, mais l'*Arbeiterzeitung*, le quotidien social-démocrate de Vienne, ou *Narodni Listy*, l'organe des Jeunes-Tchèques de Prague, rendent hommage à la « décision généreuse et à vaste portée de Sa Majesté[8] ». Là où Charles a vu juste, c'est que les leaders nationalistes exilés – notamment les Tchèques Masaryk et Beneš – expriment leur inquiétude : l'amnistie promulguée par Charles, ils l'avoueront rétrospectivement, désarmait leurs accusations contre les Habsbourg..

Jusqu'au bout, et même après la guerre, Charles justifiera sa décision, notamment sur le plan moral : en tant que souverain chrétien, sa conscience lui interdisait de cautionner une parodie de justice. Mais, sur le plan politique, la difficulté à faire admettre l'amnistie témoigne une fois de plus de l'isolement de l'empereur, qui peine à imposer ses vues.

Peu après, une autre affaire va de nouveau illustrer cette difficulté. Le 10 juillet 1917, Charles donne audience, à la villa Wartholz, à Friedrich Wilhelm Foerster. Cet Allemand du Reich, professeur d'université à Munich et à Vienne, est mal vu par son gouvernement en raison de son engagement en faveur de la paix. Spécialiste de la Double Monarchie, il a publié, en 1914, *Le Problème autrichien*, une étude dans laquelle il expose les principes d'une réorganisation des peuples autrichiens sur une base fédéraliste. C'est à ce titre que l'empereur veut s'entretenir avec lui.

C'est l'été : la discussion a lieu dans le parc, Charles marchant comme à son habitude à grands pas, de long en large, et parlant librement. A Foerster, il confie avoir reçu quelques jours auparavant Hindenburg et Ludendorff, qui lui ont assuré que les sous-marins allemands empêcheraient les Américains de traverser l'Atlantique. A quoi Charles a répondu : « Les Américains viendront et décideront de l'issue de la guerre, et vous, messieurs, vous vous souviendrez alors de ce que je vous ai dit aujourd'hui[9]. » Puis la conversation roule sur l'amnistie, les projets de réforme fédéraliste, la spécificité de l'Autriche (« ni un Etat allemand, ni un Etat slave »), le désir de paix de Charles, l'hypothèse d'un désarmement international après la guerre.

Quelques jours plus tard, le directeur de cabinet de l'empereur reçoit un message du professeur Foerster. Ce dernier a retranscrit les propos que Charles a tenus devant lui, et en a tiré la matière d'une interview qu'il se propose de publier. Polzer-Hoditz soumet le texte au souverain, qui donne son aval pour une publication, en demandant toutefois que le texte soit soumis à Czernin. Le lendemain, l'article est retourné par le Ballhausplatz avec cette mention : « Les propos de Sa Majesté ne doivent en aucun cas être publiés. » Polzer-Hoditz s'emporte, et supplie l'empereur de ne pas se plier à l'injonction de son ministre. Mais Charles, indulgent et ne désirant pas transformer l'incident en affaire d'Etat, tempère son collaborateur. Tout juste ose-t-il une plainte : « Je n'ai pas le droit de me montrer au monde tel que je suis, mais seulement comme il convient que je sois[10]. »

Pour le suffrage universel en Hongrie

En accédant au trône de Hongrie à la mort de François-Joseph, Charles a conservé à la tête du gouvernement le comte István Tisza, qui a joué les premiers rôles lors du couronnement à Budapest, le 30 décembre 1916. Cinq semaines plus tard, le roi lui annonce qu'il va devoir quitter le pouvoir. Pourquoi cette rupture ? Charles entend introduire le suffrage universel en Hongrie, afin d'aligner les droits des habitants du royaume sur ceux de l'Autriche. Or le Premier ministre, grand seigneur magyar, n'accepte pas cette idée, dont la réalisation signifierait la fin de son monde.

En 1913, une réforme électorale introduite par Tisza a fait passer le nombre d'électeurs hongrois de 1,1 à 1,6 million, dans un Etat de 21 millions d'habitants. Mais le système censitaire est ainsi organisé que les membres de la noblesse sont prépondérants parmi les députés : les autres couches sociales et les autres groupes nationaux n'ont pratiquement pas accès au Parlement. Au siècle de la démocratie et du nationalisme, cette situation est politiquement et socialement explosive. Charles le sait, et veut y porter remède.

Tisza, chef de la majorité parlementaire, menace d'entrer dans l'opposition quand le roi lui dévoile ses intentions. A Budapest, les manifestations se multiplient : la rue réclame du pain, la paix et le droit de vote pour le peuple. Charles, en mars et avril 1917, reçoit plusieurs fois les leaders de la minorité parlementaire, leur confirmant sa détermination à obtenir une réforme électorale significative. Situation paradoxale : le débat sur le suffrage universel contraint le roi à faire cause commune avec l'opposition et à combattre son gouvernement.

De guerre lasse, le souverain frappe un grand coup. Le 29 avril, il adresse à Tisza une lettre qu'il rend publique en Hongrie et en Autriche. Tout en déclarant ne voir aucune raison de se séparer d'un gouvernement disposant d'une majorité solide, et en remerciant le Premier ministre de son travail, le roi le prie de lui soumettre des projets en vue d'« un élargissement du suffrage qui corresponde à la grande époque que nous vivons et aux sacrifices consentis par la population, tout en tenant compte des intérêts vitaux de l'Etat hongrois[11] ».

Le 23 mai 1917, Tisza réunit un Conseil des ministres où il expose son point de vue. Il s'affirme prêt à élargir le corps électoral aux soldats décorés de la médaille du courage, et à abaisser de 30 à 24 ans l'âge du droit de vote pour les ouvriers. C'est tout. Le jour même, il rencontre Charles, venu de Vienne pour rendre visite aux victimes de l'incendie qui a entièrement ravagé la petite ville de Gyöngyös. L'entrevue a lieu dans le train impérial. Elle est rapide : le souverain renvoie le projet, qui ne correspond pas à ses exigences. Tisza lui remet alors sa démission, qui est acceptée.

Charles a obtenu la tête du trop puissant Premier ministre hongrois, qui reste néanmoins chef de la majorité parlementaire. Par qui le remplacer ? Le comte Moritz Esterházy, jeune membre de l'opposition, est d'abord chargé de former un cabinet minoritaire. Mais il ne tient que trois mois. En août 1917, le comte Sándor Wekerle, un représentant de la vieille garde, devient chef du gouvernement, fonction qu'il a exercée deux fois sous François-Joseph.

Vilmós Vázsonyi, un avocat de Budapest, ministre sans portefeuille, est chargé de la réforme électorale. En décembre 1917, il présente son projet. Droit de vote aux hommes sachant lire et écrire, détenteurs d'une décoration militaire ou ayant à leur actif deux ans de service au front, et à ceux qui payent au moins dix couronnes d'impôts directs ; les veuves de guerre et les femmes ayant fait des études secondaires deviendraient électrices. Finalement, la réforme est adoptée en juillet 1918, avec des conditions plus restrictives que le projet initial, le droit de vote féminin étant abandonné. Le conservatisme de la classe dirigeante magyare a freiné la réforme : un échec pour Charles.

Politique sociale . le pragmatisme de l'empereur

En 1917, la guerre entre dans sa quatrième année. Les puissances centrales, coupées du reste du monde par le blocus maritime, sont affamées : elles ne peuvent plus s'approvisionner à l'extérieur, tandis que leurs forces intérieures déclinent ; 12 millions de quintaux de céréales sont récoltés en Autriche-Hongrie en 1917, contre 23 millions en 1914 : près de la moitié de la production en moins. Les cartes de rationnement de charbon et de pommes de terre font leur apparition.

Les carences alimentaires et le manque de chauffage affectent le moral de la population, surtout dans les villes. A Vienne, sur des marchés où il n'y a presque rien à vendre, des désordres éclatent chaque jour : femmes et adolescents crient qu'ils ont faim. En janvier 1917, la grève éclate dans les cités industrielles de Basse-Autriche et de Styrie. En février, le mouvement gagne la Bohême, la Moravie, Prague. Le 23 mai, le premier débrayage survient à l'arsenal de Vienne, et se propage aux usines de la capitale et de la Haute-Autriche. Le travail reprendra, mais après la conclusion d'un accord réduisant la durée du travail et améliorant les conditions salariales.

Les centrales syndicales sont proches du parti social-démocrate. Ce parti, fondé en 1874, est typiquement autrichien : puissance révolutionnaire en théorie, il exerce en réalité un rôle réformiste. Dans les Etats des Habsbourg, les militants sociaux-démocrates sont du genre à ne jurer que par la République quand ils sont attablés entre eux, mais à se réjouir que leur femme prie pour l'empereur s'il est malade. Depuis le début de la guerre, comme dans tous les pays belligérants, l'Autriche-Hongrie a adopté le principe de l'Union sacrée. Cependant, la disette, la misère grandissante dans les villes et plus encore la révolution russe, qui éclate en février 1917, bousculent ce consensus traditionnel. Au sein du parti social-démocrate apparaît une aile gauche, emmenée par Otto Bauer, qui conteste la ligne de Viktor Adler, le président du parti : vis-à-vis de la dynastie, ce courant ne fait preuve d'aucune bienveillance.

Charles suit ces sujets de près. A titre personnel, influencé par *Rerum novarum*, l'encyclique de Léon XIII sur la condition ouvrière (1891), il est intéressé par les questions sociales. S'il ne partage pas les idées des sociaux-démocrates, ces hommes ne lui font pas peur : l'empereur, on l'a dit plus haut, aimerait que l'un d'eux siège au gouvernement. Jusqu'au bout, il tentera d'y parvenir. Sans qu'on en possède la preuve, on pense que Charles a plusieurs fois rencontré Viktor Adler. Le souverain est conscient que ce dernier incarne un courant d'opinion et une population que les chrétiens-sociaux ou les conservateurs ont du mal à approcher.

Les 18 et 19 mai 1917 se tient à Vienne le procès du fils de Viktor Adler, Friedrich, qui a assassiné le Premier ministre, le comte Stürgkh, le 21 octobre précédent. L'audience est publique, et les débats ne sont pas censurés dans la presse. Cette liberté résulte d'un marché passé entre le gouvernement impérial – Czernin, en l'occurrence – et la direction sociale-démocrate : celle-ci obtiendra ses passeports pour se rendre à la conférence de l'Internationale socialiste qui se réunira à Stockholm en septembre, mais y défendra l'existence de l'Autriche-Hongrie... Condamné à mort, Friedrich Adler sera gracié par Charles, sa peine commuée en emprisonnement.

L'empereur est un pragmatique. En matière sociale, il ne réagit pas par rapport à des étiquettes politiques ou à des références idéologiques, mais en fonction de ce qu'il juge efficace pour atteindre le but qu'il poursuit, quitte à bousculer les habitudes. Un bon exemple est fourni par sa politique concernant le ravitaillement.

En 1915, sous le règne de François-Joseph, le début des difficultés a contraint à créer un office des céréales et une centrale du fourrage. Mais, quand Charles accède au pouvoir, il n'existe pas d'organisme public qui garantisse un minimum à la population, pas de système économique et douanier unifié entre l'Autriche et la Hongrie, et pas d'économie commune du charbon. L'empereur va poser les bases d'une véritable politique d'Etat dans ce domaine.

Le 5 janvier 1917, un ministère autrichien du Ravitaillement est créé. Son homologue hongrois voit le jour le 23 août 1917. Mais, sans le blé de la puszta magyare, l'Autriche mourrait de faim. En février 1917, l'empereur institue un comité du ravitaillement, dont la mission est de servir de passerelle entre les deux Etats, par-dessus la tête des bureaucrates de Vienne comme de Budapest. Ce comité est confié au général Landwehr von Pragenau, qui jouit de la confiance totale du souverain, et lui est rattaché. Charles suit l'affaire en direct, allant jusqu'à surveiller à la gare de Vienne la livraison et la distribution du blé de Hongrie. Dans ses Mémoires, le général Landwehr raconte qu'il avait chaque semaine plusieurs réunions avec Charles, et chaque jour, et parfois la nuit, plusieurs conversations téléphoniques avec lui, au moyen d'une ligne secrète.

Début mai 1918, quand la sous-alimentation sera devenue dramatique, Landwehr sera conduit à réquisitionner des péniches de céréales remontant le Danube, qui appartenaient à l'Allemagne, et à faire distribuer leur chargement aux boulangers de Vienne. Ce coup de force provoquera un grave incident avec Berlin, qui exigera la destitution du général. L'empereur le maintiendra à son poste : Landwehr avait agi en pleine concertation avec lui.

En février 1917, l'empereur signe une ordonnance en vertu de laquelle les chevaux de la Cour sont mis à la disposition de la municipalité de Vienne, afin d'assurer le transport du charbon. Cette initiative de Charles bénéficie aux plus défavorisés. Les adversaires du souverain l'accuseront de démagogie. Lui n'y voit qu'un moyen pratique de rendre un réel service à la population, en évitant les intermédiaires et les lenteurs administratives.

Il en est de même des subsides que Charles offre sur sa cassette à ceux dont le dossier lui est transmis, le directeur de cabinet étant chargé de la distribution des dons. Selon le témoignage de Polzer-Hoditz, le monarque majore systématiquement le montant des sommes proposées. Le jour où la caisse est en déficit, Charles intime à son collaborateur de se débrouiller pour renflouer les comptes. « Il est impossible, se justifie-t-il, de laisser dans l'indigence les plus pauvres d'entre les pauvres. On ne peut aider les autres que dans la limite de ses moyens. En tant qu'empereur, je suis tenu de donner l'exemple. Mais si chacun faisait son devoir de chrétien, il n'y aurait pas tant de haine et de misère dans le monde[12]. »

En sens inverse, Charles, d'un tempérament habituellement bienveillant, ne fait preuve d'aucune indulgence envers ceux qu'il range parmi les profiteurs, les spéculateurs ou les corrompus. A l'occasion de son accession au Trône, l'amnistie du 22 décembre 1916 exclut de son champ les responsables de hausses illicites. Le 23 décembre suivant, à peine nommé Premier ministre, Clam-Martinic exige la démission de Rudolf Sieghart, gouverneur du Boden-Creditanstalt, une des principales banques d'Autriche. C'est Charles en personne qui a réclamé sa tête, accusant le financier d'exercer son pouvoir en achetant journaux, cercles d'influence ou même ministres. A Polzer-Hoditz, l'empereur répète qu'au retour de la paix il faudra faire « rendre gorge » aux spéculateurs de guerre. La règle s'applique d'ailleurs sans attendre : en mars 1917, à la demande expresse de Charles, le directeur de la Depositenbank est traîné en justice pour contrats abusifs de livraisons à l'armée, et condamné à neuf mois de prison.

Le premier ministère de la Santé

Au cours des premiers mois du règne sont adoptées de nombreuses mesures sociales. Charles a veillé personnellement à leur conception et à leur mise en œuvre. L'ordonnance impériale du 4 janvier 1917 rehausse le niveau de l'assurance-maladie en apportant une protection accrue à la mère et au nouveau-né, et en élargissant à toute la famille le bénéfice des prestations versées. Celle du 26 janvier 1917 assure la protection des locataires, en imposant des limites aux hausses de loyer. L'ordonnance du 18 mars 1917, enfin, concerne la régulation des salaires et des conditions de travail dans les usines d'armement, où elle pose les bases d'un partenariat social.

Adversaire du libéralisme sauvage comme du collectivisme, Charles puise son inspiration dans la tradition du catholicisme social : quand c'est nécessaire, estime-t-il, il appartient aux pouvoirs publics d'intervenir, selon le principe de subsidiarité, afin de faire régner la justice.

Par ce réflexe dynastique qui pousse à tout considérer sous l'angle de la durée, mais aussi parce qu'il est jeune, Charles se projette en permanence dans l'avenir. C'est ainsi que les conséquences de la guerre, en matière sociale et dans le domaine de la santé publique, sont pour lui une préoccupation. Le 6 février 1917, à Baden, il accorde une audience à Joseph Baernreither. Ministre sans portefeuille, membre de la Chambre haute, celui-ci suit les problèmes sociaux, qu'il a étudiés en Angleterre avant la guerre. Lui aussi vient plaider pour la création d'un ministère de la Santé. « Une heure avec l'empereur, écrit Baernreither dans son journal. Il est enjoué, aimable, la conversation est naturelle, spontanée. Nous nous sommes longuement entretenus de la situation sociale après la guerre. Selon des experts, la capacité de travail d'un homme peut être diminuée du quart, du fait de la guerre. Il faut donc s'attendre, dit Charles, que ce potentiel qui, avant le conflit, aurait couvert 45 années d'activité, soit maintenant ramené à 35 années[13]. » A l'issue de l'entretien, le ministre sait qu'il a obtenu gain de cause : Charles est décidé à doter l'Autriche d'un organisme d'Etat qui embrasse ces questions.

Le 1er juin 1917, par lettre au Premier ministre, Charles prescrit la fondation d'un grand ministère chargé de l'ensemble des affaires sociales, de la santé à l'assistance publique. Mais les travaux préparatoires à sa mise en place vont faire ressortir une telle somme de besoins qu'il sera finalement convenu de scinder le projet en deux. Un ministère de l'Assistance sociale voit le jour le 28 décembre 1917, ses compétences recouvrant l'assistance à la jeunesse, l'aide aux victimes de guerre et à leurs descendants, l'assurance sociale, le droit du travail, la protection des salariés et l'aide au logement. Un autre ministère, celui de la Santé publique, sera fondé le 27 juillet 1918. Le premier de ce genre dans le monde occidental, il prend en charge tout ce qui touche à la santé et à l'hygiène : lutte contre les épidémies, hygiène des lieux publics, inspection sanitaire, médecine infantile, médecine scolaire, médecine du travail, direction des hôpitaux publics, pharmacie publique, assistance aux blessés de guerre, réglementation du personnel de santé, statistiques sanitaires, etc.

Un quotidien de Vienne, le *Neues Wiener Tagblatt*, rend hommage au projet, le 3 juin 1917, à la suite de la lettre de l'empereur. Le journal salue «un ministère qui, dans cette forme, n'existe dans aucun pays au monde, si bien que les Autrichiens pourront dire, avec une fierté justifiée, que leur pays est en avance[14]».

6

Avec Benoît XV, pour la paix

La scène se passe sur le front sud, en août 1917. Charles inspecte les lignes. Pour la onzième fois depuis le début de la guerre, les troupes italiennes ont tenté de franchir l'Isonzo; pour la onzième fois, les divisions austro-hongroises les ont contenues au-delà du fleuve*. Sur les flancs du Monte San Gabriele, l'empereur visite les positions les plus avancées. Quelques heures plus tôt, les mortiers ennemis ont décimé un bataillon entier. Charles marche au milieu des cadavres. Des corps déchiquetés, pulvérisés, carbonisés. Les corps de ses hommes. On voit le souverain pleurer, s'agenouiller. Et prier. Quand il se relève, il murmure pour lui-même : « Aucun homme ne peut porter une telle responsabilité devant Dieu. Je vais mettre fin à cela, et le plus vite possible[1]. »

A l'époque, les effectifs mobilisés par l'armée impériale atteignent 3 500 000 hommes. En réalité, en décomptant les troupes de réserve, les prisonniers et les disparus, il ne reste que 780 000 officiers, sous-officiers et soldats en état de combattre en première ligne. Entre 1914 et 1917, en raison de la malnutrition, le pourcentage des combattants qui ne résistent pas à une blessure ou à la maladie est passé de 26 % à 60 %. Au front, tout commence à manquer : matériel de guerre, munitions, habillement, chevaux, fourrage.

Loin des zones de combat, la situation n'est pas

---

* Le cours de l'Isonzo (Soča) se situe aujourd'hui en Slovénie.

meilleure : matières premières, denrées alimentaires ou charbon se font rares. Un peu partout, le mécontentement suscité par la disette provoque des désordres : «La résistance de l'arrière s'effritait de jour en jour[2]», écrira Polzer-Hoditz.

Berlin contre Vienne

Inlassablement, l'empereur lance des initiatives dans le sens de la paix. Le 3 avril 1917, lors de l'entrevue de Bad Homburg, il n'est pas parvenu à persuader Guillaume II et son état-major d'ouvrir des discussions avec les Alliés. Il va effectuer une seconde tentative. Le 12 avril 1917, le comte Czernin appose sa signature sur un mémorandum qui est adressé à Charles. Le texte du ministre des Affaires étrangères, en réalité, est rédigé par le souverain et doit être remis à Guillaume II, qui ne soupçonne pas Czernin de visées anti-allemandes.

Rappelons le contexte. Le 8 mars précédent (23 février pour le calendrier russe), la révolution a éclaté à Petrograd. Elle a conduit, cinq jours plus tard, au gouvernement du prince Lvov, un libéral, puis à l'abdication du tsar Nicolas II, qui a été arrêté le 2 avril. Le 6 avril, les Etats-Unis ont déclaré la guerre à l'Allemagne. Charles, au même moment, négocie en secret : sa première lettre à Sixte était du 24 mars, la seconde sera du 4 mai.

Le 12 avril, donc, le souverain envoie au Kaiser une copie du mémorandum signé Czernin, en l'accompagnant d'une lettre personnelle. Dans celle-ci, il presse Guillaume II d'ouvrir les yeux sur la situation de l'Autriche-Hongrie, et sur la nécessité de sortir de la logique de guerre. Le mémorandum, de son côté, énumère les facteurs pour lesquels Vienne ne peut plus poursuivre le conflit : épuisement de ses forces militaires, raréfaction des matières premières, impossibilité de maintenir la fabrication de munitions, sous-alimentation des troupes et de la population civile. Il faut terminer la guerre, souligne le document, à la fin de l'été ou à l'automne au plus tard. A cette fin, il est indispensable de négocier tant qu'il reste une marge de manœuvre : bientôt l'adversaire ne cédera rien, car il n'aura plus qu'à attendre l'effondrement des puissances centrales.

La lettre de Charles et le mémorandum contiennent par ailleurs une mise en garde. Appuyant sur la facilité avec laquelle la monarchie russe a été renversée, l'empereur en tire cette leçon : « Cette guerre a inauguré une nouvelle ère de l'Histoire universelle. Le monde n'est plus ce qu'il était il y a trois ans, et c'est en vain qu'on chercherait dans l'Histoire des événements analogues à ceux qui sont aujourd'hui notre actualité quotidienne. L'homme d'Etat qui n'est ni sourd ni aveugle doit mesurer le désespoir silencieux qui gagne la population un peu plus chaque jour, et la colère qui point dans les masses ; s'il a conscience de ses responsabilités, il doit en tenir compte. » Et Charles d'insister : « Si les souverains des puissances d'Europe centrale ne sont pas en mesure de conclure la paix dans les prochains mois, les peuples le feront sans eux[3]. »

Chargé de porter ces papiers au grand quartier général allemand à Kreuznach, en Rhénanie, le comte Ledochowski, chambellan de l'empereur, les remet à Guillaume II le 13 avril. Le Kaiser répond dès le lendemain à Charles en accusant réception du mémorandum qu'il examinera plus tard, mais en vantant les résultats de la guerre sous-marine pour le mois de mars, alignant des chiffres de tonnages coulés. « Nos succès sur le front de l'Ouest et sur mer, conclut Guillaume II, me renforcent dans ma confiance en un résultat final heureux. »

Une fois de plus, Charles a parlé dans le vide : les Allemands ne l'écoutent pas.

La pression du Reich sur l'Autriche, du reste, ne fait que croître. Les diplomates de Berlin prétendent conclure avec

Vienne un accord qui instituerait une sorte de marché commun entre les deux pays. Charles s'y oppose. Au fur et à mesure que ses alliés multiplient les exigences, il aspire de plus en plus à la paix. Pour l'après-guerre, le souverain rêve même d'une réorientation radicale de la politique étrangère autrichienne. Il l'écrit à Czernin, le 14 mai 1917. Dans cette lettre, l'empereur fustige les procédés du Reich : « Je suis obligé de repousser tout traité de commerce qui nous créerait avec l'Allemagne des relations plus intimes qu'avec tout autre Etat. Le but de cet accord est bien clair : il consiste à poser l'une des clés de voûte de la politique extérieure des Hohenzollern, qui est l'assujettissement de l'Autriche à l'Allemagne, à l'instar de la Bavière. » Dans la seconde partie de la lettre, évoquant l'issue du conflit, Charles livre le fond de sa pensée : « Une victoire éclatante de l'Allemagne serait notre ruine. Une paix à l'amiable, sur la base du *statu quo*, serait ce qu'il y a de mieux. » Enfin, le souverain esquisse la nouvelle configuration qu'il imagine en vue de l'avenir : « Pour l'Autriche, la seule solution est de conclure une paix sans annexion, et, après la paix, de s'allier avec la France, afin de faire contrepoids à l'Allemagne[4]. »

Une alliance avec la France ? Charles dicte ces mots alors que les combats font rage entre Allemands et Français Cinq jours plus tôt, il a écrit sa seconde lettre à Sixte. Cette profession de foi dans un axe Paris-Vienne peut paraître irréaliste. A court terme, elle l'est en effet. Mais l'assurance et la constance avec lesquelles le souverain présente cette idée comme un projet d'avenir, idée sur laquelle il reviendra souvent, illustrent sa capacité à s'élever au-dessus des contingences de l'heure.

Le pape s'adresse à tous les belligérants

En septembre 1914, au tout début du conflit, Benoît XV, qui était entré à la secrétairerie d'Etat sous Léon XIII et avait ensuite été archevêque de Bologne, a succédé à Pie X. Pour le premier Noël de guerre, ce pape diplomate, qui souffre du déchirement de l'Europe, a échoué à faire respecter la trêve des armes à laquelle il avait songé. Depuis, le souverain pontife est devenu prudent : même s'il ne s'y résout pas, il a compris que les temps ont changé, que la conflagration mondiale a déclenché des passions sans précédent, étouffant la voix de la papauté sur la scène internationale.

Pendant l'été 1916, Mgr Eugenio Pacelli*, diplomate de la secrétairerie d'Etat, spécialisé dans les pays germanophones, donne ses directives au nouveau nonce à Vienne, Mgr Valfrè di Bonzo. Le Saint-Siège, explique-t-il, voyant dans les Habsbourg les garants de l'Eglise dans le bassin danubien, porte une attention soutenue à tout ce qui concerne l'Autriche-Hongrie, qui est la première puissance catholique du continent.

Alors qu'il vient tout juste d'accéder au Trône, Charles, de son côté, envoie au pape la proposition de paix que les puissances centrales ont rendue publique le 12 décembre 1916, en accompagnant le document d'une lettre d'intention : le souverain souhaite entretenir des relations amicales et confiantes avec le Saint-Siège, et sollicite le soutien du Saint-Père en vue du retour à la paix.

Aux yeux de l'empereur, monarque catholique, le pape, vicaire du Christ et chef de l'Eglise, est la seule figure universelle dont l'autorité est indiscutable. C'est vers lui qu'il se tourne sans cesse, même s'il sait faire la part du temporel et du spirituel : quand le souverain pontife lui paraîtra défendre des positions épousant la cause italienne, il réagira en fonction des intérêts autrichiens.

En janvier 1917, le souverain s'adresse au pape, afin de lui signifier l'esprit dans lequel il fait la guerre : n'ayant jamais pensé à la moindre acquisition territoriale, il a pour

---

* En 1939, Mgr Pacelli deviendra le pape Pie XII.

seul objectif la défense de l'empire qui lui a été confié. Au cours de ses deux années de règne, Charles écrira en moyenne une fois par mois à Benoît XV : le crédit qu'il lui accorde est immense, au point de surestimer sa capacité d'intervention dans le concert des nations. Pour autant, quand Charles entreprend de négocier avec les Alliés par l'entremise de ses beaux-frères, si surprenant qu'il y paraisse, il ne le prévient pas. Peut-être parce qu'il se méfie de fuites susceptibles de survenir au Vatican, où le clan proallemand est puissant.

Au printemps 1917, Benoît XV décide de reprendre l'initiative pour amener les belligérants à négocier. Mais il se rend compte que c'est de Berlin que la paix dépend. Mgr Pacelli est alors nommé à la nonciature de Munich, dont le ressort s'étend à toute l'Allemagne. Une de ses missions est de sonder les dispositions réelles du Reich en vue d'une paix durable.

Charles se méfie de Mgr Valfrè di Bonzo : ami de jeunesse de Benoît XV, mais italien et fils naturel du roi Victor-Emmanuel II, le nonce à Vienne passe pour soutenir l'Entente. L'empereur, en revanche, nouera des contacts fructueux avec Mgr Pacelli. Le 21 juin 1917, s'entretenant avec l'ambassadeur d'Autriche auprès de la cour de Bavière, le nonce à Munich confie son admiration pour Charles, ainsi que pour Zita, envers laquelle le Saint-Père éprouve, précise-t-il, les « sentiments les plus chaleureux ». Pour la Double Monarchie, conclut Mgr Pacelli, c'est « une grande chance d'avoir un tel couple souverain à sa tête[5] ». Une semaine plus tard, le souverain effectue un voyage de trois jours dans l'Allemagne du Sud, dans le but d'inciter les rois de Bavière et de Wurtemberg à s'associer avec lui pour forcer Berlin à conclure la paix. Un rendez-vous avec Mgr Pacelli est aménagé dans le train impérial. Entre les deux hommes, le courant passe. « Si j'avais Mgr Pacelli à

Vienne, à tous deux, nous ferions la paix[6] », s'exclame Charles.

Le 24 juillet, Mgr Pacelli remet à Berlin une note formulant les propositions du Saint-Siège à l'intention des belligérants. Dix jours plus tôt, sur la demande du haut état-major allemand, le chancelier Bethmann-Hollweg a été acculé à la démission et remplacé par Georg Michaelis. Ce dernier a été imposé par Hindenburg et Ludendorff, qui entendent contrôler par son intermédiaire la politique du Reich. Craignant que l'état-major ne pousse le nouveau chancelier à la surenchère, et ne voulant pas donner l'impression que le Saint-Siège privilégie l'Allemagne, Benoît XV choisit de ne pas attendre la réponse de Michaelis et transmet au Foreign Office, le 9 août, sa note diplomatique, que la Grande-Bretagne devra faire suivre à ses alliés.

Datée du 1er août 1917 et signée par Benoît XV, cette note « aux chefs des peuples belligérants » est publiée le 16 août dans *L'Osservatore Romano*. Il s'agit d'un appel à la paix, où l'on retrouve l'écho des thèmes que le président américain Wilson a développés dans ses propres interventions publiques : renonciation aux gains territoriaux, nécessité d'un désarmement général contrôlé, institution d'un tribunal international. « Le point fondamental, écrit le pape, doit être qu'à la force matérielle des armes soit substituée la force morale du droit. » Mais la note énumère des conditions précises : indépendance de la Belgique, évacuation du territoire français, maintien de l'Alsace-Lorraine au sein de l'Allemagne, restitution par l'Entente des colonies allemandes, respect des « aspirations des peuples » en Pologne et dans les Balkans, création d'un Etat autonome pour les Arméniens qui viennent d'être victimes, dans l'Empire ottoman, d'une tuerie généralisée. « Nous sommes animés d'une douce espérance, conclut Benoît XV, celle de voir se terminer au plus tôt la lutte terrible, qui apparaît de plus en plus comme un massacre inutile[7]. »

Pour les Alliés, qui n'ont pas été approchés au préalable par la diplomatie pontificale, cet appel constitue une surprise. On le soupçonne d'être inspiré par l'Allemagne ou par l'Autriche; leurs réactions sont négatives. Les Américains, fin août, saluent les principes invoqués par Benoît XV, mais mettent en cause la représentativité des dirigeants du Reich par rapport au peuple allemand : la démocratie, affirment-ils, est une condition de la paix future. La Grande-Bretagne s'aligne sur la réponse américaine. La France, par la voix de Ribot, souhaite une réponse concertée avec ses alliés. Anglais et Français, au demeurant, sont tenus par le traité de Londres : le gouvernement italien y a fait ajouter une clause spécifiant l'exclusion du Saint-Siège d'une future conférence de la paix.

A Berlin, même si la médiation de Mgr Pacelli a préparé le terrain, la note pontificale n'est pas bien accueillie. Les autorités du Reich, croyant encore en l'efficacité de la guerre sous-marine et se réjouissant de la révolution russe qui désorganise le pays, espèrent en la victoire finale. La réponse allemande à Benoît XV, le 19 septembre, sera négative.

En Autriche, c'est le nonce, Mgr Valfrè di Bonzo, qui remet officiellement la note pontificale à l'empereur. Les Archives de Vienne conservent deux brouillons, en allemand, de la réponse du souverain. Le premier date du 18 août. La réponse officielle, rédigée en français, est du 20 septembre. Charles est le premier, et le seul, à réagir positivement à la démarche de Benoît XV. Le texte, d'une grande élévation, se situe sur le plan des principes. «Nous saluons avec toute l'ardeur d'une conviction profonde, souligne l'empereur, la pensée prédominante de Votre Sainteté que le futur ordre du monde, après l'élimination de la force des armes, doit être fondé sur l'autorité morale du droit et sur le règne de la justice et de la légalité internationale[8].»

Le premier brouillon de l'empereur contient des éléments de réponse aux propositions du pape, qui ne figurent pas dans la lettre définitive. Faut-il y voir l'effet d'une intervention de Czernin ? Le 4 octobre, néanmoins, Charles écrit de nouveau au souverain pontife : il s'engage à contraindre l'Allemagne à céder au sujet de la Belgique, mais rejette toute concession territoriale à l'Italie, se déclarant seulement prêt, au moment de la conclusion de la paix, à des « rectifications de frontières réciproques[9] ». Benoît XV, vingt jours plus tard, répond à son tour à Charles pour le remercier, mais soulignant que la paix ne sera pas possible si l'Autriche refuse toute concession territoriale à l'Italie, par exemple le Trentin.

Très affecté par l'échec de sa proposition, le pape n'effectuera pas d'autre tentative de médiation entre les belligérants. Tout en défendant son point de vue, Charles aura été le seul, en tout cas, à lui avoir fait spontanément bon accueil.

D'autres pourparlers secrets

Charles ne se décourage pas. Tout ce qu'il peut tenter, il le tente, avec obstination. Le 20 août 1917, il écrit au Kronprinz, et développe ses arguments : les souffrances humaines, la situation de l'arrière, tout indique qu'il faut mettre fin au conflit ; les Américains arriveront au printemps prochain, et l'Entente se renforcera. Que l'Allemagne renonce à l'Alsace-Lorraine, poursuit l'empereur, et l'Autriche lui offrira la Galicie en compensation. « Je te prie, termine Charles, de réfléchir à la situation générale et d'unir tes efforts aux miens pour terminer promptement la guerre d'une manière honorable. Si l'Allemagne persiste dans son refus et détruit cette possibilité de paix, la situation de l'Autriche-Hongrie deviendra extrêmement critique[10]. »

Après l'échec des négociations passées par Sixte et Xavier de Bourbon-Parme, l'Autriche mènera d'autres pourparlers avec les Alliés. En juin 1917 sont noués des contacts qui ne prendront fin qu'en octobre 1918, et dont l'initiative revient à l'état-major français. Le commandant Abel Armand, du ministère de la Guerre, rencontrera à plusieurs reprises, en Suisse, le comte Nikolaus Revertera, un diplomate autrichien qui tient ses instructions de Czernin. C'est le Ballhausplatz, à Vienne, qui suit l'affaire, avec l'accord de Charles. Ces entretiens, de simples sondages, ne déboucheront sur aucun résultat tangible.

Parallèlement, d'autres conciliabules secrets ont lieu. Le comte Mensdorff-Pouilly, ancien ambassadeur d'Autriche à Londres, entame des discussions, également en Suisse, avec le général Smuts, président de l'Union sud-africaine et membre du Conseil impérial de guerre britannique. Les deux négociateurs ont reçu des consignes contradictoires de leurs gouvernements respectifs. Conseillé par Czernin, Mensdorff-Pouilly, refusant la rupture avec l'Allemagne, parle de paix générale, tandis que Smuts voudrait discuter d'une paix séparée : le dialogue s'enlisera au printemps 1918.

La dernière victoire de l'armée impériale

Pendant ce temps, la guerre continue. Depuis la défaite de la Roumanie et l'affaiblissement de la Russie consécutif à la révolution, l'essentiel de l'effort, pour l'armée impériale, se porte au Sud. Sur un arc de cercle qui va du Tyrol à la mer Adriatique, les divisions austro-hongroises résistent à la poussée des Italiens, qui sont assistés de troupes anglaises et françaises. Sur ce front, les Autrichiens se battent avec la conviction de défendre leur frontière directe, le cœur de l'empire, même. Lors de la onzième bataille de l'Isonzo, les troupes impériales ont perdu 30 000 prisonniers et 150 pièces d'artillerie. La crainte est que les Italiens, la prochaine fois, s'emparent de Trieste. Afin d'y faire obstacle, et dans l'espoir de reprendre le terrain perdu lors des précédents assauts alliés, l'état-major austro-hongrois conçoit, à la fin du mois de septembre 1917, une offensive préventive, dont le lancement est fixé au mois suivant.

Il va ainsi s'engager, dans les Alpes juliennes, un des affrontements les plus meurtriers de la Première Guerre mondiale : ce sera le Verdun de l'Europe centrale. Cette douzième et dernière bataille de l'Isonzo va entrer dans l'histoire grâce au nom italien d'un village situé sur le territoire de la Monarchie : Caporetto*.

Le 24 octobre 1917, à 2 heures du matin, l'artillerie autrichienne déclenche le feu sur les tranchées italiennes. Après deux heures d'arrêt, le pilonnage reprend, paralysant l'adversaire. Les vagues de l'infanterie s'engouffrent ensuite dans la brèche ouverte par les canons et les obus à gaz**.

Derrière les lignes autrichiennes, suite à une convention passée entre l'état-major impérial et l'état-major allemand, une nouvelle formation d'assaut a été mise en place : la XIVe armée. Commandée par un Prussien, le général Otto von Below, elle est composée de six divisions allemandes et de trois divisions austro-hongroises. Avec une redoutable efficacité, ces troupes emportent tout devant elles, déboulant entre Flitsch (Flezzo) et Tolmein (Tolmino), dans l'axe de Caporetto, déclenchant un mouvement de panique chez l'adversaire. Sur toute l'étendue du front, les corps de bataille austro-hongrois se joignent à l'offensive générale.

---

* Caporetto (Karfreit en allemand, Kobarid en slovène) se trouve de nos jours en Slovénie.

** Interdits par la convention de La Haye du 29 juillet 1899, les gaz sont utilisés pour la première fois par les Allemands, à la bataille d'Ypres, le 22 avril 1915. Au mois de septembre suivant, François-Joseph interdit l'emploi d'une telle arme, à l'exception des cas où l'ennemi l'utiliserait en premier. Le 24 février 1916, une attaque italienne au gaz est annoncée sur le front sud. L'état-major austro-hongrois sollicite et obtient de François-Joseph l'autorisation de répliquer par le même moyen. L'assaut aura lieu le 28 juin, sur l'Isonzo. En 1917, tous les belligérants emploient des armes chimiques. En 2004, lors de la béatification de Charles, une polémique éclatera à ce sujet. Contrairement aux accusations de certains, on ne saurait faire porter à l'empereur la responsabilité morale d'avoir utilisé des moyens qui sont déjà courants quand il accède au pouvoir.

Au soir du 24 octobre, les troupes autrichiennes et allemandes ont avancé de 15 kilomètres. Quatre jours plus tard, c'est la débâcle dans le camp d'en face : l'armée italienne a perdu les territoires qu'elle avait conquis en deux ans et demi de guerre, et l'offensive se poursuit sur le sol italien. Le 30 octobre, les Centraux prennent Udine, la capitale du Frioul. Au Tyrol, les Dolomites sont dégagées. Le 2 novembre, après avoir évacué la ligne du Tagliamento, les Italiens se replient sur la Piave. Venise menacée, la peur envahit l'Italie du Nord*. Mais les Allemands retirent leurs divisions, ayant besoin de regarnir le front ouest, tandis que les Anglais et les Français envoient de leur côté du renfort à leurs alliés. Si bien que l'offensive se stabilise sur la Piave.

Bilan final de cinq semaines de bataille : les Italiens ont perdu 350 000 prisonniers, 30 000 blessés et 10 000 tués, 3 000 canons, 3 000 mitrailleuses et 300 000 fusils. Le front méridional, qui s'étendait sur près de 400 kilomètres, a été réduit à 140 kilomètres. C'est une victoire immense, énorme, incroyable pour l'armée austro-hongroise, que l'on disait à bout de souffle. Ce sera aussi la dernière.

Charles a suivi l'offensive au plus près, afin de soutenir ses troupes. Il a décoré officiers et soldats, et nommé maréchaux quelques brillants généraux**. Le 10 novembre, en traversant le gué d'un affluent de l'Isonzo, dans la région de Goritz, le moteur de sa voiture s'est enrayé. Alertés par le chauffeur, deux soldats sont accourus afin d'aider l'empereur à gagner la rive en le portant sur leurs épaules. L'un d'eux a trébuché et Charles, tombé à l'eau, a été emporté par le courant. Son beau-frère Félix de Parme, qui suivait dans une autre voiture, s'est précipité avec plusieurs hom-

---

* Ernest Hemingway, volontaire dans l'armée italienne, a dépeint la débâcle de Caporetto dans *L'Adieu aux armes*.
** Dans l'armée austro-hongroise, le titre de *Feldmarschall* n'est pas une dignité, mais le plus haut grade réservé aux généraux.

mes; plaçant une poutre en travers du torrent, ils sont parvenus à l'extraire de ce mauvais pas.

D'après certains témoins oculaires, le monarque aurait pu se noyer. D'après d'autres, sa vie n'a été à aucun moment en danger. Qui croire ? Les sauveteurs, en tout cas, seront médaillés, et des offices d'action de grâces célébrés dans tout l'empire. Propagande ? Au prince Windischgrätz, Charles a dit le lendemain de l'accident : « Si je m'étais noyé, j'aurais offert ma vie devant l'ennemi, en accomplissant mon devoir de chef d'armée. De toute façon, aucun archiduc n'est mort ou n'a été blessé dans cette guerre[11]. »

Après la victoire sur l'Isonzo, les généraux austro-hongrois jubilent. Charles, lui, est soucieux. C'est encore Windischgrätz qui le raconte, relatant une longue conversation avec le souverain au quartier général de Tolmein. Au cours de la bataille, l'armée austro-hongroise a subi des pertes importantes : 27 000 tués et blessés. Pour quel bénéfice ? L'avancée des troupes impériales de 100 kilomètres en territoire ennemi ne change pas la donne pour l'Autriche, qui est épuisée. Au contraire. Les Italiens, à la faible capacité combattante, sont désormais soutenus par des divisions françaises et britanniques aguerries. Caporetto, observe Charles, « c'est la victoire d'un instant ». Et comment nourrir 350 000 prisonniers italiens, alors que les Autrichiens peinent à alimenter leurs propres hommes ? Les calculs de l'état-major sont formels : l'armée a les moyens de tenir encore un hiver, mais ne résistera pas à une offensive adverse au printemps prochain. Il faut faire la paix, répète Charles...

La victoire de Caporetto, en outre, a un prix politique. L'opération s'est déroulée sous direction autrichienne, et les trois quarts des forces engagées ont été fournis par l'armée impériale. Mais l'attaque initiale de la XIVe armée a tout de suite fait pencher la balance, en provoquant la débandade italienne. Or cette armée était sous commandement allemand. Berlin va donc faire payer le tribut de la victoire en accroissant ses exigences. Le 11 novembre 1917, Charles assiste à un défilé, à Trieste, en compagnie de Guillaume II, venu féliciter ses troupes. Des deux souverains, qui est le vainqueur ? Peu après, l'empereur doit remercier Czernin pour sa « politique systématique visant à élargir et à approfondir l'alliance allemande[12] ». En Autriche, ceux qui lorgnent vers le Reich se sentent des ailes.

Polzer-Hoditz, le directeur de cabinet de Charles, s'est mis beaucoup de monde à dos : il passe son temps à critiquer les Allemands, pour leur arrogance, et les Hongrois, pour leur refus des réformes. Le ministre des Affaires étrangères et les deux Premiers ministres exigent son renvoi. Le 22 novembre 1917, le souverain est contraint, à contrecœur, de se séparer de celui qui restera son ami. Symboliquement, Charles ne remplacera pas son directeur de cabinet, dont le poste sera assuré, à titre intérimaire, par le directeur général des fonds privés de la famille impériale.

L'opinion est lasse de la guerre

Le souverain n'est pas dupe. Ses services lui font remonter des informations prouvant que l'opinion n'en peut plus. Dans tout le pays, écrit Charles à Czernin, monte « un grand désir de paix, une lassitude de la guerre[13] ». La lettre est du 12 septembre 1917, un mois et demi avant la victoire de Caporetto, mais le souverain n'a pas changé d'avis depuis, car il sait que ce sentiment vient du fond de la société.

Le 18 juillet 1917, à Vienne, une conférence est organisée par la Société politique, un club de réflexion. L'homme d'affaires Julius Meinl et un groupe d'universitaires partisans de la paix – les professeurs Heinrich Lammasch, Joseph Redlich et Friedrich Wilhelm Foerster – prennent la parole devant un public attentif. Le 7 octobre suivant, une manifestation pour la paix se déroule dans la grande salle des fêtes du nouvel hôtel de ville de Vienne. Elle est organisée par le parti chrétien-social, qui détient la majorité municipale et dont le maire, Richard Weiskirchner, est issu. Le 11 novembre, c'est au tour du parti social-démocrate de tenir une réunion pour la paix dans la grande salle du Konzerthaus. Des milliers de personnes sont venues écouter Viktor Adler et Karl Renner, si bien que l'accès à la salle, trop petite pour les contenir, doit être fermé. Intellectuels ou ouvriers, de droite ou de gauche, les Autrichiens veulent la paix : Charles en est persuadé.

Les Russes se retirent, les Américains arrivent

Dans l'idée d'affaiblir la Russie, après la révolution de février 1917, les Allemands ont facilité le retour de Lénine dans son pays : derrière lui, les bolcheviques préconisent en effet la cessation immédiate des hostilités. Le meneur révolutionnaire vivait en exil en Suisse. C'est avec la complicité et le soutien financier du gouvernement du Reich qu'il a traversé l'Allemagne, le 10 avril 1917, puis regagné la Russie, en passant par Stockholm. Sept mois plus tard, la révolution d'Octobre (le 25 octobre pour le calendrier russe, le 7 novembre pour le calendrier occidental) précipite l'arrivée au pouvoir des bolcheviques.

D'après les notes rédigées après la guerre par l'empereur, et d'après le témoignage postérieur de Zita, Charles était hostile au calcul des Allemands à l'égard de Lénine. A ses yeux, favoriser le bolchevisme pour obtenir un avantage à court terme était un comportement irresponsable vis-à-vis du peuple russe. L'empereur considérait le communisme comme un péril pour le continent entier : s'il s'installait en Russie, il menacerait tôt ou tard l'Allemagne, l'Autriche-Hongrie, et toute l'Europe centrale et balkanique. Rétrospectivement, l'analyse de Charles, dans ce domaine aussi, apparaît prémonitoire.

Le 28 novembre 1917, vingt jours après avoir pris le pouvoir à Saint-Pétersbourg, les soviets proposent aux Allemands et aux Autrichiens d'ouvrir des négociations. Le 15 décembre, un cessez-le-feu est signé à Brest-Litovsk, ville russe que les Allemands occupent depuis 1915 et où ils ont installé leur état-major oriental*. Sept jours plus tard, les pourparlers s'engagent, Trotski prenant la tête de la délégation russe. Charles est réticent à l'idée de discuter avec les bolcheviques, mais les enjeux sont trop importants. Les négociateurs autrichiens sont conduits par Czernin en personne, qui poursuit deux objectifs. Obtenir la fin des hostilités, d'abord, mais aussi parvenir à un accord au sujet du blé ukrainien. Cette manne, qui pourrait nourrir un peuple affamé, fait rêver les Autrichiens.

Après sa défaite sur l'Isonzo, l'Italie, qui a appelé les Alliés à la rescousse, pousse les Etats-Unis à déclarer la guerre à Vienne. Wilson, à cette époque, souhaite organiser une conférence où les puissances occidentales s'entendraient sur leurs buts de guerre. Le président américain, même s'il accorde son soutien aux Tchèques, considère encore que la question des nationalités, au sein de l'empire des Habsbourg, est un problème intérieur austro-hongrois. Le 4 décembre 1917, toutefois, Wilson prononce devant le Congrès un discours où il dénonce la « soumission de Vienne au militarisme prussien ». Le 7 décembre, les Etats-Unis déclarent la guerre à l'Autriche-Hongrie.

Pour Vienne, cette décision n'a pas de conséquences stratégiques immédiates. Ses répercussion sont indirectes : les Américains seront une puissance supplémentaire avec qui il faudra négocier demain. Pour Charles, le chemin de la paix devient de plus en plus étroit.

---

* Brest-Litovsk se trouve aujourd'hui en Biélorussie.

Au même moment, Czernin entame une évolution qui va élargir le fossé entre l'empereur et lui. Le 2 octobre, à Budapest, le ministre avait prononcé un discours en faveur de la paix et du désarmement : les Allemands étaient alors bloqués sur le front ouest, et la guerre sous-marine n'avait pas obtenu les résultats escomptés. La victoire de Caporetto, aux yeux de Czernin, modifie la perspective. D'autant que, sur le front ouest, Hindenburg et Ludendorff sont en train de concevoir une vaste offensive pour le printemps 1918. Pris dans cette logique, le ministre austro-hongrois tend à s'aligner de plus en plus sur le point de vue allemand.

Selon la Constitution de 1867, les trois ministres communs de la Double Monarchie devaient présenter leur politique, chaque année, devant des délégations élues par les Parlements de Vienne et de Budapest. Conformément au vœu de Charles de voir fonctionner les institutions parlementaires, ces délégations, qui n'avaient plus siégé depuis mai 1914, sont élues en novembre 1917 et se réunissent à Vienne au début du mois de décembre.

Le 5, devant la délégation autrichienne, Czernin obtient une nette majorité lors du vote de confiance. Encouragé par ce résultat, le ministre, qui présente le lendemain son rapport devant la délégation hongroise, où l'opinion est majoritairement proallemande, tient un discours plus belliqueux, et plus favorable à l'alliance avec le Reich. « Nous combattons pour la défense de l'Allemagne, proclame-t-il, comme l'Allemagne combat pour notre défense. Si l'on me demande si nous combattons pour l'Alsace-Lorraine, je réponds oui. Et, en effet, nous nous battons pour l'Alsace-Lorraine, tout comme l'Allemagne s'est battue pour nous à Lemberg et à Trieste. Je ne fais aucune différence entre Strasbourg et Trieste. Les Etats-Unis nous déclarent la guerre ? Ne regrettons rien. Nous devions nous y attendre, à cause de notre fidèle alliance avec l'Allemagne[14]. »

L'Alsace-Lorraine ? Dans sa lettre secrète à Poincaré,

huit mois auparavant, Charles s'est engagé à appuyer sa restitution à la France... La déclaration martiale de Czernin représente l'exact contraire de la pensée de l'empereur.

Vers la fin de l'année 1917, Charles lance de nouvelles initiatives diplomatiques. C'est en direction de Benoît XV, une nouvelle fois, qu'il se tourne. Le souverain souhaite faire du pape le médiateur du conflit européen. Chaque belligérant devrait d'abord déclarer ses buts de guerre au Saint-Siège – l'Autriche-Hongrie faisant connaître sa position par le canal de Mgr Pacelli. Le souverain pontife, ensuite, arbitrerait afin de trouver un compromis acceptable par tous.

Irréalisme de Charles ? Plutôt idéalisme. En tout cas, cet homme que la situation désespère ne reste pas passif : il se bat. Nous possédons le témoignage de Mgr Valfrè di Bonzo, d'autant plus précieux que le nonce à Vienne sent que Charles se méfie de lui. De passage à Rome, le diplomate pontifical s'entretient avec Camille Barrère, l'ambassadeur de France en Italie, qui rapporte la conversation au Quai d'Orsay le 25 novembre 1917. D'après Valfrè di Bonzo, « on aurait tort de se représenter l'empereur comme une personnalité faible. Au contraire, le souverain a une forte volonté personnelle et montre une véritable activité dans sa fonction de chef d'Etat[16] ».

7

1918, l'année terrible

Températures sibériennes, chutes de neige exceptionnelles : l'hiver 1917-1918 est un des plus rigoureux que l'Autriche ait subis depuis trente ans. Un cauchemar pour la population. A Vienne, la circulation des tramways est réduite et l'éclairage public limité. La nuit, la capitale impériale ressemble à une ville fantôme. Dans la journée, des files d'attente se forment devant les magasins d'alimentation, où la nourriture est vendue avec parcimonie. L'œdème de la faim, une maladie que les médecins ne connaissaient que par les livres, a fait son apparition en Bohême allemande. En dépit de la réticence des familles, afin d'épargner les textiles, les autorités recommandent d'enterrer les cadavres nus.

150 000 grévistes en Autriche

Le 14 janvier 1918, la nouvelle court dans toute l'Autriche : la ration de farine, déjà maigre, descend de 200 grammes à 165 grammes par jour. A Wiener Neustadt, au sud de la capitale, une grève est aussitôt déclenchée aux usines Daimler, puis s'étend aux autres ateliers de la ville. Dix mille ouvriers se rassemblent devant la mairie, et réclament du pain et la paix. Au cours de la journée, le mouvement gagne Sankt Pölten et les localités industrielles de la Basse-

Autriche. Le 14 janvier, ce sont les chantiers navals de Trieste qui débrayent; le 15, les usines de munitions de Baden.

A Vienne, la grève démarre le 16 janvier. Tous les quartiers ouvriers sont touchés : Floridsdorf, Favoriten, Ottakring, Brigittenau. En fin de journée, on compte 84 000 grévistes. Les délégués syndicaux sont dépassés. Le 17 janvier, l'*Arbeiterzeitung*, le quotidien social-démocrate, publie un appel de la direction du parti : dans l'intérêt général, cheminots, conducteurs de tramways, mineurs, ouvriers du gaz et de l'électricité sont invités à ne pas cesser le travail, et à observer le calme dans la rue.

Le 17 janvier, à Laxenburg, Charles reçoit un télégramme de Czernin. Le ministre des Affaires étrangères, qui traite avec les Russes à Brest-Litovsk, suit aussi de près la situation intérieure. Il prie le souverain d'intervenir auprès de Guillaume II, afin d'obtenir de l'Allemagne une aide alimentaire d'urgence; dans un second temps, il faudra presser le gouvernement hongrois de livrer les stocks dont il dispose. Czernin avertit par ailleurs que les négociations de paix piétinent, car les Russes font traîner les choses en longueur, espérant que la révolution éclate à Vienne.

Charles sait qu'il n'y a rien à espérer du Reich. Aussi donne-t-il à son ministre la consigne de traiter à tout prix : « Je dois encore une fois assurer que le destin entier de la monarchie et de la dynastie dépend de la conclusion la plus rapide possible de la paix à Brest-Litovsk. Si nous ne réussissons pas à conclure la paix, il y aura la révolution. Ceci est un avertissement sérieux dans un moment sérieux[1]. »

Salzbourg et Graz, en Autriche; Brno, en Moravie; Cracovie, en Galicie; Budapest, et quinze villes de Hongrie... Le nombre de grévistes ne cesse de croître : ils sont 150 000 dans toute la Monarchie. Dans la nuit du 19 au 20 janvier, Charles demande au chef du gouvernement autrichien, Ernst von Seidler, de négocier. Mais où sont les interlocuteurs, dans ces foules ouvrières que personne ne dirige?

Le salut va venir du parti social-démocrate, qui envoie une délégation conduite par Viktor Adler, Karl Renner et Karl Seitz. Du côté des pouvoirs publics, pour participer aux discussions, le ministre de l'Intérieur, le ministre du Ravitaillement et le ministre de la Défense, outre le Premier ministre, sont à pied d'œuvre.

Respectant les consignes de Charles, Seidler est prêt à faire des concessions. L'empereur, explique le Premier ministre aux représentants des grévistes, est le premier à désirer la paix : un accord se prépare avec l'Ukraine, qui permettra à l'Autriche de recevoir des livraisons de blé. Le statut militaire imposé aux ouvriers des usines d'armement est impopulaire ? Il sera suspendu. Il faut appliquer le suffrage universel aux élections municipales ? Une réforme sera lancée. Au soir du 20 janvier, devant une assemblée de délégués syndicaux réunis à la Maison des Cheminots, les négociateurs sociaux-démocrates exposent les promesses qui leur ont été faites. La fin de la grève est votée. Les 21 et 22 janvier, la reprise du travail s'effectue progressivement.

Prague était en retard. Le 22 janvier, une grève y est organisée en signe de solidarité avec le reste de l'empire : 60 000 personnes défilent dans les artères de la ville neuve. Une délégation est reçue par le gouverneur Coudenhove. A la fin de la rencontre, une ouvrière le prie de transmettre le «salut des ouvriers et des ouvrières, ainsi que de leurs enfants, à l'empereur et à l'impératrice[2]». A Moscou, le même jour, la *Pravda* publie un article titré : «A la veille de la révolution autrichienne». Une prévision caduque : le sens politique de Charles et le réformisme des sociaux-démocrates, conjugués avec le caractère autrichien, ce composé de prudence, de bon sens, de mollesse et de respect des autorités établies, ont canalisé le mécontentement populaire, et obtenu un compromis.

Au cours de cette crise, les autorités ont pris des dispositions afin de faire régner l'ordre. Sept divisions ont été détachées du front de l'Est, désormais calme, pour être réparties dans les zones industrielles. Mais Charles a veillé à ce que les mesures de répression fussent limitées. Il n'y a pratiquement eu aucun affrontement. A Lemberg, cependant, le commandant d'un détachement d'infanterie a ordonné à ses hommes d'ouvrir le feu, le cas échéant, sur une manifestation de femmes ayant organisé une marche de la faim. La consigne n'a pas eu à être appliquée, mais Charles l'apprend. Furieux, il exige le rappel immédiat de l'officier, un célibataire : « Je le ferai remplacer par un père de famille, qui sait ce que c'est que la faim[3]. »

Dix-huit heures de travail par jour

Le rythme de vie de Charles, à l'époque, est épuisant. L'empereur se lève tous les jours à 6 heures. Sa journée commence par la messe. Il prend ensuite son petit déjeuner, son seul repas complet : on lui sert un plat de viande accompagné de légumes, et un verre d'eau minérale tiède, boisson recommandée pour son cœur. A 7 h 15, il est à son bureau. Etudes de dossiers et audiences s'enchaînent jusqu'au déjeuner. Charles saute souvent ce repas, mais reste trois quarts d'heure avec Zita, parfois moins. L'après-midi, les audiences et les documents à parapher se succèdent, sans arrêt, jusqu'à 19 heures ou 20 heures. Le dîner, très frugal, est pris en compagnie de l'impératrice, puis le monarque s'efforce de consacrer une demi-heure à ses enfants. Le travail reprend ensuite : conférences, audiences et rapports, jusqu'à minuit. Très fréquemment, Charles ne dort que cinq heures par nuit.

Le registre des audiences et des réunions en témoigne : il peut voir jusqu'à 100 personnes par jour. Une performance physique et mentale. A Laxenburg, le souverain s'accorde parfois une pause à la tombée de la nuit : il se rend dans le parc, observer les chevreuils. Du 27 décembre 1917 au

4 janvier 1918, Charles prend quelques jours de détente. Il s'installe au château d'Eckartsau, propriété impériale où prolifère le gibier : sans abandonner ses dossiers, le souverain peut consacrer quelques heures par jour à sa passion de la chasse.

En vérité, Charles fait preuve d'une rare résistance, ce qui finira par lui jouer des tours : il arrivera un moment où, physiquement, il aura trop présumé de ses forces. Ses collaborateurs, pourtant à peine plus âgés que lui, ont du mal à soutenir la cadence. Un de ses aides de camp, le capitaine von Schonta, l'a raconté : « Nous étions cinq à son service pendant douze jours. Les douze jours suivants, nous n'étions pas d'astreinte. Je peux avouer qu'à l'issue de douze jours de service nous nous sentions toujours épuisés. Pendant ce temps, sans arrêt et sans repos, non seulement le souverain effectuait l'équivalent de notre travail, mais il portait en plus l'énorme responsabilité de toutes les décisions. Plusieurs fois, je l'ai admiré[4]. »

C'est toujours entre Baden et Laxenburg que se déroulent ces journées de travail – ou à la villa Wartholz, aux beaux jours. Mais Charles continue de voyager. La liste de ses déplacements pour le premier trimestre de l'année 1918 en témoigne. Du 12 au 15 janvier, il se rend au Tyrol du Sud et dans le Trentin. Du 24 au 26 janvier, à Budapest. Du 30 janvier au 3 février, dans le Frioul et au Tyrol. Du 8 au 11 février, en Hongrie. Du 21 au 23 février, en Allemagne, où il rend visite à Guillaume II à son quartier général de Bad Homburg. Du 17 au 20 mars, nouvelle inspection du front sud, à Udine et au Tyrol. Du 25 au 28 mars, tournée en Bohême et en Moravie...

Le 10 mars 1918, l'impératrice met au monde son cinquième enfant : l'archiduc Charles-Louis. A Vienne et dans toutes les villes de garnison, 101 coups de canon saluent cette naissance, la première depuis l'accession de Charles au Trône. Un *Te Deum* sera célébré dans la cathédrale de

Vienne par le cardinal-archevêque, Mgr Piffl, en présence des membres du gouvernement. Mais Zita se rappellera que la toute première manifestation de joie à laquelle elle eut droit, à cette occasion, fut la prière d'action de grâces d'un pieux musulman, qui avait étalé son tapis devant la maison de Baden où elle venait d'accoucher.

Afin de l'assister dans l'éducation des enfants, l'impératrice a pris à son service la comtesse Thérèse Korff-Schmising-Kerssenbrock – que les petits archiducs surnommeront Korffi. Entrée comme gouvernante dans la maison impériale, cette femme de cœur restera plus tard au côté de Zita, comme une amie, jusqu'à sa mort en 1973.

La souveraine, fidèle à ses obligations et à ses convictions chrétiennes, se dépense en faveur des plus éprouvés. Elle s'occupe d'œuvres de bienfaisance, présidant une fondation pour l'enfance et un fonds pour les veuves de guerre. Elle continue de visiter hôpitaux, maisons de convalescence, soupes populaires et foyers pour réfugiés, et pas seulement dans la capitale. Quand cela lui est possible, Zita s'adresse aux malades et aux blessés dans leur langue. Il lui arrive d'accompagner les transports d'invalides en provenance du front, avec une attention particulière pour les aveugles et les grands mutilés.

L'impératrice accompagne souvent Charles dans ses déplacements, jusque dans les zones de combat. De la guerre, cette jeune femme (elle fête ses 26 ans en 1918) n'a donc pas une représentation aseptisée : elle aussi, elle en voit les horreurs de près. Cinquante ans plus tard, certains souvenirs réveilleront ses émotions d'alors : « Je me rappelle une visite sur le front du Karst après la bataille [avril 1918]. La mort et des rats partout, une puanteur effroyable, indescriptible. Jusqu'au plus loin que je regardais, je voyais des cadavres de soldats tombés, et des rats, des rats, des rats, horribles et énormes, partout. Ils vinrent jusqu'à nos voitures, et grimpaient aux roues. Un cauchemar[5]. »

Sur un plan politique, on l'a déjà dit, Charles souffre d'isolement : il ne compte pas de grands ministres à ses côtés, et ceux qui tranchent dans le lot, comme le comte Czernin, ne partagent pas ses vues. Dès lors, la complicité qui l'unit à sa femme ne fait que croître. Zita comble un manque. En public, l'impératrice ne sort pas de son rôle d'épouse du souverain. Mais, dans l'intimité, cette femme intelligente et bien informée soutient son mari, lui prodigue ses conseils, et lui redonne courage quand il est épuisé. Sans Zita, Charles ne serait pas ce qu'il est.

La paix avec l'Ukraine et la Russie

A Brest-Litovsk, les négociations avec les Russes traînent toujours en longueur. Ceux-ci espèrent que le désir de paix des populations civiles provoquera une insurrection populaire en Allemagne et en Autriche-Hongrie. Mais la direction bolchevique est également divisée : doit-elle privilégier la révolution internationale (thèse de Trotski) ou consolider le nouveau régime en Russie (analyse de Lénine) ?

Dans le but d'affaiblir la puissance russe, déjà ébranlée par la révolution, les négociateurs allemands – dirigés par le général Max Hoffmann et le secrétaire d'Etat aux Affaires extérieures Richard von Kühlmann – apportent un soutien inconditionnel au mouvement d'indépendance ukrainien. Czernin est plus réservé : la naissance d'un Etat ukrainien serait susceptible d'exercer un ascendant sur les Ruthènes, minorité ukrainienne de la Pologne des Habsbourg. L'enjeu représenté par le blé ukrainien, toutefois, est plus fort que tout : la délégation autrichienne finit par se plier aux exigences allemandes.

Le 9 février 1918, un traité de paix est signé, à Brest-Litovsk, avec les fondateurs de l'Ukraine indépendante. Une clause territoriale stipule l'annexion par le nouvel Etat de la province de Cholm, qui faisait partie de la Pologne russe et qui est revendiquée par les Polonais d'Autriche. Czernin a cédé sur ce point, pour sauver l'essentiel : l'Ukraine s'engage à livrer du blé en grande quantité à l'Allemagne et à l'Autriche-Hongrie. *Brotfrieden* : c'est la « paix du pain ».

Le 10 février, Trotski, mis devant le fait accompli et enjoint de ratifier un accord de paix immédiat qui se traduirait par la cession d'autres territoires russes, quitte Brest-Litovsk, et annonce que la Russie se retire du conflit et démobilise ses armées, sans pour autant consentir à la paix « annexionniste » réclamée par les puissances centrales. Une tactique absurde, que les Allemands mettent à profit, le 18 février, pour reprendre l'offensive en direction de Saint-Pétersbourg. Lénine sauve alors le pouvoir bolchevique, en convainquant la direction du parti de revenir à la table des négociations. Le 3 mars 1918, la Russie paraphe un traité de paix où elle reconnaît l'indépendance non seulement de l'Ukraine, mais aussi de la Pologne, des pays Baltes et de la Finlande.

Le 7 mai 1918, lors du traité de Bucarest, les puissances centrales concluront la paix avec la Roumanie : un adversaire de moins à l'Est. Mais à l'Ouest la guerre reprend avec plus de violence. Après le traité avec la Russie, en effet, 80 divisions allemandes sont transférées sur le front occidental. Le 21 mars 1918, après un bombardement de 6 000 pièces d'artillerie, les forces du Reich engagent l'offensive entre Cambrai et Saint-Quentin. Hindenburg et Ludendorff lancent toutes leurs forces à l'assaut : 192 divisions, contre 170 pour les Alliés. C'est la bataille du Kaiser (*Kaiserschlacht*), une lutte à mort dont le vainqueur aura gagné la guerre.

Le traité avec l'Ukraine, comme on pouvait le redouter, a révolté les Polonais de la Monarchie, à cause de l'abandon de la province de Cholm. A Cracovie, quand on a appris la nouvelle, une journée de deuil a été décrétée : les maisons ont été voilées de noir, les aigles à deux têtes et les portraits de l'empereur ont été arrachés. Au Parlement de Vienne, les députés polonais – dont les voix sont indispensables pour faire une majorité – sont entrés dans l'opposition. La Pologne autrichienne, annexée par force au XVIIIe siècle, avait fini par nouer une relation affective avec les Habsbourg : cette fidélité vient d'être brisée.

Et le blé ukrainien, ce blé qui faisait tant rêver ? La déception, en Autriche, est immense. D'après le traité du 9 février, la monarchie devait recevoir un million de tonnes avant le 1er août 1918. On s'aperçoit bientôt que l'Ukraine possède des stocks insuffisants, que Kiev et Odessa sont à la veille de manquer de pain, et que le gouvernement du nouvel Etat n'a aucune autorité dans le pays. Le blé disponible est réquisitionné par les Allemands, qui ne laissent que des miettes à leurs alliés : Vienne continuera de mourir de faim.

Poussée des nationalismes au sein de l'empire

Au Parlement autrichien, le 19 décembre 1917, les députés tchèques et slaves du Sud ont réclamé d'élire des délégués pour les représenter à Brest-Litovsk : ils soupçonnent Czernin et ses collaborateurs de ne défendre que le point de vue du pouvoir central. La proposition a été repoussée, mais elle illustre la montée en puissance des sentiments nationalistes au sein de l'empire.

Les Magyars s'y mettent à leur tour. En décembre 1917 et janvier 1918, Charles est l'objet de pressions en vue d'ériger les divisions hongroises en armée séparée. Il s'agit d'une ancienne revendication nationaliste, à laquelle François-Joseph s'était maintes fois opposé. Mais ce qui est nouveau, en l'occurrence, c'est que le Premier ministre, Wekerle, appuie cette requête. Le fait s'explique par des raisons de politique intérieure : ne parvenant pas à faire passer la réforme électorale, à laquelle Tisza fait obstacle, le chef du gouvernement flatte le sentiment nationaliste, afin de se maintenir au pouvoir à Budapest. Il reste que le principe d'une armée nationale magyare est contradictoire avec le compromis austro-hongrois : celui-ci laisse au souverain ses prérogatives en matière de défense commune, dont l'instrument unitaire est l'armée impériale et royale Que le Premier ministre, qui n'a rien d'un révolutionnaire, ose s'associer à un tel projet montre un glissement des mentalités.

Le 9 janvier, Charles réunit le Conseil des maréchaux Un organisme consultatif, dont les avis valent par le prestige des grands soldats qui s'y réunissent. L'archiduc Eugène, l'archiduc Joseph, Conrad, Boroević, Kövess, Böhm-Ermolli, Krobatin : ces maréchaux qui, depuis 1914, ont mené sur tous les fronts l'armée impériale et royale à la bataille se prononcent contre sa partition. L'empereur dispose d'un atout majeur pour tenir en échec la revendication hongroise.

Le 1er février 1918, à midi, un coup de canon troue l'air des Bouches de Kotor, sur la côte Adriatique, le deuxième port de guerre de la marine austro-hongroise. Le tir est parti du navire amiral de la Ve flotte. Aussitôt des marins hissent le drapeau rouge, et l'orchestre entame *La Marseillaise* C'est un signal. En moins d'une heure, les quarante bâtiments de la flotte sont surmontés des couleurs révolutionnaires : une mutinerie.

Prisonnier sur son propre vaisseau, l'amiral Hansa, commandant de la flotte, reçoit une délégation de marins qui lui présentent leurs revendications : la paix immédiate, sur la base des propositions russes à Brest-Litovsk (les traités, à cette date, ne sont pas signés), et la fin du service actif Si la réponse est négative, ils abandonneront les navires.

Les mutins ne sont pas menaçants : Hansa, officier expérimenté, voit tout de suite à qui il a affaire. Sa flotte est clouée ici depuis de longs mois, condamnée à l'inaction du fait du blocus et de la disproportion des forces avec les marines britannique ou française qui croisent dans l'Adriatique et en Méditerranée. Trop d'exercices répétitifs qui ne débouchent sur aucune action, pas assez de permissions, une nourriture insuffisante, un peu de propagande révolutionnaire par-dessus, et voilà comment la marine impériale affronte sa première révolte depuis le début de la guerre.

La mutinerie est conduite par des amateurs, qui n'ont pas pris le contrôle des systèmes de communication. L'amiral est en contact radio avec le port, où les troupes terrestres ne suivent pas les rebelles, et avec le quartier général maritime de Pola, qui envoie la IIIe flotte en renfort. Mais Hansa espère régler l'affaire sans violence.

Le 2 février, les insurgés déclarent vouloir discuter avec des députés de Vienne. Mais leur réclamation n'est pas transmise. Déjà, sur certains vaisseaux, les officiers ont repris la situation en main. A 22 heures, les autorités lancent un ultimatum : les mutins doivent se rendre le lendemain, sinon leurs navires seront bombardés. Le 3 février, quand le soleil se lève, les renforts de la IIIe flotte se profilent au large. Sur le vaisseau amiral, un vote est organisé : la majorité de l'équipage se prononce pour la fin du mouvement. Les meneurs se rendent. A 9 heures du matin, tout est rentré dans l'ordre.

Le 10 février, les chefs de la rébellion passent en jugement devant le tribunal du port militaire. Sur quarante accusés, quatre seront condamnés à mort : un Tchèque, Frantisek Raš, et trois Croates. Les autres écopent de peines de prison, certains bénéficient d'acquittements ou de non-lieux. La défense fait immédiatement envoyer un télégramme à l'empereur pour demander la grâce des condamnés à mort : l'exécution doit avoir lieu le lendemain à l'aube. Charles est en voyage en Transylvanie. Le télégramme parvient dans le train impérial à minuit et demi. Le souverain dort, mais le chef de son cabinet militaire estime préférable de ne pas le déranger. Au petit matin, quand Charles prend connaissance du message, il est trop tard pour différer l'exécution de la sentence. L'empereur est furieux : « Vous auriez dû me réveiller, s'exclame-t-il. Je suis d'abord un être humain[6]. » Il n'a pas non plus oublié que Zita et lui avaient visité les Bouches de Kotor lors de leur voyage de noces : c'était il y a sept ans, autant dire un siècle.

A part quatre malheureux qui sont des victimes autant que des coupables, le sang n'a pas coulé à Kotor. L'affaire est restée limitée. Néanmoins, une mutinerie dans l'armée, citadelle de la discipline, du patriotisme et du loyalisme dynastique, constitue un mauvais présage.

Charles veut négocier avec Wilson

Les Etats-Unis ont déclaré la guerre à l'Autriche-Hongrie le 7 décembre 1917. Wilson, toutefois, n'aspire pas à détruire l'empire des Habsbourg, mais à le détacher de l'Allemagne. Certes, l'autodétermination des peuples faisant partie de la philosophie américaine, le président est sensible aux problèmes posés par les minorités nationales dans le bassin danubien, mais il compte résoudre la question en soutenant le droit à l'autonomie des nations sujettes de l'empire.

Le 8 janvier 1918, devant le Congrès américain, Wilson présente un plan de paix européen. Ce projet, présenté en quatorze points, marque le début d'une véritable révolution : non seulement les Etats-Unis sont entrés dans la guerre, mais ils préparent l'après-guerre, et entendent façonner le nouvel ordre du monde.

Les premiers des Quatorze Points de Wilson décrivent une future organisation internationale fondée sur le libre-échange, la démocratie et le droit des peuples : abandon de la diplomatie secrète, liberté des mers, effacement des barrières économiques et commerciales, limitation des armements, libération des colonies, droit d'autodétermination, fondation d'une société des nations libres. Les points suivants évoquent des sujets précis : rétablissement de la Belgique, évacuation des régions françaises occupées, restitution de l'Alsace-Lorraine, rectification des frontières italiennes, création d'une Pologne indépendante, indépendance des pays balkaniques, etc. Ce qui concerne la Double Monarchie se trouve au dixième point : « Les peuples d'Autriche-Hongrie, à qui nous désirons garantir et assurer leur place dans le rang des nations, devraient recevoir les plus larges facilités de développement autonome. »

La formule est assez générale pour que la réaction de Charles, à Vienne, ne soit pas négative. L'autonomie des peuples des Habsbourg, n'est-ce pas le projet que l'empereur caressait avant son accession au Trône, et que seules des raisons contingentes l'ont empêché de mettre en œuvre? Il doit donc exister, pense Charles, un terrain d'entente avec Washington.

Pour en avoir le cœur net, le souverain entreprend deux initiatives parallèles, visant à sonder Wilson.

En premier lieu, à l'insu de Czernin, Charles cherche à nouer des contacts avec Washington par l'entremise de Heinrich Lammasch. Professeur à l'université de Vienne, ce juriste connaît le secrétaire d'Etat américain Robert Lansing, comme lui spécialiste de droit international. Au début du mois de février 1918, Lammasch se rend en Suisse, envoyé par l'empereur, et s'entretient avec George David Herron. La villa de ce citoyen des Etats-Unis, professeur de théologie à Genève, abrite des rencontres pacifistes. Lammasch lui explique que l'empereur a inspiré le discours que Czernin a prononcé à Vienne, le 24 janvier précédent, au cours duquel le ministre des Affaires étrangères a évoqué avec faveur les Quatorze Points de Wilson.

Charles, poursuit Lammasch, entend transformer l'Autriche-Hongrie en confédération. Ayant besoin pour cela du soutien des Etats-Unis, il souhaite envoyer un délégué secret au président américain, sans en parler à Czernin.

Parallèlement, le 11 février, répondant à Czernin, le président américain revient sur ses propositions à l'égard de l'Autriche, développant quatre points : la paix future devra être durable ; les peuples ne devront pas être l'objet de marchés arbitraires ; leurs aspirations nationales devront être satisfaites, ce qui postule la fin de l'autocratie ; un nouvel ordre mondial devra être instauré.

Peu après, Charles commente ces quatre points dans une lettre destinée à Wilson, mais adressée à Alphonse XIII. Devant passer par une puissance neutre pour communiquer avec les Etats-Unis, l'empereur a pensé au roi d'Espagne, qui est catholique, et qui est doublement son parent*. « Entre les principes posés par M. le Président des Etats-Unis et mes propres conceptions, écrit le souverain, il y a tout l'accord nécessaire pour qu'on puisse espérer d'une explication directe un résultat favorable[7]. » Charles réitère ainsi son vœu de discuter avec Wilson par le truchement d'un interlocuteur désigné à cet effet.

Au vu de cette lettre, transmise par l'ambassadeur d'Espagne à Washington, le président américain invite l'empereur à lui transmettre des propositions de paix détaillées. La réponse, un courrier de Vienne à destination de Washington, daté du 22 mars 1918, parvient à Madrid. Mais le texte n'atteindra pas son destinataire. En le recevant, Alphonse XIII et ses conseillers le bloquent, le jugeant trop agressif. Le document, rédigé par Czernin, incrimine notamment l'« ambition de conquête de l'Italie et de la France[8] ». Que s'est-il passé pour que le souverain ait paraphé ce texte ? Ni les archives, ni les notes politiques de Charles ne nous

---

* La mère d'Alphonse XIII, la reine Marie-Christine, veuve d'Alphonse XII, est une Habsbourg. Le monarque est par ailleurs un Bourbon, cousin de Zita.

renseignent. L'explication est sans doute a chercher du côté des relations de plus en plus difficiles entre l'empereur et son ministre des Affaires étrangères. Vingt jours plus tard, Czernin démissionnera. Et l'Autriche traversera une crise qui sera fatale à la monarchie.

8

Clemenceau contre Czernin : Charles pris au piège

Le 2 avril 1918, Ottokar Czernin doit prononcer un discours devant la municipalité de Vienne. Le ministre des Affaires étrangères répond à l'invitation du maire, Richard Weiskirchner, attentif aux inquiétudes de la capitale : le ravitaillement va-t-il s'améliorer ? Qu'en est-il des livraisons de blé promises par le traité de Brest-Litovsk ?

Le 9 février, la paix a été signée avec l'Ukraine, et le 3 mars avec la Russie. Le 21 mars, sur le front ouest, les Allemands ont déclenché leur vaste offensive, qui est pour l'heure victorieuse. Les négociations avec la Roumanie, en bonne voie, aboutiront le 7 mai à un traité de paix. Czernin est donc optimiste : il pense que la guerre peut être gagnée.

Depuis plusieurs semaines, ses rapports avec l'empereur se sont détériorés. Ils sont de plus en plus tendus. Lors du mouvement de grève de janvier, le ministre a exigé la démission du chef du gouvernement autrichien, Seidler, accusé de laxisme : il ignore que c'est sur les instructions de Charles que le Premier ministre a fait des concessions aux syndicats. A Brest-Litovsk, où il négociait avec les Russes, Czernin a appris de Kühlmann, le secrétaire d'Etat aux Affaires extérieures du Reich, les entretiens Lammasch-Herron, que Charles lui a cachés (et qui n'ont pas échappé aux espions allemands). Or Czernin est un ennemi mortel de Lammasch, qu'il accuse de défaitisme en raison de ses constantes prises de position en faveur de la paix.

Devant les conseillers municipaux de Vienne, au fil de son discours Czernin évoque la question du ravitaillement, bien sûr, mais il rattache celle-ci à un panorama de la situation intérieure et extérieure de la Monarchie. Il évoque ensuite le conflit européen, justifiant la paix à l'Est par les avantages qu'en tire le pays, et s'identifiant à la politique allemande à l'Ouest.

Vient enfin un passage qui va provoquer une tempête. «M. Clemenceau, quelque temps avant le commencement de l'offensive sur le front occidental, me fit demander si j'étais prêt à entrer en négociations, et sur quelles bases. En accord avec Berlin, poursuit Czernin, j'ai immédiatement répondu que j'étais disposé à ces négociations, que je ne voyais aucun obstacle à la paix avec la France, si ce n'étaient les aspirations françaises relatives à l'Alsace-Lorraine. Paris répondit qu'il était impossible de négocier sur ces bases. Sur ce, il n'y avait plus rien à faire[1].»

En quelques mots, violant les usages diplomatiques qui se sont maintenus malgré le conflit, le ministre a révélé publiquement l'existence de discussions secrètes avec les Alliés.

Comment ce discours a-t-il été préparé? C'est un point sur lequel les interprétations divergent, et qui donnera lieu, là encore, à polémique après la guerre. Czernin expliquera (en 1920) que le texte avait été transmis au souverain, qui l'avait relu en sa présence, la veille, en lui demandant d'opérer quelques modifications, mais aucune dans le passage concernant la France. L'impératrice Zita, dans les années 1960, confirmera que Charles avait bien reçu Czernin la veille au soir, à Baden, mais qu'il avait lu son discours seulement après qu'il fut parti; il voulait lui demander des changements mais, la nuit étant avancée, s'était résolu à lui téléphoner le lendemain matin, pensant que l'allocution devait être prononcée l'après-midi. L'intervention du ministre, en réalité, était programmée le matin.

Le contexte importe. L'affaire se déroule à un moment où, on l'a dit, les relations entre Charles et Czernin sont mauvaises, où le ministre se montre nerveux et où l'empereur est lui-même surmené. Son médecin lui a prescrit un repos complet d'au moins six semaines, étant donné son état général de fatigue et celui de son cœur, mais il n'en tient pas compte. Ces considérations pèseront dans les événements qui vont suivre.

Czernin provoque Clemenceau

Le discours de Czernin est prononcé le 2 avril. Le 3, l'agence Havas diffuse le texte dans toutes les capitales. A Paris, Georges Mandel, le secrétaire de Georges Clemenceau, décide aussitôt d'alerter son patron. Président du Conseil et ministre de la Guerre depuis novembre 1917, le Tigre est en visite sur le front. Mandel lui lit le texte de Czernin au téléphone. A l'énoncé du passage le concernant, Clemenceau réagit d'un trait : « Le comte Czernin a menti. » Une réplique que son secrétaire confie aussitôt à l'agence Havas.

En évoquant allusivement des négociations récentes avec la France, Czernin pensait aux discussions Armand-Revertera, qui duraient depuis plusieurs mois et qui venaient d'être relancées. Clemenceau suit ces pourparlers, mais il ne veut rien céder au courant pacifiste qui travaille la société française. Aussi s'est-il senti provoqué par la phrase de Czernin sous-entendant que Paris mendiait la paix. Etre provoqué, à vrai dire, n'est pas pour déplaire à ce duelliste-né. Mais, tant qu'à ferrailler, le Tigre va se servir de toutes les armes. Et utiliser un autre dossier : celui des contacts qui ont eu lieu un an plus tôt, au printemps 1917, avec le concours des princes de Parme.

Ici se place une incertitude. Que savait Clemenceau de ces négociations ? Selon la version officielle, reprise par l'intéressé dans ses *Discours de guerre* et par Sixte de Bourbon-Parme dans ses souvenirs, le président du Conseil, de retour à Paris après le discours de Czernin, se serait fait apporter, afin de fourbir sa réponse, les documents relatifs aux discussions Armand-Revertera. Mais on lui aurait également remis le dossier des négociations Sixte – dont les deux lettres de Charles à son beau-frère, destinées aux autorités alliées –, négociations dont il aurait tout ignoré à l'époque. Est-il vraisemblable que Clemenceau, dont l'importance dans le jeu politique français était considérable, au printemps 1917, même s'il n'était pas au pouvoir, n'ait rien su d'une partie où Poincaré, Briand et Ribot avaient trempé? Cela paraît douteux.

Toujours est-il que les lettres de l'empereur à Sixte constituent un atout pour le Tigre dans le combat qu'il entame contre Czernin, quasiment par jeu. Le 5 avril, Clemenceau brandit la menace : il peut révéler l'existence des lettres de l'empereur. «Le comte Czernin, glisse-t-il dans un communiqué, ne pourrait-il pas retrouver dans sa mémoire le souvenir d'une autre tentative du même ordre, faite à Paris et à Londres, deux mois seulement avant l'entreprise Revertera, par un personnage d'un rang fort au-dessus du sien? Là encore, il subsiste, comme dans le cas précédent, une preuve authentique, mais beaucoup plus significative[2].»

Charles est en danger, mais également le prince Sixte, qui s'est engagé à ne rien dévoiler des pourparlers de 1917. Le prince séjournant au Maroc chez Lyautey, c'est son confident, le lieutenant Georges de Manteyer, qui obtient une audience du président du Conseil, afin de le mettre en garde contre les conséquences d'une publication des lettres de Charles. «On m'attaque, je me défends, se justifie Clemenceau. Quant à l'empereur, c'est un avis que je lui donne. S'il fait taire son ministre, cela va bien. Sinon, eh bien, nous verrons[3].»

A Vienne se produit une scène analogue : le comte

Revertera, qui a rencontré en Suisse, pendant plusieurs mois, le commandant français Abel Armand, surgit au Ballhausplatz, indigné, exigeant des explications sur la publicité accordée à ses pourparlers secrets.

Entre Paris et Vienne, Vienne et Paris, la guerre des communiqués fait rage. Chaque jour voit son lot de nouvelles dépêches. Le 9 avril, Clemenceau pousse son avantage : il lâche le nom du souverain : « C'est bien l'empereur Charles qui, dans une lettre du mois de mars 1917, a, de sa main, consigné son adhésion aux justes revendications françaises relatives à l'Alsace-Lorraine. Une seconde lettre impériale constate que l'empereur était d'accord avec son ministre[4]. »

Czernin, ce jour-là, se trouve à Bucarest, où il négocie la paix avec les Roumains. C'est par le télégraphe Hughes qu'il peut communiquer en toute sécurité avec Charles. L'empereur, qui a eu connaissance du communiqué de Clemenceau, prévient son ministre : si le chef du gouvernement français poursuit ses révélations, il devra – conformément à ce qui avait été répété à Sixte, un an plus tôt, et expliqué à Poincaré – non seulement démentir toute promesse faite à Paris, mais encore réaffirmer explicitement son attachement à l'alliance allemande.

Le chef du Ballhausplatz, dès ce moment, n'a plus qu'un souci : non pas défendre son souverain, mais se protéger. Concrètement, quel est son souci ? Un an plus tôt, il a été associé à la rédaction de la première lettre à Sixte, datée du 24 mars. Il en possède un brouillon, mais pas le texte final, celui qui a été remis à Poincaré*. Après les insinuations de Clemenceau, il ne peut donc vérifier ce que Charles avait écrit au sujet de l'Alsace-Lorraine. Par ailleurs, la seconde lettre, datée du 9 mai, était accompagnée d'une note de sa main, en allemand. Czernin s'inquiète donc pour deux raisons : il ne veut pas être associé à une approbation des

---

* Voir le texte de cette lettre en annexe, p. 327.

revendications françaises sur l'Alsace-Lorraine, et il redoute que Paris produise la preuve matérielle, avec sa note manuscrite, de sa participation aux négociations de 1917*. Alors que sa politique actuelle est de se montrer totalement solidaire avec les Allemands, le ministre craint que ces histoires anciennes le compromettent aux yeux de Berlin.

Rentré en Autriche, Czernin est reçu à Baden. L'entrevue avec Charles est orageuse. Le ministre cherche à savoir sur quel élément se fonde Clemenceau pour prétendre que l'Autriche soutient les exigences françaises sur l'Alsace-Lorraine. Son représentant à la cour, August Demblin, est d'ailleurs déjà passé chez l'empereur, afin de se procurer le texte authentique de la première lettre à Sixte.

Or, si incroyable que cela paraisse, l'année précédente Charles n'a pas fait établir de copie de cette lettre, pas plus que de la seconde missive à Sixte. Plusieurs brouillons de la première lettre se trouvent cachés, par sécurité, dans la chambre de l'impératrice, mais ils diffèrent sensiblement les uns des autres. A Demblin, on a remis une version rédigée d'une manière qui revient à rejeter les revendications françaises sur l'Alsace-Lorraine. Pour le ministre, c'est un motif supplémentaire de comprendre les affirmations de Clemenceau. Mais Charles commet alors une erreur : il répond à Czernin que le texte définitif de sa lettre à Sixte n'évoquait pas la question de l'Alsace-Lorraine.

Le Tigre publie la lettre de Charles aux Alliés

Cette entrevue a lieu le 11 avril. La veille, de Bucarest, sans avoir consulté l'empereur, Czernin a diffusé un communiqué dans lequel les allégations de Clemenceau étaient qualifiées de «tissu de mensonges». Le 12, le Tigre réplique

---

* Ce que Czernin ignore, c'est que Sixte avait traduit sa note et avait conservé l'original, qui n'est donc pas en possession des autorités françaises.

en abattant son atout majeur : il confie à l'agence Havas le texte intégral de la lettre du 24 mai 1917, dans laquelle Charles, entre autres sujets, soutient explicitement les exigences de la France concernant l'Alsace-Lorraine.

Au Ballhausplatz, Czernin est hors de lui. Il donne d'abord l'ordre à la censure d'interdire la diffusion de la dépêche Havas. Et il compare le texte de la première lettre à Sixte, celui du brouillon qui est en sa possession, avec celui produit par Clemenceau : ils ne sont pas identiques. Le Tigre n'ayant sûrement pas inventé la lettre qu'il publie, cela signifie que l'empereur lui a menti.

En début d'après-midi, le ministre se rend à Baden. Il y reste jusqu'à 17 heures. Puis il repart pour Vienne, le souverain ayant d'autres audiences. De 19 h 30 à 22 h 15, Charles et Czernin sont ensemble au téléphone. Moments de tension extrême : le ministre exige de l'empereur, qui a fini par reconnaître l'authenticité du texte rendu public par Clemenceau, une déclaration écrite sur l'honneur. Charles y prétendrait n'avoir écrit qu'une lettre à Sixte, lettre que le prince n'aurait pas été autorisé à montrer au gouvernement français et dans laquelle la question de l'Alsace-Lorraine aurait été évoquée dans de tout autres termes que ceux publiés par Clemenceau, lequel aurait falsifié ce passage. Quant à Czernin, il n'aurait eu qu'un brouillon de cette lettre, et rien de plus.

Le ministre prétend que cette déclaration sera conservée par lui, à titre privé, et qu'il n'en fera aucun usage. Mais le résultat est là : dans le seul but de préserver ses relations avec les Allemands, il cherche à faire mentir l'empereur, et de la façon la moins crédible qui soit. Le monarque refuse, bien entendu. Mais c'est une lutte pied à pied, physiquement et nerveusement accablante.

Le 13 avril, au réveil, Charles est souffrant : dans la nuit, il a eu un malaise. A 10 heures du matin, Czernin arrive à Baden. A la demande de l'empereur, c'est Zita qui le reçoit. Charles, allongé sur un sofa de la pièce contiguë, entend les éclats de voix. Le ministre tempête : le souverain doit signer cette déclaration, il en va de l'honneur de la famille Czernin. L'honneur d'un gentilhomme, rétorque Zita, est de protéger son souverain. Vaillamment, l'impératrice défend son mari. Mais le ministre, racontera-t-elle, se conduit «comme un dément», menaçant de se suicider sur place si Charles ne signe pas, ou suggérant qu'ils se suicident tous les trois. Au bout de trois quarts d'heure, Charles pénètre dans la pièce. Czernin change alors de tactique : il propose que l'empereur affirme être victime de troubles mentaux, et se retire temporairement du pouvoir. Devant le peu de succès de son idée, il revient aux menaces : il va prévenir les Allemands, qui occuperont militairement l'Autriche, déposeront la famille impériale et le nommeront chancelier.

Charles est littéralement épuisé. Et Zita a beau être une forte femme, elle est décontenancée. Alors, pour en finir avec cette scène insupportable, pour se débarrasser de Czernin (qui répète qu'il gardera la déclaration mensongère pour lui seul), par peur, aussi, qu'il coure réellement à Berlin, l'empereur signe la déclaration exigée par le ministre.

Fatal instant de faiblesse.

Dernier acte, attendu, de cet épisode piteux : rentré à Vienne, Czernin se parjure et publie le texte qu'il a extorqué à l'empereur. Dans la nuit, Paris réplique en communiquant de nouvelles preuves authentifiant les révélations de Clemenceau.

Immédiatement après le départ du ministre, Charles a appelé le Ballhausplatz, ordonnant que, dans les heures qui suivent, aucun communiqué ne soit publié sans son accord. Cet ordre n'est pas suivi. Au téléphone, le souverain a sondé le préfet de police, afin de savoir sur quelles bases légales il serait possible de procéder à l'internement d'un ministre : le haut fonctionnaire a répondu qu'il faudrait un mandat délivré par un magistrat, à la suite d'un délit qualifié ou d'une expertise médicale attestant la dangerosité du sujet. L'Autriche est un Etat de droit : Czernin ne peut être arrêté. En revanche, il peut être démis.

Le lendemain, une réunion du Conseil de la Couronne est convoquée à Baden. L'empereur s'apprête à révoquer le ministre des Affaires étrangères, pour violation de son serment. Mais, dès le début de la réunion, Czernin revient à la charge et veut forcer le souverain, au prétexte de sa santé défaillante, à se démettre du pouvoir. Un régent serait nommé : l'archiduc Eugène, par exemple, personnalité respectée dans l'armée. Charles oppose à cette proposition un refus méprisant. Czernin, en proie à une véritable crise de nerfs, crie, pleure, puis remet sa démission. Qui est aussitôt acceptée.

Les effets de ces quinze jours de crise vont être terribles. L'affrontement entre Czernin et Clemenceau s'est déroulé à un moment où Charles n'est plus lui-même : la fatigue et la solitude politique l'ont transformé en jouet des événements, sans qu'il trouve la force de reprendre la main. « L'empereur, commentera Polzer-Hoditz, avait perdu sa lucidité et sa confiance en lui-même lorsqu'il signa la déclaration exigée par Czernin[5]. » Les démentis de Charles, de plus, n'ont pas convaincu, en tout cas pas les gens informés. Si bien qu'il est désormais établi que l'empereur, en pleine guerre, a eu des contacts avec son beau-frère, Sixte de Bourbon-Parme, officier dans une armée ennemie, et que cet échange a été l'occasion de faire des promesses à l'Entente. Quant aux dénégations du souverain, elles n'ont pour effet que de le faire passer pour un menteur.

L'Autriche prisonnière de l'alliance allemande

Le 14 avril, jour de la démission de Czernin, l'empereur envoie un télégramme à Guillaume II : « Les accusations de M. Clemenceau contre moi sont si basses que je n'ai pas l'intention de discuter de cette affaire avec la France. Mes canons à l'Ouest fourniront désormais notre réponse. » Le télégramme a été conservé dans les archives allemandes. En marge, le Kaiser a écrit une note ironique, à propos des canons autrichiens : «*Die sind fort. Und ohne Munition*[6]», « Ils sont ailleurs. Et sans munitions ». Malheureux Charles : le voilà contraint de faire allégeance à un allié qui le méprise.

La première conséquence de ce qu'on appellera l'« affaire Sixte », et qui est en réalité une affaire Czernin-Clemenceau, c'est que l'Autriche est un peu plus prisonnière de l'alliance allemande : l'exact contraire de l'objectif poursuivi par Charles. En revanche, c'était bien le but de Czernin, on le sait par des témoignages postérieurs. Pendant toute la crise, le ministre a été en contact avec Wedel, l'ambassadeur d'Allemagne à Vienne, et avec le général von Cramon, représentant du haut commandement allemand auprès de l'état-major autrichien. A ces deux hommes, Czernin a montré la déclaration qu'il a arrachée à Charles avant de la faire publier. Au député Baernreither, le ministre a avoué, avant sa démission, avoir fait exprès de mettre en cause Clemenceau, dans l'intention de tuer dans l'œuf la moindre velléité de discussion avec les Alliés.

Il ne faut pas oublier, cependant, l'écrasante responsabilité du chef du gouvernement français dans cette histoire. Le Tigre ne ressent aucune animosité de principe envers l'Autriche, pays où il s'est rendu plusieurs fois avant la guerre et où son frère Paul a pris femme*. Mais Clemenceau, qui est un patriote farouche, est aussi un républicain farouchement anticlérical. L'Autriche qu'il aime, c'est l'Autriche libérale. Pour l'empire des Habsbourg, cette « monarchie papiste », comme il le dit avec mépris, l'héritier des Jacobins n'éprouve aucune sympathie.

---

* Paul Clemenceau avait épousé la fille du journaliste viennois Moritz Szeps, directeur du *Wiener Morgenzeitung*, un quotidien libéral.

Clemenceau est un lutteur au sang chaud. Dès qu'il s'est senti piqué par Czernin, il a foncé tête baissée, sans réfléchir aux suites politiques. «Voilà une impulsion qui nous coûtera cher, elle rejette l'Autriche dans les bras de l'Allemagne[7]», déplore Briand dans son journal, le 12 avril 1918. De son côté, Raymond Poincaré, le 17 avril 1918, note dans le sien : «Bien que je trouve que Clemenceau a eu raison de ne pas se prêter à aucune conversation avec l'Autriche en vue d'une paix que l'Autriche serait dans l'impossibilité de nous offrir en dehors de l'Allemagne, je suis un peu honteux et affligé de l'impétuosité dont a fait preuve le président du Conseil[8].»

Le général August von Cramon, évoqué plus haut, délégué de l'état-major allemand en Autriche, est considéré comme l'homme de confiance de Guillaume II. Même s'il n'est pas un témoin objectif, il décrira, après guerre, une scène qui en dit long sur l'isolement de Charles. Après la publication de la lettre à Sixte, le général Arz von Straussenburg, chef d'état-major de l'armée austro-hongroise, passe le voir à son bureau. Mais c'est pour employer le ton d'un coupable qui ne sait que faire pour être pardonné : «Si quelque chose d'incompréhensible s'est produit, attribuez-le à la jeunesse et à l'inexpérience de l'empereur, aux influences auxquelles il est exposé, à sa tendance malheureuse à vouloir arriver coûte que coûte à faire la paix, et n'émettez pas un jugement trop dur sur son compte. Malheureusement, rien n'est excusable dans cette affaire; je tiens beaucoup à vous le dire; voulez-vous être l'interprète de mes sentiments auprès du maréchal von Hindenburg et du général Ludendorff[9]?»

Une semaine après le départ de Czernin, Wedel, l'ambassadeur du Reich à Vienne, écrit à Berlin, se réjouissant de l'évolution de l'opinion autrichienne. Il y a quelques mois, souligne-t-il, «on pouvait seulement croire qu'on aspirait à se séparer de l'Allemagne». Depuis l'affaire, se réjouit-il, au contraire «tous ceux qui parlent allemand ou hongrois dans la Double Monarchie exigent le maintien de notre alliance[10]».

Par qui remplacer Czernin ? Le 16 avril, à la surprise de tous, l'empereur nomme le comte Stephan Burián, ancien ministre des Affaires étrangères de François-Joseph. Il l'avait lui-même déposé, lors de son accession au Trône, en disant de lui : «Ce type est le plus idiot du Ballhausplatz[11].» Mais le nouveau ministre, sans surprise, est un partisan de l'alliance allemande.

Les conseillers de l'empereur veulent lui arracher un geste vis-à-vis des Allemands. Arz, le chef d'état-major, offre de démissionner si cela peut servir la solidarité militaire avec le Reich. Charles refuse. Burián, le ministre des Affaires étrangères, propose alors une rencontre avec Guillaume II, solution qui est acceptée.

Avec Burián et Arz, Charles se rend au quartier général allemand, qui est installé, depuis le début de l'offensive occidentale, à Spa, en Belgique occupée. Les entretiens ont lieu le 12 mai, de 9 heures à 22 heures.

«L'accueil fut passablement frais, écrira Charles dans ses notes d'après guerre ; Guillaume II voulut d'abord me faire la morale, ce qui ne lui réussissait pas[12].» L'échange commence en effet par une passe d'armes entre les deux souverains. Le Kaiser attaque Charles sur la mauvaise influence «des dames». Sont visées, ici, les princesses de Parme, et sans doute Zita, accusées d'avoir manigancé les négociations avec les Alliés à travers Sixte et Xavier. L'empereur ne se démonte pas, et rétorque qu'il s'est toujours efforcé de mettre à l'écart la seule femme de sa famille qui ne se cache pas de faire de la politique, à savoir l'archiduchesse Isabelle... A la cour de Vienne, cette dernière passe en effet pour un agent de Guillaume II.

Les Allemands, cependant, veillent à ménager la susceptibilité personnelle de Charles, de telle manière qu'il n'ait pas l'impression d'être allé à Canossa. Mais, pour le reste, ce 12 mai 1918, va être signé un accord, imposé par le Reich, dont le but n'est autre que la vassalisation de l'Autriche. Le traité, certes, est rédigé en termes généraux : il affirme la communauté de vue des deux Etats, qui devra se concrétiser par une alliance politique, économique et douanière d'au moins vingt ans, alliance dont les modalités restent à discuter.

A court terme, seules les questions de défense sont concernées par le traité. Le maréchal Hindenburg a préparé un pacte militaire (*Waffenbund*) en sept points, que le général Arz n'a d'autre choix que de signer. Cette convention prévoit la synchronisation de l'organisation et du développement de deux armées, la normalisation de leur armement et l'échange systématique d'officiers, y compris d'officiers supérieurs. La seule clause à laquelle les Autrichiens parviennent à faire obstacle est l'incorporation des contingents d'une armée dans l'autre : les troupes slaves austro-hongroises ne seront donc pas directement mêlées à des régiments du Reich. En revanche, des officiers prussiens pourront commander des troupes slaves, ce à quoi Charles s'était opposé lorsqu'il était archiduc héritier.

A la lettre, cette convention signifie la fin de l'autonomie de l'armée des Habsbourg. Au cours de la discussion, Guillaume II a d'ailleurs lâché le morceau, en faisant valoir que les Bavarois sont très satisfaits de leur accord militaire avec le Reich. Ravaler l'Autriche au rang de la Bavière, c'est bien ce que désirent les Allemands. Quant au projet d'union politique et économique, sans dire son nom, c'est une forme d'annexion de l'Autriche par l'Allemagne : l'Anschluss avant l'heure. Pour Charles, c'est un désastre.

Refusant de désespérer, l'empereur se raccroche à une feinte, assez habile, que Burián, le ministre des Affaires étrangères, a inventée. Les Autrichiens ont fait ajouter une clause spécifiant que la mise en œuvre de la future alliance resterait subordonnée à la conclusion du problème polonais.

Berlin et Vienne ne s'étant toujours pas mis d'accord sur le sort de la Pologne russe (dont le traité de Brest-Litovsk a reconnu l'indépendance, mais que les troupes allemandes et autrichiennes occupent toujours), les Autrichiens comptent tergiverser sur ce sujet pour bloquer le reste. Mais c'est un espoir assez mince. Indéniablement, Charles quitte Spa en ayant subi une défaite.

Il restera une couleuvre à avaler. Jusqu'à présent, l'état-major autrichien avait éludé toutes les demandes de troupes pour le front ouest. Seules quelques batteries d'artillerie – celles-là mêmes qui suscitaient l'ironie du Kaiser – avaient été envoyées. Après le traité de Spa, quatre divisions austro-hongroises sont positionnées entre Verdun et l'Alsace. Pas plus de 20 000 combattants, mais ils se trouvent sur le sol de la France, ce pays auquel Charles rêverait de s'allier. Triste force des symboles.

Une campagne d'opinion contre l'empereur

Charles déborde naturellement d'indulgence. Il est pourtant des hommes qui l'excèdent. Ludendorff, adjoint de Hindenburg, est de ceux-là. « C'est une bête[13] », dit-il un jour à son propos. Le général, qui passe pour le premier cerveau militaire du Reich mais qui incarne le type même du belliciste à tout crin, nourri aux doctrines pangermanistes du sang et de la race, déteste tout autant le souverain autrichien, son antithèse. Afin de réaliser le dessein politique de Berlin – incorporer l'Autriche à l'Allemagne –, Ludendorff a conçu un plan : affaiblir les Habsbourg auprès de l'opinion publique.

A cette fin, le colonel Max Bauer, membre du 2e bureau du grand état-major allemand, est chargé d'organiser des campagnes de calomnie visant Charles. L'ambassade du Reich à Vienne relaie l'entreprise, avec la connivence de l'ambassadeur, le comte Botho von Wedel, qui est lié à

Ludendorff. L'ambassade dispose à cet effet de fonds secrets, dont bénéficie la presse autrichienne proallemande. Il est possible que Guillaume II soit complice, car il ne pardonnerait pas à Charles d'avoir tenté, en 1917, de rallier à ses projets de paix les souverains de l'Allemagne du Sud (Bavière, Wurtemberg, Saxe et Bade), les dressant contre Berlin.

Tous les rapports que Wedel envoie en Allemagne traduisent son hostilité envers le souverain autrichien. Le 4 mars 1917, il lui fait grief d'être «plus occupé par des idées de paix que par des perspectives de guerre[14]». Le 7 mai 1918, il estime que «l'empereur Charles a besoin de sévères avertissements» («et il ment[15]!» note Guillaume II en marge du rapport).

Dès avant son accession au Trône, Charles avait été victime de calomnies, mais les rumeurs malveillantes avaient fini par diminuer. Comme par hasard, au début du mois de mai 1918, quinze jours après la révélation des négociations Sixte, elles recommencent. Ces bruits sont collectés par la police, dans la rue ou au Parlement, et transmis au ministère de l'Intérieur. On accuse ainsi l'empereur d'être un buveur ou un coureur. Ces affirmations sont si éloignées de la réalité qu'elles s'avèrent inefficaces. Alors la campagne antidynastique choisit une autre cible : Zita et la famille de Parme.

En Allemagne, Zita est décrite comme «*die Bourbonin* (la Bourbon)», une Française. En Autriche, elle est «*die Parma* (la Parme)», ce qui sonne plus italien, et agit comme un chiffon rouge dans la mesure où la guerre contre l'Italie est populaire*. Le but est de faire passer l'impératrice pour une étrangère, non seulement incapable de comprendre le patriotisme autrichien, mais encore favorable à la cause des Alliés.

---

* Accusation d'autant plus absurde que les Parme, détrônés par le mouvement issu du Risorgimento, ne sont pas des princes italiens.

Les bruits contre la souveraine – ils nous sont connus, là encore, par les archives de la police – ont commencé à l'automne 1917, lors de l'offensive victorieuse des armées autrichiennes sur l'Isonzo et la Piave. On reprochait à Zita, par exemple, d'avoir empêché la prise de Venise, ou de réserver sa compassion, sur le front, aux blessés italiens. A partir du mois de mai 1918, les rumeurs reprennent de plus belle.

Ces bruits finissent par produire leur effet. Quelques semaines après l'affaire Czernin-Clemenceau, Charles se rend de Baden à Schönbrunn en compagnie du nouveau premier grand maître de la Cour, le comte Josef Hunyady.
«Majesté, dit celui-ci, j'aimerais qu'une bombe tombe sur Schwarzau [le château des Parme].» Charles reste muet de stupeur. «Oui, poursuit Hunyady d'un ton courroucé, une vraie bombe, de manière à ce que tous les habitants du château soient anéantis.» Charles se tait un long moment. Puis il regarde son homme de confiance d'un air plus triste qu'indigné. «Non, vous ne devez pas me parler ainsi de la famille de l'impératrice[16].»
L'affaire en restera là, et Charles ne tiendra pas rigueur à Hunyady de ses propos. Qu'il ne se soit pas mis en colère après qu'on eut exprimé, en sa présence, le vœu de voir exterminer sa belle-famille, en dit beaucoup sur son caractère. Mais qu'un haut dignitaire de la Cour ait osé parler ainsi à l'empereur en dit long sur l'atmosphère qui pèse alors à Vienne. Dans ses notes d'après guerre, Charles se souvient qu'en juin ou juillet 1918 il apprit de source sûre que certains ministres avaient pour projet de lui demander de renvoyer l'impératrice!
Il est vrai que ce sont les cercles aristocratiques, ceux de la première société, qui sont particulièrement touchés. On a déjà remarqué qu'ils n'appréciaient pas la simplicité de Charles, son habitude de serrer la main à tout le monde ou de taper sur l'épaule du moindre soldat. Le fait qu'il habite

Baden, Laxenburg ou la villa Wartholz donne aussi l'impression qu'il snobe la capitale et ses palais. Alors Vienne se venge : au Jockey-Club, les messieurs élégants médisent du monarque.

Des signes contraires attestent la popularité du couple impérial. La dynastie est si ancienne, et le loyalisme envers elle si ancré, que ce sentiment ne peut avoir disparu à cause d'une campagne d'opinion hostile. Significatif, à cet égard, est le jugement de Cramon, le représentant de Guillaume II auprès de l'état-major autrichien. Dans un rapport du 30 mars 1918, tout en critiquant Charles et Zita, le général souligne que «l'amour des Autrichiens pour la maison de Habsbourg, en dépit de tous les raisonnements, est profondément enraciné». Et d'ajouter cette précision : «Personne ne pense à un changement de dynastie, et pas plus à la République ; les nationalistes slaves non plus. Ils ne sont absolument pas républicains[17].»

La monarchie autrichienne se défend mal

Chef du contre-espionnage autrichien, le colonel Ronge, qui n'est pas un novice*, a identifié l'origine de la campagne contre les souverains. Pourtant, il n'y a pas de réponse d'Etat aux adversaires de la dynastie. En cette période de guerre, tous les pays belligérants, même les plus démocratiques, ont mis en place des systèmes de propagande destinés à faire passer des messages auprès de l'opinion. Sauf l'Autriche-Hongrie.

Le capitaine Karl von Werkmann appartient à la chancellerie militaire de Charles depuis 1916. En janvier 1917, l'empereur lui confie la création d'un bureau de presse,

---

* Ce personnage haut en couleur poursuivra son activité bien après la chute de la monarchie. Interné par les nazis en 1938, il travaillera avec les services secrets américains pendant la Guerre froide. Mort en 1953, il était resté fidèle aux Habsbourg.

dont il restera le chef jusqu'à la fin de la monarchie. Mais il dispose de moyens insuffisants. Werkmann, lui-même, ne semble pas toujours à la hauteur. Vienne possède alors une pléiade de peintres, de dessinateurs et de graphistes : leurs talents ne sont pas utilisés. En 1918, Alexander Kolowrat, pionnier du cinéma autrichien, à la fois metteur en scène et producteur, vient lui proposer un projet. Très attaché à la dynastie, le cinéaste souhaite tourner un film qui s'intitulerait *Une journée dans la vie de Leurs Majestés*. Werkmann refuse l'idée, craignant qu'une telle œuvre n'apparaisse comme du bourrage de crâne.

Les seuls efforts entrepris pour répondre à la campagne antidynastique viendront des milieux les plus proches du Trône : l'Eglise et le parti chrétien-social. Le 30 juin 1918, une réunion patriotique se tient devant 6 000 personnes à l'hôtel de ville de Vienne. Le cardinal-archevêque de la capitale, Mgr Piffl, préside, tandis que se succèdent à la tribune le professeur Ignaz Seipel, prêtre et futur chancelier d'Autriche, et Friedrich Funder, le rédacteur en chef du *Reichspost*, le quotidien chrétien-social. La résolution finale, qui sera envoyée au souverain, exprime les «sentiments de fidélité et de dévouement immuables» de l'assistance, «à l'heure où des puissances adverses s'acharnent à ébranler le sentiment dynastique héréditaire des peuples autrichiens»[18].

Le 6 juillet 1918, un rapport de police adressé au Premier ministre recense tous les bruits courant sur le couple impérial. Conclusion : les souverains doivent se montrer plus. Charles et Zita, dès lors, augmentent le nombre de leurs visites aux hôpitaux et aux organismes de bienfaisance. Ils sont très applaudis, mais des indices laissent à penser que la claque est assurée par des militants chrétiens-sociaux ou des policiers en civil. Dérisoire stratagème, organisé à l'insu de l'empereur.

Les Slaves de l'empire se détachent du Trône

Dernière conséquence, et non la moindre, de l'affaire Czernin-Clemenceau et du resserrement consécutif de l'alliance austro-allemande : les Slaves de l'empire se sentent piégés. Un pacte très ancien lie les Tchèques, les Slovènes, les Croates et les Serbes aux Habsbourg. Mais ce pacte reposait sur le respect de leurs particularismes et de leurs libertés, parfois reconquises au prix de luttes politiques qui avaient émaillé le règne de François-Joseph. Dès lors que ces peuples éprouvent le sentiment que Vienne est à la remorque de Berlin, leur entente avec la dynastie est rompue. Commence alors un mouvement – lent, inégal selon les situations régionales et les milieux sociaux – qui va les conduire à se détacher de la monarchie.

Lorsque Charles accède au Trône, pourtant, tous les espoirs sont permis. En janvier 1917, le groupe parlementaire croate et slovène au Parlement de Vienne réaffirme sa fidélité «à la vie, à la mort, à la monarchie et à l'illustre maison souveraine des Habsbourg[19]». Les députés tchèques, de leur côté, signent un manifeste affirmant que leur peuple «ne conçoit pas autrement que sous le sceptre des Habsbourg les bases de son avenir et de son développement[20]». Au mois de mai suivant, lors de la réouverture du Parlement, les Slaves du Sud comme les Tchèques réaffirment leur loyauté envers la dynastie. En juillet 1917, l'amnistie promulguée par l'empereur, en réparant de flagrantes injustices commises par les tribunaux militaires, offre un nouvel espoir aux nationalités non allemandes de l'empire.

C'est en 1918 que le vent tourne. L'usure de la guerre et la révolution russe sont passées par là. Le 6 janvier, les députés tchèques au Parlement de Vienne, réunis avec les députés aux Diètes de Bohême, de Moravie et de Silésie, adoptent une résolution qui sera baptisée «programme des Trois Rois», puisque l'Epiphanie est fêtée ce jour-là. Le texte met en cause les négociateurs de Brest-Litovsk : « L'actuelle délégation austro-hongroise à la Conférence de la Paix (...) n'a été élue par aucune nation et n'a reçu mission d'aucune nation. » La résolution – qui sera confisquée par la police et interdite par la censure – se conclut par un appel à sortir du cadre de la monarchie : « Notre nation se réclame de son indépendance, en s'appuyant sur son droit d'Etat historique[21]. »

Ces députés sont des bourgeois. Leurs idées reflètent-elles les vœux de la population ? Nul ne peut le dire. Une chose est sûre : leur cause va progresser après l'affaire Clemenceau-Czernin. Sonne l'heure où les leaders nationalistes exilés, jusqu'alors peu écoutés, trouvent des oreilles attentives.

En décembre 1914, Thomas Garrigue Masaryk, professeur de philosophie à l'université tchèque de Prague et député au Parlement de Vienne, part pour l'étranger : Italie, Suisse, Grande-Bretagne. Partisan, avant la guerre, d'une monarchie austro-hongroise réformée, il se fait maintenant le champion d'un Etat indépendant, qui rassemblerait les Tchèques (sujets autrichiens) et les Slovaques (sujets hongrois). En 1915, il est rejoint par son disciple Edvard Beneš qui, après des études en France, était devenu maître de conférences en sociologie à l'université de Prague. Partageant les mêmes idées, les deux hommes se constituent un réseau, à la fois à Londres et à Paris, facilité par leur commune appartenance à la franc-maçonnerie.

« Nous avions fort à faire pour convaincre les Alliés de la nécessité de détruire l'Autriche[22] », observera Masaryk dans ses souvenirs. A Paris, en 1915, il fonde un journal, *La Nation tchèque*, avec le soutien d'Ernest Denis, professeur à la Sorbonne. A Londres, la même année, il remet au Foreign Office un mémoire dans lequel il appelle à déposer les Habsbourg, accusés de s'être « abaissés au rang de laquais des Hohenzollern » : « L'Autriche est dégénérée, c'est une Turquie catholique, elle a perdu sa raison d'être[23]. » En 1916, Masaryk et Beneš créent un Conseil national tchécoslovaque, dont ils sont respectivement président et secrétaire général, et dont le siège est fixé à Paris.

Après la révolution de février 1917 à Saint-Pétersbourg, Masaryk séjourne en Russie, y organise les légions tchécoslovaques, recrutées avec des déserteurs et des prisonniers autrichiens. En août 1917, aidé par le Slovaque Milan Stefanik, officier aviateur dans l'armée française, Beneš obtient du Quai d'Orsay de fonder une armée nationale tchécoslovaque, unité autonome au sein de l'armée française, qui sera placée sous la direction politique du Conseil national tchécoslovaque. En mars 1918, Masaryk embarque pour les Etats-Unis, afin de rendre visite aux Américains d'origine tchèque et slovaque : ils sont un million, et ce sont leurs communautés qui financent le mouvement tchécoslovaque en exil.

Les Slaves du Sud ont également des représentants à l'étranger. A Paris, en 1915, le Croate Ante Trumbić fonde un Comité yougoslave, qui réunit des émigrants originaires d'Istrie et de Dalmatie, soit des Slovènes et des Croates. Ce comité noue des contacts avec le gouvernement français, mais aussi avec le cabinet britannique. Depuis la défaite et l'occupation de Belgrade, le gouvernement serbe en exil est installé à Corfou, en Grèce. En 1917, la chute de la Russie tsariste lui fait perdre son principal soutien. Nikola Pašić, le chef du gouvernement serbe replié à Corfou, négocie alors un accord avec le Comité yougoslave de Trumbić. Signé le 20 juillet 1917, le pacte de Corfou prévoit l'institution d'un Etat des Serbes, Croates et Slovènes, qui sera une monarchie constitutionnelle, avec à sa tête la dynastie serbe, les Karageorgévitch*.

---

* Le royaume des Serbes, des Croates et des Slovènes, fondé en novembre 1918, ne prendra le nom de Yougoslavie qu'en 1929. Par commodité, nous emploierons cependant ce mot dans la suite du livre.

En dépit de cet accord, les Slaves du Sud n'ont pas tous la même histoire. Slovènes et Croates sont catholiques, tandis que les Serbes sont orthodoxes. Par ailleurs, la future Yougoslavie naît sur une ambiguïté. Le Comité yougoslave de Trumbić aspire à un Etat fédéral où Ljubljana (ville slovène), Zagreb (ville croate) et Belgrade (ville serbe) auraient le même poids, tandis que Pašić imagine le pays comme l'extension de la Serbie.

Ces mouvements nationalistes, toutefois, restent longtemps marginaux. A Paris, l'appui qu'ils trouvent auprès des pouvoirs publics est incertain : il dépend des moments, et des gouvernements. Il en est de même en Grande-Bretagne, où le cabinet est prudent.

A Londres, Masaryk, Beneš et Trumbić profitent toutefois d'un groupe de pression efficace, réuni autour de Lord Northcliffe. Ce magnat de la presse britannique s'est adjoint les services de deux ennemis déclarés de l'Autriche : le journaliste Henry Wickham Steed, ancien correspondant du *Times* à Vienne qui, à travers articles et conférences, explique qu'il faut détruire l'empire des Habsbourg, et l'historien Hugh Seton-Watson, lui aussi adversaire déterminé de la monarchie danubienne. Leur propagande développe un angle d'attaque : il appartient aux démocraties occidentales d'aider les «peuples opprimés» – comprendre les peuples opprimés par les Habsbourg. En avril 1918, Beneš, Trumbić, Steed et Seton-Watson se retrouvent à Rome, pour un congrès organisé sous cet intitulé.

Au sein de ces réseaux, ainsi qu'il en est pour Masaryk et Beneš, l'appartenance à la franc-maçonnerie est généralement de rigueur. En France, cette affiliation prend un tour plus idéologique. En juin 1917 se tient à Paris un congrès international maçonnique des pays alliés et neutres, qui inscrit parmi ses résolutions les revendications tchécoslovaques, yougoslaves ou italiennes visant à la destruction de la Double Monarchie. Les idées maçonniques, à l'évidence, trouvent un écho dans la conception du monde qui inspire une grande partie du personnel politique de la IIIe République. Dans ce milieu, l'hostilité de principe à l'égard de l'empire des Habsbourg affleure à tout moment.

Cependant, en 1914, les organisations maçonniques ont pris un virage patriotique dans tous les pays. Sans nier la dimension idéologique, qui va jouer un rôle dans la fin de l'Autriche-Hongrie, comme l'a montré l'historien François Fejtö, il apparaît que le jeu des dirigeants occidentaux vis-à-vis de Vienne puise d'abord dans des impératifs nationaux, ou dans le réalisme politique, ou dans l'humeur du moment – comme chez Clemenceau, qui n'est pas franc-maçon. Si la France a donné son accord, en 1917, à la création d'une armée tchécoslovaque au sein de l'armée française, c'est par pragmatisme : ces combattants renforceront le front allié.

En 1918, ni Paris, ni Londres, ni Washington n'ont inscrit la destruction de l'Autriche-Hongrie parmi leurs buts de guerre. Une telle déclaration, officiellement estampillée, n'aura d'ailleurs jamais lieu. C'est un processus qui se met en marche à cette époque, sans qu'on puisse précisément le dater, mais dont on constate qu'il s'accélère après l'affaire Czernin-Clemenceau. Peu à peu, les puissances occidentales vont regarder l'Autriche-Hongrie à travers les peuples qui la composent. Et faire comme si la monarchie des Habsbourg était morte. Donc comme si Charles n'existait pas.

9

Les derniers feux de la monarchie

19 mai 1918. Le train impérial entre en gare de Constantinople. A son bord, Charles et Zita, Burián, le ministre des Affaires étrangères, une suite nombreuse. Sur le quai, les autorités ottomanes. Gardes en uniforme rouge et blanc, tapis chamarrés, pluie de pétales de fleurs : rehaussé par l'éclat du soleil, le décor est somptueux. L'empereur, en uniforme de feld-maréchal hongrois – dolman rouge, cape à col de fourrure, aigrette de diamants sur le colback –, a fière allure. Quand il lance la salutation traditionnelle en turc («Bonjour soldats!»), un chœur d'hommes lui répond : «Longue vie!»

Charles monte en calèche avec le sultan et le ministre de la Guerre turc, Enver Pacha, Zita avec le prince héritier. Pour le couple impérial, la traversée de la ville est un spectacle. Le soir, face au Bosphore, une fastueuse réception réunit mille invités. Le lendemain, tandis que le souverain mène des entretiens politiques, l'impératrice découvre le harem. Le surlendemain, en présence du gouvernement ottoman, du corps diplomatique et de quelques milliers de spectateurs, le corps expéditionnaire austro-hongrois défile devant l'empereur. Avant de repartir pour Vienne, Charles et Zita offrent un dîner de gala à l'ambassade d'Autriche.

Le voyage a été préparé par Mgr Musil, ami de la famille impériale. Familier de l'Orient, le prélat avait prévenu : pour honorer ses hôtes, il faut y mettre les formes. Mission accomplie. Tout s'est passé comme si l'Autriche-Hongrie était une grande puissance. En réalité, tout vacille. En se rendant à Constantinople, expliquera Zita, Charles visait à « gagner les responsables de l'Empire ottoman au grand projet de ramener la paix le plus tôt possible[1] ».

Deux mois plus tard, le couple impérial est en visite en Hongrie. A Presbourg*, le 16 juillet, c'est la fête des récoltes. Charles et Zita arrivent en bateau, par le Danube. L'accueil est fastueux : clergé, notables, officiers, soldats et délégations paysannes saluent le roi, la reine et le prince héritier. La ferveur populaire est intacte, comme au bon vieux temps. Le soir, Zita se prend à rêver. Mais c'est Charles qui la met en garde. Les acclamations ne doivent pas faire illusion : sans la paix et un renouveau à l'intérieur, la monarchie ne tiendra pas.

Au front, dans le Sud, la situation des combattants est dramatique. La ration est tombée à 300 grammes de farine pour les troupes de première ligne, à 200 grammes pour l'arrière. Pas de viande, pas de corps gras. Les statistiques des services sanitaires montrent que les soldats, en moyenne, ne pèsent plus que 50 kilos. Non seulement les hommes sont sous-alimentés, mais la moitié d'entre eux n'ont plus d'uniforme complet. Ils se prêtent des effets, lorsqu'ils partent en permission, pour ne pas ressembler à des mendiants. Les officiers ? Ils sont au même régime. Quant aux chevaux, il n'y a plus de fourrage pour les nourrir. Lorsque leurs hennissements deviennent insupportables, on les abat. Et on les mange.

La population civile partage le même sort. A la campagne, les gens se débrouillent encore. En ville, dans les quartiers les plus pauvres, les hôpitaux recueillent des malheureux qui sont à deux doigts de la mort par inanition. La Hongrie souffre moins de la faim. C'est là que 100 000 petits

---

* Aujourd'hui Bratislava, capitale de la Slovaquie.

Autrichiens sont envoyés en séjour, afin de se refaire des forces. Une initiative du souverain, qui fonde, en juillet 1918, l'Œuvre de bienfaisance de l'empereur Charles – Enfants à la campagne (*Kaiser Karl Wohlfahrtswerk – Kinder aufs Land*). Son but : sauver les enfants de la malnutrition.

Au cours de l'été 1918, un nouvel ennemi fait son apparition : la grippe espagnole. A l'automne, l'épidémie ravagera la Bohême, Vienne, Budapest et le front italien. En octobre, dans les faubourgs ouvriers de Vienne, 300 personnes mourront chaque jour de la maladie

En février et mars 1918, après la signature des traités de paix de Brest-Litovsk, les camps de prisonniers austro-hongrois ont ouvert leurs portes en Ukraine et en Russie. Organiser leur rapatriement est difficile : le matériel ferroviaire, hors d'usage, n'a pas été remplacé depuis le début de la guerre ; 120 000 rapatriés (*Heimkehrer*) franchissent la frontière en mars, 380 000 en avril.

Ce sont eux, les mendiants. A peine nourris pendant leur captivité, ayant vécu dans des conditions d'hygiène indescriptibles, ils aspirent à l'Autriche qu'ils ont connue avant 1914 : celle des fermes cossues et des plats paysans qui tiennent au corps. Mais ils ne retrouvent rien de tout cela : la faim les guette à nouveau. Et, contrairement à leur attente, la guerre n'est pas finie pour eux. Avant de bénéficier d'un congé d'un mois, ils se voient imposer une procédure de justification, au terme de laquelle ils sont enrôlés dans les unités de l'arrière.

Ils ont perdu le sens de la discipline. Alors certains regimbent. En Bohême, en Moravie, en Galicie, ils provoquent des incidents. Des mutineries sont même signalées, en mai 1918, dans le sud de l'Autriche et en Hongrie. Mots d'ordre des rebelles : la paix, et des changements sociaux et politiques, comme en Russie. Le 8 juin, pour l'exemple, 44 soldats, condamnés à mort par les tribunaux militaires, sont exécutés.

D'aucuns s'enfuient, et prennent le maquis. Ils rejoignent les « cadres verts », ces déserteurs, armés de mitrailleuses et même d'artillerie de campagne, qui tiennent la montagne, dans le sud-est du pays. En septembre 1918, le nombre des déserteurs, des prisonniers évadés et des permissionnaires n'ayant pas rejoint leur unité est évalué à 230 000.

La dernière offensive de l'armée impériale

En première ligne, pourtant, l'armée se bat. Et le ciment austro-hongrois tient toujours. La fraternité du combat, les traditions des régiments et la fidélité envers l'empereur maintiennent la cohésion de divisions qui réunissent des hommes appartenant à tous les groupes nationaux de l'empire. Même les meneurs nationalistes tchèques comme Masaryk ou Klofáč ont des fils qui servent sous l'étendard des Habsbourg.

Pendant l'hiver, Charles a ordonné une nouvelle offensive en Italie pour le printemps. Contrairement aux apparences, ce plan n'est pas contradictoire avec son désir de paix. Au moment où s'élabore cette bataille, Charles tente de négocier avec Rome par l'intermédiaire de Mgr Pacelli, lui-même mandaté par Benoît XV. Mais l'empereur veut éviter d'envoyer des troupes à l'Ouest, et le meilleur moyen de résister aux pressions de Hindenburg est d'avancer que la présence de toutes les forces austro-hongroises est nécessaire sur le front sud. Un front sur lequel il n'y a plus un seul soldat allemand : l'offensive sera une affaire purement autrichienne.

Cinq groupes d'armées sont massés du Tyrol à la mer Adriatique. Conrad von Hötzendorf commande à gauche, dans les montagnes, Boroević à droite, dans la plaine de la Piave. L'objectif est de percer les lignes italiennes, et de lancer un mouvement en tenaille en direction de Vicence, Padoue et Venise.

Les derniers feux de la monarchie 187

L'attaque est lancée le 15 juin 1918, sur un front de 120 kilomètres, avec une violente préparation d'artillerie. Dans son secteur, Conrad a lancé un mot d'ordre : « Brisez tout devant vous. » Mais ses divisions d'assaut sont clouées dans leurs tranchées par les canons italiens. Dans le secteur de Boroević, les unités de pointe réussissent à franchir la Piave, mais le gros des troupes est bloqué.

Que s'est-il passé ? Après son écrasante défaite d'octobre-novembre 1917, à Caporetto, l'armée italienne a été réorganisée, réarmée et nourrie par les Français et les Britanniques. Animée d'un nouvel élan patriotique, elle a une revanche à prendre : elle va la prendre. Du côté austro-hongrois, en revanche, les divisions d'infanterie affichent des effectifs de 8 000 hommes (contre 12 000 en temps normal), et un tiers des batteries manquent de chevaux de trait : ce sont les hommes qui tirent les canons. Quant aux munitions, il faut les économiser.

La contre-offensive italienne commence le 18 juin. Et la pluie s'en mêle. Une pluie diluvienne, qui gonfle les eaux de la Piave, emporte les ponts construits par le génie autrichien, laissant les troupes qui ont franchi le fleuve sans possibilité de repli. Charles est sur le front, pour encourager ses hommes. Le 19 juin, il estime inutile de consentir à des sacrifices supplémentaires : il ordonne l'arrêt de l'offensive. Trois jours plus tard, le fleuve calmé, des ponts sont reconstruits et permettent aux unités isolées de rejoindre le gros des troupes : l'essentiel de l'armée est sauvé. Les Italiens ont perdu 85 000 hommes, chiffre considérable, qui prouve la combativité des Austro-Hongrois. Mais l'armée impériale compte 130 000 tués et blessés, et 25 000 prisonniers. Ce n'est pas un échec, c'est une catastrophe.

Le général Arz, chef d'état-major, présente sa démission. Charles la refuse. En Autriche, l'opinion est en colère. La pluie servira d'alibi pour expliquer la défaite. Mais la vérité, c'est que l'armée impériale, en sous-effectifs, mal armée, manquant de munitions et sous-alimentée, n'est plus capable de remporter une victoire.

Au même moment, à l'Ouest, l'offensive de Hindenburg marque le pas. Lancées le 21 mars en direction de Paris, les troupes allemandes sont stoppées cinq jours plus tard. Le commandement suprême des forces alliées est confié à Foch. Renonçant à prendre la capitale, Ludendorff fonce vers Amiens, où il est également bloqué. Lors d'une deuxième bataille, les Allemands prennent Soissons et Château-Thierry, mais leur assaut s'immobilise le 4 juin. Le 17 juillet commence la contre-offensive alliée, au cours de laquelle les Américains montent en ligne. Le 8 août 1918, « journée noire pour l'armée allemande », Français et Britanniques, soutenus par 450 tanks, opèrent une vaste percée du côté d'Amiens. Les Allemands reculent, et ne retrouveront plus leur capacité offensive. Le sort de la guerre est joué.

Le Conseil tchécoslovaque reconnu par les Alliés

Réuni à Versailles du 1er au 3 juin 1918, le Conseil suprême de la Guerre interallié adresse un télégramme au président Wilson, afin de lui demander 300 000 hommes par mois. Clemenceau, Lloyd George et Orlando proclament par ailleurs leur sympathie pour les Tchécoslovaques et les Slaves du Sud, qui luttent pour leur libération, et promettent leur indépendance aux Polonais.

Le 29 juin, Paris reconnaît officiellement le Conseil national tchécoslovaque de Masaryk et Beneš. Ce dernier reçoit un télégramme affirmant : « le gouvernement de la République considère comme équitable et nécessaire de proclamer les droits de votre nation à l'indépendance ». Le lendemain, à Darney, dans les Vosges, Poincaré remet son drapeau au 21e régiment de chasseurs tchécoslovaques. Un

L'archiduc Charles, futur empereur, est un enfant sensible.

Avec ses parents et son jeune frère, Max.

Âgé de 13 ans. La chasse est une passion familiale.

Noël 1911. Charles et Zita, jeunes mariés, avec Sixte et Xavier de Bourbon-Parme.

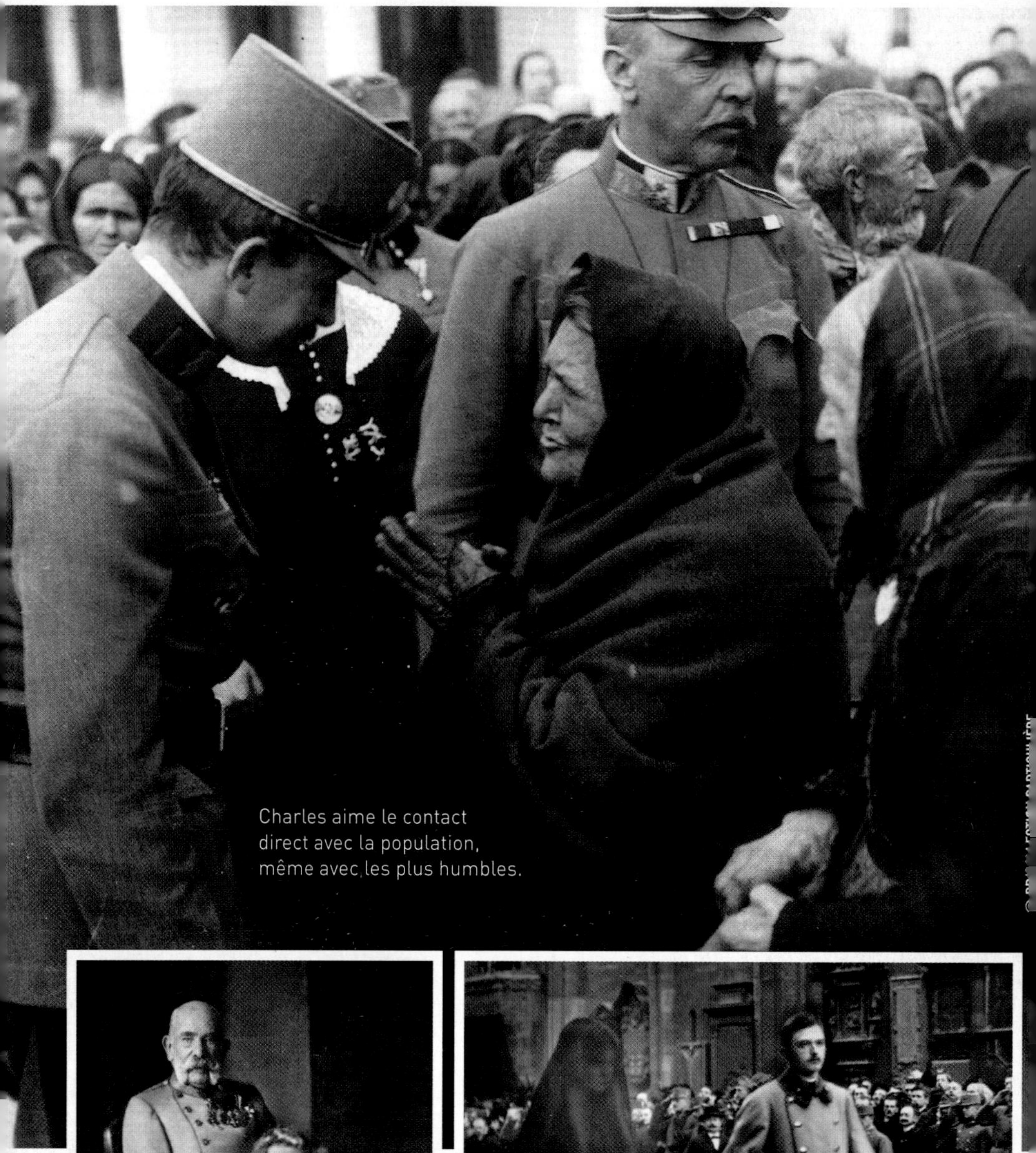

Charles aime le contact direct avec la population, même avec les plus humbles.

Janvier 1915. L'archiduc Otto, fils aîné de Charles, avec son arrière-grand-oncle, l'empereur François-Joseph.

30 novembre 1916 : les obsèques de François-Joseph. En tête du cortège, les nouveaux souverains, Charles et Zita, avec Otto.

Les fêtes du couronnement à Budapest : Zita, reine de Hongrie, et le prince héritier, l'archiduc Otto.

Le 30 décembre 1916, l'empereur Charles d'Autriche est couronné roi de Hongrie à Budapest.

1917 : Charles sur le front. Comme tous les Habsbourg, l'empereur a commencé sa carrière d'officier comme sous-lieutenant de cavalerie.

Proche de la troupe, l'empereur a personnellement décoré des centaines de soldats.

19 mai 1918. Charles et Zita, en visite officielle à Constantinople, sont accueillis par le sultan Mehmed V.

De 1916 à 1918, Charles a parcouru 80 000 kilomètres en train. Ici avec ses enfants, avant un nouveau départ.

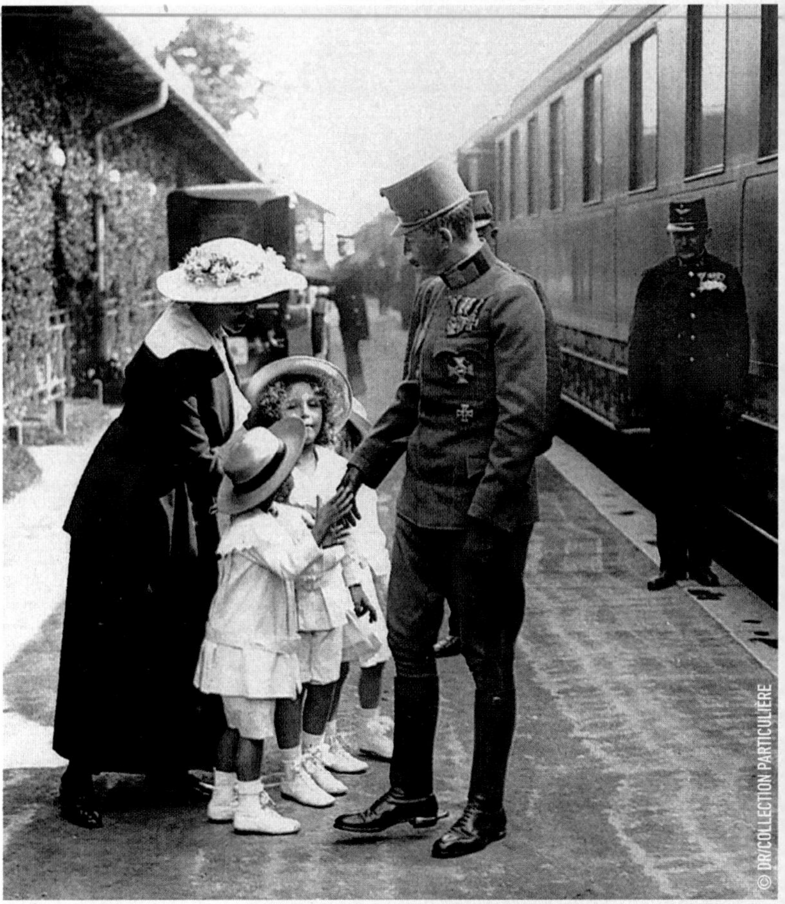

© DR/COLLECTION PARTICULIÈRE

Octobre 1921. Charles, accompagné de Zita, est revenu en Hongrie dans l'espoir de reprendre son trône. Avant l'arrivée à Budapest, les souverains assistent à la messe.

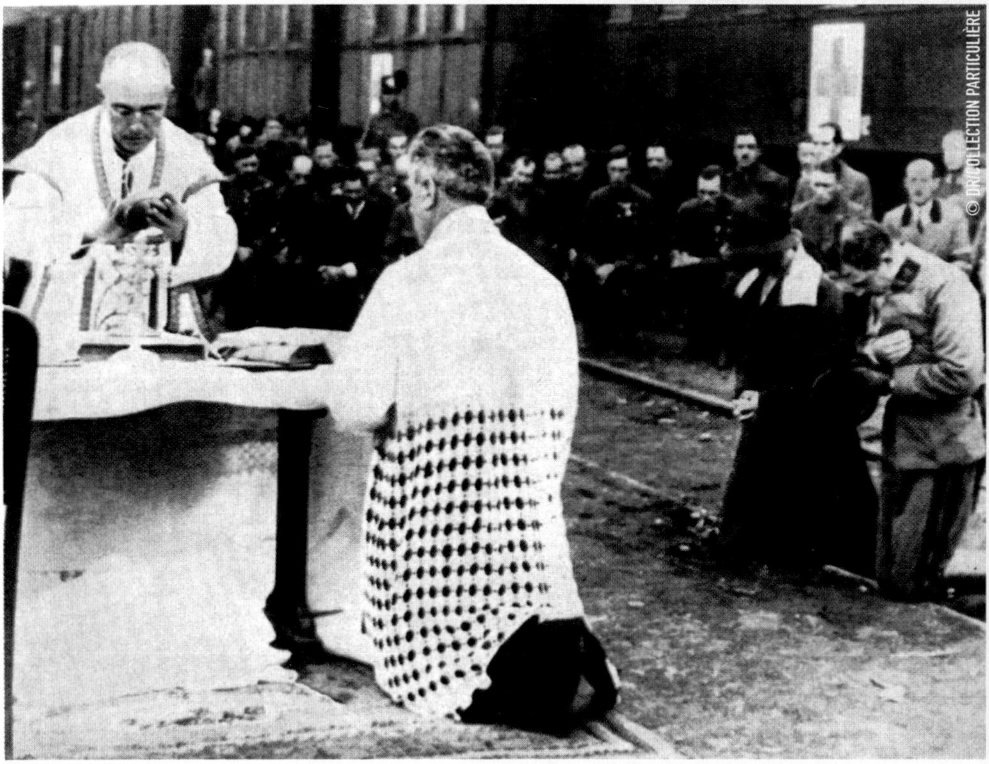

© DR/COLLECTION PARTICULIÈRE

Septembre 1921 : les souverains en exil en Suisse, dans le parc du château de Hertenstein. Zita attend son huitième enfant.

Un moment en famille pendant l'exil en Suisse.

A Madère, en 1922. Les habitants de l'île ont réservé un accueil cordial aux souverains exilés.

Charles Iᵉʳ a été béatifié à Rome, le 3 octobre 2004, par le pape Jean-Paul II.

L'empereur sur son lit de mort, le 1ᵉʳ avril 1922. La sortie de son cercueil, le jour de son enterrement. Il repose dans une chapelle de l'église Nossa Senhora do Monte, sur les hauteurs de Funchal, capitale de Madère.

drapeau sur lequel les soldats prêtent serment «Nous, soldats de l'armée révolutionnaire formée loin des frontières de notre patrie, nous brisons à jamais les liens qui nous attachent aux Habsbourg et à l'empire d'Autriche[2].»

Le 14 août, c'est au tour de la Grande-Bretagne de s'engager. Le cabinet britannique reconnaît aux Tchèques le statut de «nation alliée», et à leurs unités combattantes le titre de «forces belligérantes alliées».

Aux Etats-Unis, Wilson a longtemps refusé de traiter avec les émigrés austro-hongrois. En 1917, il a refusé de recevoir Stefanik, venu plaider la reconnaissance du Comité tchécoslovaque de Paris, tout comme la Maison-Blanche est restée fermée aux représentants du Comité yougoslave C'est à partir du printemps 1918 que le président américain change de position. Robert Lansing, le secrétaire d'Etat américain, et son conseiller, le colonel House, y sont pour beaucoup.

Le 30 mai 1918, ayant appris la rencontre entre Charles et Guillaume II, à Spa, qui a débouché sur un renforcement de l'alliance austro-allemande, le secrétaire d'Etat adresse à Wilson un mémoire dans lequel il estime que l'Autriche-Hongrie, au vu de sa nouvelle politique extérieure, doit être démantelée, et partagée entre ses différentes nationalités. L'Autriche proprement dite, écrit-il, restera «comme un duché faible et sans importance[3]», dont Charles sera le souverain.

Le 4 juillet, à Mount Vernon, sur la tombe de Washington, Wilson prononce un discours empreint de lyrisme. Les Etats-Unis, clame-t-il, ont pour vocation de tirer tous les peuples souffrants et humiliés de leur état de sujétion. Invoquant l'esprit de la Révolution française, le Président dépeint la guerre en cours comme le conflit du principe de liberté et du principe d'autorité, ce dernier étant incarné par les puissances centrales. Le 25 août, alors que l'offensive occidentale enfonce les lignes allemandes, Lansing prévoit que Berlin et Vienne ne tarderont pas à émettre des propositions de paix. Le secrétaire d'Etat recommande à Wilson d'attendre que les Allemands se manifestent. Quant aux Autrichiens, le verdict est sans appel : « Si la proposition de paix vient de Vienne, elle doit être refusée[4]. »

Charles ne se fait pas d'illusions sur l'état d'esprit de ses adversaires européens. Faute d'informations, il n'est pas conscient, en revanche, du changement intervenu chez les Américains.

Le 25 juillet, le Premier ministre autrichien, Seidler, ne parvient plus à réunir une majorité au Parlement : il présente à l'empereur sa démission, qui est acceptée. Une nouvelle fois, aucune personnalité d'envergure ne se profile pour occuper le poste. Charles nomme Max von Hussarek, un ancien ministre des Cultes et de l'Instruction publique. Professeur de droit à l'université de Vienne, le nouveau chef du gouvernement est connu pour avoir publié un projet de réorganisation de la Monarchie à partir de quatre grands blocs l'Autriche et les Slaves du Sud, la Bohême, la Hongrie, et l'ensemble formé par les Polonais et les Ruthènes (les Ukrainiens de l'empire des Habsbourg). Ce n'est pas le fédéralisme conférant des droits égaux à tous les peuples dont rêve Charles, mais il y a, chez Hussarek, la conscience que quelque chose doit changer. C'est à ce titre que le Premier ministre prend ses fonctions, le 26 juillet 1918 : comme un instrument de la réforme constitutionnelle. Une réforme où Charles voit aussi une réponse à Wilson, croyant encore que ses projets peuvent s'accorder avec le principe d'autodétermination des peuples défendu par le président américain.

Les Centraux demandent l'armistice

Le 14 août 1918, une nouvelle rencontre entre Charles et Guillaume II se tient à Spa. Les deux hommes se voient pour la dernière fois. L'empereur est venu avec Burián, son ministre des Affaires étrangères, le Kaiser avec son chancelier et son secrétaire aux Affaires extérieures. Après avoir affirmé que l'Autriche ne peut plus continuer le combat, Charles réclame un armistice immédiat, et laisse Burián exposer un nouveau plan de paix.

Une fois de plus, les Autrichiens ne sont pas écoutés. Dans le camp du Reich, cependant, l'atmosphère est très différente de celle qui régnait au printemps. Depuis la rupture de leurs lignes par les Alliés une semaine auparavant, Hindenburg et Ludendorff ont perdu leur confiance aveugle dans la victoire finale. Toutefois, d'accord avec le Kaiser, ils retardent le moment où il faudra ouvrir des discussions avec l'adversaire, espérant stabiliser le front.

Charles est contraint d'ajourner son initiative de paix. Pour autant, il ne se résigne pas. Aussi entreprend-il, comme il l'avait fait l'année précédente, une tournée des souverains de l'Allemagne du Sud, afin de les convaincre du caractère impératif de la fin des hostilités. Les 27 et 28 août, l'empereur est en Saxe et en Bavière. A Munich, il confère à nouveau avec Mgr Pacelli : le souverain désire toujours que Benoît XV soit l'arbitre de la paix.

Sur le front ouest, les Allemands continuent cependant de reculer. Charles ne peut plus différer son offre de paix. Le 14 septembre, Burián adresse une note officielle au pape, aux nations neutres et à tous les belligérants. La note propose que les pays en guerre envoient des plénipotentiaires dans un Etat neutre, afin d'ouvrir des négociations sans interrompre les opérations militaires. Par télégramme, l'empereur informe Guillaume II de son initiative. Le Kaiser lui répond en exprimant « sa surprise et son regret ».

Le premier et le seul à réagir à l'appel autrichien est le pape. Mais pas dans le sens espéré à Vienne. Le 25 septembre, Benoît XV, ne voyant plus de possibilité de médiation, recommande à Charles de s'adresser personnellement à

Wilson : seul le président américain, selon le souverain pontife, se trouve en position d'infléchir la situation, dans le sens de la paix ou de la guerre.

Sur le plan militaire, il y a du nouveau. Mais il ne fait qu'aggraver la situation de la monarchie. Depuis plusieurs mois, les Alliés massaient des forces à Salonique, en Grèce : soldats français, grecs, britanniques, serbes et italiens. Le 15 septembre, cette armée d'Orient, commandée par le général Franchet d'Esperey, lance l'offensive, provoque l'effondrement de l'armée bulgare, et gagne Sofia en dix jours.

Le 25 septembre, à 7 h 30 du matin, Charles reçoit un télégramme du roi de Bulgarie, un beau-frère de Zita. Menacé par l'avance alliée contre sa capitale, Ferdinand dépose les armes, dénonce la Quadruple Alliance et veut conclure une paix séparée. L'Autriche est coupée de la Turquie, dès lors, et le flanc sud-est de la Monarchie est découvert. Par hasard, ce jour-là, Polzer-Hoditz se trouve à Baden. C'est Charles qui lui annonce la nouvelle. « L'empereur était très grave, se souvient l'ancien directeur de cabinet, mais à l'encontre de l'atmosphère fébrile qui régnait dans la maison, il ne manifestait pas le moindre signe de nervosité. Il était calme ; sa voix était claire et ferme. Ce qu'il avait toujours redouté, mais ce à quoi personne n'avait voulu croire, commençait à poindre à l'horizon : l'issue de la guerre serait défavorable aux puissances centrales, par suite de l'arrivée des troupes américaines sur le front français[5]. »

Deux jours plus tard, un Conseil de la Couronne se tient à Vienne. Burián, en ouvrant les débats, invoque les graves conséquences de la défection bulgare. Il faut agir, poursuit le ministre, et agir sans perdre un jour, tant que l'Autriche le peut encore. Charles conclut en annonçant une prochaine réforme constitutionnelle, destinée à reconstruire la monarchie sur des bases différentes, et renouvelle son intention de faire pression sur le Reich afin d'enclencher un processus de paix.

Mais de quelle liberté de manœuvre dispose encore l'empire des Habsbourg ?

Fin septembre, Hindenburg et Ludendorff annoncent à Guillaume II qu'ils ne sont plus en mesure de stabiliser le front : il faut demander l'armistice. Après une longue délibération, la décision est prise le 2 octobre, et notifiée à l'Autriche et à la Turquie, les deux alliés qui restent à l'Allemagne.

Entre le 3 et le 5 octobre, Berlin, Vienne et Constantinople présentent parallèlement une demande d'ouverture de discussions aux Alliés, demande qui est adressée à Wilson, devenu l'arbitre du conflit. Le nouveau chancelier allemand, le libéral Max de Bade, offre de négocier sur la base des Quatorze Points que le président des Etats-Unis a publiés au mois de janvier*. Vienne, à son tour, déclare vouloir discuter en partant des Quatorze Points. Mais le commentaire que lâche Lansing, le secrétaire d'Etat américain, à l'intermédiaire qui lui remet le message autrichien, donne le ton : « La réponse ne sera pas très encourageante[6]. »

Le 7 octobre, Lansing préconise à Wilson de répondre aux Allemands, mais de refuser les ouvertures autrichiennes : il faut pousser la population de l'empire au désespoir, explique-t-il, afin qu'elle se libère du joug des Habsbourg. Le 9, le président américain s'adresse à Max de Bade, exigeant l'évacuation immédiate de la France et de la Belgique, préalable aux pourparlers à venir ; le 11 octobre, Berlin déclare accepter les conditions de Wilson. Vienne, de son côté, n'a reçu aucune réponse venant d'Amérique.

---

* Sur les Quatorze Points du président Wilson, voir le chapitre 7.

Le manifeste fédéraliste de l'empereur Charles

Il importe d'avoir ce contexte à l'esprit pour comprendre pourquoi, alors que le conflit est perdu pour les puissances centrales et que l'Autriche semble rencontrer plus d'hostilité que l'Allemagne, Charles va promulguer un acte qui est plus qu'une réforme constitutionnelle : une révolution. En transformant son empire en puissance fédérale, l'empereur joue une ultime carte : il entend prouver aux Alliés en général, et à Wilson en particulier, qu'un pacte nouveau est possible entre sa dynastie et les peuples que les vainqueurs prétendent libérer.

Chez Charles, l'idée est néanmoins ancienne. Zita témoignera qu'avant d'accéder au trône, il envisageait déjà de refondre l'Autriche-Hongrie en une confédération, n'excluant pas que, au sein de cet empire, certains Etats se constituent en républiques, à l'instar des villes hanséatiques de l'ancienne Allemagne. Au printemps 1917, Polzer-Hoditz, son directeur de cabinet, lui avait présenté un plan de réorganisation politique sur la base de l'autonomie nationale, plan qui avait été enterré faute de soutien gouvernemental. Charles n'a jamais renoncé à ce projet. Mais, s'il le relance à la fin de l'été 1918, c'est dans la perspective de convaincre les Alliés de sa bonne volonté, et dans l'espoir de sauver la monarchie.

Au cours du mois de septembre, différentes ébauches sont préparées. A partir de celles-ci, Charles confie à un haut fonctionnaire du ministère de l'Intérieur, Eichhoff, le soin de rédiger un projet définitif, mais en veillant à ce qu'il ne soit pas défavorable aux Slaves de l'empire. Le but est de transformer l'Autriche-Hongrie en une fédération d'Etats nationaux, constituée sur la base de la libre autodétermination des peuples.

Le 12 octobre, 23 députés représentant tous les groupes nationaux du Parlement autrichien débarquent en gare de

Baden. Ils ont été invités par l'empereur afin de parler de la réforme constitutionnelle. A leur arrivée, il n'y a personne pour les accueillir : pas un délégué du cabinet impérial, pas un officier de l'état-major, pas une voiture. Les consignes ont été données, mais n'ont pas été transmises. C'est donc à pied, sous une pluie battante, que les députés, après avoir demandé leur chemin à un passant, gagnent la maison où Charles donne ses audiences. Après les présentations d'usage, la discussion va durer cinq heures.

A l'énoncé du projet, les plus défiants sont les Allemands : leur préoccupation est de renforcer leur situation en Bohême. Les Tchèques excluent de prendre des engagements ou de négocier avant la Conférence de la Paix. Quant aux Slaves du Sud, ils considèrent qu'il est trop tard pour réformer...

Cette cacophonie convainc Charles que les peuples d'Autriche ne visent plus que leur intérêt particulier. Qui peut assurer le lien entre eux, et veiller à l'intérêt de tous ? L'empereur. Aussi Charles invite-t-il Eichhoff à reprendre son texte, et à l'orienter dans un sens fédéral plus affirmé, où le souverain, précisément, serait le fédérateur des peuples danubiens. Un Conseil de la Couronne doit avoir lieu quatre jours plus tard : Charles entend lui soumettre le texte, et le publier incessamment.

Le 15 octobre, Burián, le ministre des Affaires étrangères, Hussarek, le Premier ministre autrichien, Spitzmüller, le ministre des Finances commun, et le général Arz sont réunis. Charles leur communique le projet. Burián, Hussarek et le général Arz lui donnent leur approbation. Seul Spitzmüller objecte qu'une réforme aussi radicale ne peut s'appliquer à l'Autriche sans avoir d'incidences pour la Hongrie.

Qu'en pense d'ailleurs Wekerle, le Premier ministre magyar ? Il est à Vienne, mais n'assiste pas au Conseil de la Couronne. Quelques jours plus tôt, le projet de Charles ayant transpiré, il s'est rendu dans la capitale autrichienne afin de se renseigner. L'intention du souverain de transformer la monarchie en Etat fédéral lui ayant été confirmée, il est rentré à Budapest, faisant lever un vent de révolte au nom des « droits millénaires » de la Hongrie. « Nous devons désormais assurer de manière indépendante nos intérêts nationaux propres, nos intérêts économiques et militaires[7] », a proclamé Wekerle.

« A mes fidèles peuples autrichiens » : le manifeste impérial, contresigné par le Premier ministre, Hussarek, daté du 16 octobre 1918, est promulgué à Schönbrunn, lieu qui en souligne la portée symbolique. « Suivant la volonté de ses peuples, affirme la proclamation, l'Autriche deviendra un Etat fédéral, où chaque groupe national, sur son territoire, formera sa propre communauté politique. » Le royaume de Hongrie, est-il précisé, n'est pas concerné par cette transformation. « Mon appel, poursuit Charles, s'adresse à tous ces peuples dont le libre droit d'autodétermination servira de fondement au nouvel empire : qu'ils apportent leur concours à la réalisation de cette grande œuvre, par l'intermédiaire des Conseils nationaux qui, formés par les députés de chaque nation, représenteront l'intérêt de leurs peuples dans les limites de leur territoire, et par-devers mon gouvernement[8]. »

Publié le 17 octobre au Journal officiel, la *Wiener Zeitung*, le manifeste paraît le lendemain dans la presse de la Monarchie. L'accueil est mêlé d'étonnement ou d'hostilité, jamais d'enthousiasme. Les soutiens du Trône, avec raison, y voient l'acte de décès du compromis austro-hongrois, cadre institutionnel de la Monarchie depuis 1867. Mais le doute règne sur l'avenir que ce projet prétend mettre en œuvre. Polzer-Hoditz, un des plus fervents avocats de la réorganisation de la Monarchie sur une base fédérale, est désespéré. « On avait eu cinquante ans pour transformer l'Autriche en fédération, écrirait-il ; aujourd'hui, le moment favorable était passé. Une telle mesure, promulguée dans les circonstances actuelles, ne servirait qu'à donner le coup de grâce[9]. »

A court terme, la proclamation paraît utopique. Qu'est-ce qui garantit que les Conseils nationaux constitués ou à venir voudront s'inscrire dans une fédération plus large ? Comment la Hongrie pourra-t-elle rester sous la souveraineté des Habsbourg en échappant à la réforme ? Le même jour que le manifeste, l'empereur adresse à l'armée une proclamation dans laquelle il l'informe de la transformation de l'Autriche en Etat fédéral, tout en l'appelant à la fidélité et à l'unité. Comment maintenir une armée unitaire dans une fédération de nations-Etats ? Autant de questions sans réponse.

De la part de Charles, toutefois, le manifeste n'est pas un geste désespéré. C'est même une preuve d'optimisme. Le souverain est persuadé que le mécanisme des autonomies nationales qui s'est déclenché, et que la guerre a accéléré, ne peut plus être arrêté. Il croit en même temps que les peuples de la Monarchie sont voués, par l'histoire et la géographie, à vivre dans un cadre commun. Dès lors, c'est à lui d'en être le dénominateur commun. Mais ce que l'empereur sous-estime, et qui va s'exprimer brutalement, c'est que la guerre, beaucoup plus qu'il ne le croit, a radicalement changé les mentalités.

Le 18 octobre, par le canal de la Suède, la réponse de Washington à la proposition de paix autrichienne parvient enfin à Vienne. C'est une fin de non-recevoir. Il n'est pas possible, argumente le message américain, de négocier sur la base des Quatorze Points du président Wilson, car les conditions ont changé depuis le mois de janvier. Les Tchèques, dont le Conseil national a été reconnu par les Alliés, sont entrés en guerre contre les Allemands, et les Slaves du Sud demandent leur indépendance : l'autonomie de ces peuples étant d'ores et déjà acquise, elle ne peut être considérée comme une condition de la paix...

Charles espérait convaincre Wilson par son manifeste fédéraliste : c'est raté. Le président américain apporte son soutien à deux nations – la Tchécoslovaquie et la future Yougoslavie – qui n'ont jamais existé, et dont les peuples n'ont pas été consultés. Washington a décrété que l'empire des Habsbourg n'était plus qu'une fiction.

Polzer-Hoditz rapporte un propos de Charles, tenu ces jours-là : « J'aurai à supporter la responsabilité de la guerre, ni plus ni moins que le Kaiser Guillaume. Quant aux vrais responsables du conflit et de sa prolongation, non seulement ils seront acquittés, mais pour finir, ce seront eux qui prononceront notre condamnation[10]. » Et le journaliste Friedrich Funder, fidèle de la dynastie, a recueilli une confidence de Zita, murmurée à mi-voix : « Est-ce que nous tiendrons ? J'ai tellement peur[11]. »

10

L'agonie d'un empire

Rodolphe de Habsbourg, petit seigneur de la Suisse alémanique, était devenu maître de l'Autriche en 1278. Ses descendants avaient bâti un empire sur lequel, un temps, le soleil ne se couchait jamais. Au XVIe siècle, la Bohême et la Hongrie avaient rejoint les fiefs de la dynastie. De 1438 jusqu'aux guerres napoléoniennes, les souverains de la maison d'Autriche avaient été empereurs du Saint Empire romain germanique. Dans la seconde moitié du XIXe siècle, chassés d'Allemagne par l'ascension des Hohenzollern, et d'Italie par le Risorgimento, les Habsbourg s'étaient repliés sur leurs fiefs danubiens. Depuis 1867, le compromis austro-hongrois, en dépit de ses défauts, avait permis la stabilisation de la monarchie. Et voilà que, à l'automne 1918, cet ensemble politique, aux racines sept fois séculaires, allait s'effondrer en un peu plus de quinze jours, comme un château de cartes.

Les Tchèques rompent avec la dynastie

Le 18 octobre 1918, deux jours après le manifeste fédéraliste promulgué par Charles, le Conseil national tchécoslovaque de Paris, avec le soutien des autorités françaises, franchit un degré supplémentaire : il s'érige en gouvernement en exil. Masaryk, qui réside aux Etats-Unis, est nommé président du Conseil, Beneš, ministre des Affaires étrangères, et Stefanik, ministre de la Guerre. La déclaration d'indépendance, rédigée par Beneš, est d'une rare violence : « La dynastie des Habsbourg, accablée par un immense héritage d'erreurs et de crimes, est une menace perpétuelle pour la paix du monde, et nous considérons comme un devoir envers l'humanité et la civilisation d'aider à assurer sa chute et sa destruction[1]. »

Le 13 juillet précédent, un Conseil national tchèque a été formé à Prague. Au début du mois d'octobre, ce conseil souhaite discuter avec son homologue de Paris. Le seul point de rencontre possible est la Suisse. Encore faut-il franchir la frontière, et pour cela disposer de passeports. Tusar, député tchèque qui représente à Vienne le Conseil national de Prague, s'adresse à Burián. Le ministre répercute la demande auprès de l'empereur : elle est agréée. Ainsi est Charles. Il ne s'arrête pas aux diatribes de ceux qui, l'accusant de porter un « héritage d'erreurs et de crimes », œuvrent à séparer la Bohême de l'Autriche.

Une scène va illustrer cette magnanimité. Nous la connaissons par le récit du général von Landwehr, l'exécutant de l'empereur pour les questions de ravitaillement. Le député tchèque Klofáč a été condamné pour haute trahison, mais il a bénéficié de l'amnistie impériale du 3 juillet 1917. Il doit se rendre à Genève, afin de négocier avec les délégués du gouvernement tchèque de Paris. Auparavant, il passera par Vienne. Le souverain voudrait le voir. Charles doit lui-même aller en Hongrie, mais son train, partant de Baden, passe aussi par la capitale autrichienne. Le monarque prie donc Landwehr de lui organiser une rencontre avec Klofáč. « Dites-lui que je ne veux pas lui parler politique[2] », précise-t-il.

Le 22 octobre, le général accueille le dirigeant tchèque, puis l'accompagne jusqu'à la petite gare de Meidling, dans la banlieue de Vienne. Alors que la nuit tombe, le train impérial s'arrête sur le quai, puis repart. Monté avec lui, Landwehr introduit Klofáč dans le wagon-salon du souverain. Ils disposent de quelques minutes seulement. Charles présente d'abord ses condoléances au député, dont le fils aîné, officier autrichien, vient de mourir de ses blessures reçues sur le front italien. La conversation commence en tchèque, puis se poursuit en allemand. L'empereur déclare avoir toujours aimé la nation tchèque. Klofáč réplique que les Tchèques ont trop souffert de la répression : Charles approuve. Il ajoute que le malheur de la dynastie a été l'action des gouvernements qui ont poussé à une alliance avec l'Allemagne : Charles approuve encore.

L'empereur, cependant, en vient au fait. Il supplie Klofáč d'éviter le déchaînement de la violence à Prague. Que la Bohême suive sa propre voie, si c'est son souhait, mais que tout se déroule dans le calme. Le train entre en gare de Vienne : l'entretien est fini. Charles a eu le temps de faire ce qu'il voulait : un geste pour empêcher le sang de couler, et parler d'homme à homme avec un adversaire de la monarchie.

L'Autriche et la Hongrie se séparent

Dès lors que le manifeste du 16 octobre a incité chaque peuple de l'empire à se doter d'un Conseil national, les Allemands en font autant*. Le 21 octobre, réunis au siège de la Diète de Basse-Autriche, à Vienne, 210 députés se constituent en Assemblée nationale provisoire de l'Autriche allemande (*Deutschösterreich*). Cette assemblée élit un comité exécutif, bientôt rebaptisé Conseil d'Etat, où tous les partis sont représentés : nationaux-allemands, chrétiens-sociaux, sociaux-démocrates.

Le Conseil d'Etat se fixe pour objectif de représenter le peuple allemand d'Autriche devant le gouvernement impé-

---

* Il s'agit bien entendu des populations de langue allemande de l'empire des Habsbourg.

rial, mais aussi devant la future Conférence de la Paix. A Vienne, contrairement à Prague, nulle volonté ne s'affirme pour prendre le pouvoir. L'empereur vit ici, et nul ne le conteste : les chrétiens-sociaux surtout, mais également les nationaux-allemands affirment leur fidélité à la monarchie ; les sociaux-démocrates eux-mêmes ne réclament pas ouvertement la République. Au lendemain du manifeste, d'ailleurs, Charles a de nouveau sollicité Karl Renner pour le poste de Premier ministre. Tenté d'accepter, le militant socialiste a fini par refuser, sous la pression de l'aile gauche du parti.

C'est de ce dernier secteur que surgit une revendication appelée à faire fortune : les plus radicaux des sociaux-démocrates prônent le rattachement de l'Autriche au Reich, dans l'espoir de rejoindre le mouvement révolutionnaire qui gronde en Allemagne.

Le 22 octobre, dans la soirée, après sa courte entrevue avec le député tchèque Klofáč, l'empereur part pour la Hongrie. Zita l'accompagne. Le motif officiel du voyage, prévu de longue date, est l'inauguration de l'université de la ville de Debrecen. Mais Charles veut en profiter pour se rapprocher de Budapest, où la crise politique ne fait que s'aggraver. Au Parlement, le Premier ministre, Wekerle, a annoncé que le manifeste fédéraliste marquait une rupture de la Constitution de 1867, et que la Hongrie, en conséquence, allait se séparer de l'Autriche : les Magyars resteraient soumis au roi par le régime de l'union personnelle, mais les affaires communes avec Vienne disparaîtraient.

Debrecen se situe dans l'est de la Hongrie. L'accueil réservé aux souverains, le 23 octobre, laisserait croire que rien n'a changé. Après l'inauguration de l'université, le roi et la reine sont acclamés par la population. Banquet à l'hôtel de ville, discours, serments de fidélité, musique, cérémonie dans la cathédrale calviniste (la région est protestante), bénédiction par l'évêque : au terme de la journée, Zita se reprend à espérer. Mais c'est Charles, une fois de plus, qui la détrompe : «Non, désormais, aucune ovation ne peut plus arrêter le cours du destin[3].»

Le 22 octobre, jour où le monarque est parti pour la Hongrie, le chef du gouvernement autrichien, Hussarek, a donné sa démission. Le 23, jour où Charles est à Debrecen, c'est au tour du Premier ministre magyar, Wekerle, d'annoncer son retrait : le lendemain, il vient remettre sa démission à Gödöllö. Propriété de la dynastie, ce château, proche de Budapest, était la résidence favorite de l'impératrice Elisabeth lors de ses séjours en Hongrie. Charles et Zita s'y sont installés, et ont décidé d'y faire venir leurs enfants. Le même jour que Wekerle, Burián se présente à Gödöllö, afin d'offrir, lui aussi, sa démission : venu s'entretenir à Budapest des futures négociations de paix, le ministre des Affaires étrangères s'est entendu répondre que la Hongrie allait nommer son propre ministre, mesure qui rend sa fonction inutile.

A la date du 24 octobre, le souverain n'a donc plus de Premier ministre autrichien, plus de Premier ministre hongrois, et plus de ministre des Affaires étrangères. Au même moment, il apprend le déclenchement d'une offensive alliée sur le front sud. Cette avalanche de mauvaises nouvelles vaut un labeur écrasant à Charles. En dépit des avertissements de son médecin, il ne dort que deux à quatre heures par nuit. Il est épuisé et, une fois de plus, ce facteur doit être pris en considération pour mesurer l'ambiance qui règne à la cour lors de ces folles journées. Dans ses souvenirs, le capitaine von Werkmann, le secrétaire de l'empereur, se rappelle l'avoir vu grelotter, lors de séances de travail de nuit, dans un bureau surchauffé.

La première urgence, c'est de donner un successeur à Burián, afin que les Alliés disposent d'un interlocuteur. Dans la soirée du 24 octobre, Julius Andràssy junior, dont le père avait été ministre des Affaires étrangères de François-Joseph, est nommé au Ballhausplatz.

Il faut ensuite trouver des chefs de gouvernement pour l'Autriche comme pour la Hongrie. Et vite car, à Budapest, les événements se précipitent. Dans la nuit du 23 au 24 octobre, un Conseil national hongrois est formé par les radicaux, les sociaux-démocrates et les indépendants du comte Mihály Károlyi, qui est à l'origine de l'initiative. Partagé entre son éducation aristocratique, un reste de loyalisme dynastique et ses idées révolutionnaires, celui qu'on surnomme le « comte rouge » est un personnage ambigu : héritier d'un vieux nom hongrois, très riche, il est aussi socialiste et lecteur de Marx. Le Conseil national hongrois, dont il prend la tête, exige le suffrage universel, la réforme agraire, la rupture avec l'Allemagne, la paix immédiate et le retour des troupes magyares.

A Gödöllö, le roi consulte. Les audiences se succèdent, car Charles a demandé à recevoir les principaux dirigeants politiques. Mais nul n'est volontaire pour prendre la tête du gouvernement hongrois. « Il est toujours difficile de trouver un équipage pour un navire qui coule[4] », dit le souverain à Zita.

Ici va se produire un imbroglio, lié au caractère de Charles. Celui-ci, on le sait, respecte les autres : il les écoute, et prend acte de leurs objections en cas de désaccord. Il n'aime pas non plus blesser, et manifeste par ailleurs une étonnante confiance dans le genre humain. En période d'extrême fatigue, cette tendance le pousse à être indécis, par peur de fâcher quelqu'un, ou à se laisser influencer par le dernier qui a parlé.

Le 26 octobre, au terme de deux journées de consultation, Charles a vu beaucoup de monde. Après avoir essuyé de nombreux refus, il s'est décidé à nommer Premier ministre le comte János Hadik : un honnête homme sans envergure, qui avait déjà été ministre du Ravitaillement. L'homme est prié de rester à Gödöllö, en vue d'une seconde audience. Mihály Károlyi, lui aussi invité à rencontrer le roi, arrive sur ces entrefaites. Charles le reçoit à l'heure prévue. Il prend connaissance de son programme, mais lui objecte qu'on le soupçonne de vouloir la République. Károlyi se récrie. Alors le souverain déclare qu'il va le nommer Premier ministre, en précisant toutefois qu'il doit d'abord se rendre à Vienne pour la prestation de serment du gouvernement autrichien : que Károlyi l'accompagne, et ils auront une nouvelle conversation à Schönbrunn. En quittant Gödöllö, Károlyi croise Hadik, qui attend toujours dans le couloir.

Dans la nuit du 26 au 27 octobre, Charles et Zita rentrent à Vienne. Károlyi également, ayant pris place dans le train impérial. Les enfants restent à Gödöllö : ils y seront en sécurité, pensent leurs parents, et leur présence prouvera l'intention des souverains de revenir.

Au matin du 27 octobre, Károlyi descend à l'Hôtel Bristol, à Vienne, et attend une convocation à Schönbrunn. Pendant ce temps, ses adversaires s'emploient à faire changer Charles d'avis. A commencer par le nouveau ministre des Affaires étrangères, Julius Andràssy : beau-père de Károlyi, il tient son gendre en piètre estime. « Si Sa Majesté nomme Károlyi, avertit Andràssy, elle peut m'envoyer dans un asile de fous, j'y serai mieux gardé[5]. » En fin d'après-midi du 27 octobre, n'ayant pas reçu de nouvelles de la Cour, Károlyi reprend le train pour Budapest. Mais c'est pour trouver une ville en ébullition, où un accueil triomphal lui est réservé.

La révolution à Prague, à Zagreb et à Budapest

Pour ne pas perdre le fil de ces journées où les événements se bousculent, observons ce qui se passe à Vienne. De Gödöllö, Charles a nommé le professeur Heinrich

Lammasch chef du gouvernement autrichien. Rappelons que ce juriste international, fortement engagé pour la paix, a négocié en Suisse avec l'Américain Herron : sa nomination est un message adressé à Wilson. A cette date, Charles n'a donc pas perdu espoir de conserver son trône. Formé le 27 octobre, le cabinet Lammasch prête serment le lendemain. C'est un gouvernement d'un nouveau style : le manifeste fédéraliste étant passé par là, le cabinet impérial aura pour fonction d'assurer la liaison entre le souverain et les Conseils nationaux et, à court terme, de négocier l'armistice.

A Prague, au même moment, le pouvoir change de mains. Le 28 octobre, le Conseil national proclame l'indépendance de la Tchécoslovaquie. Le gouverneur impérial, le comte Coudenhove, le président de la Commission administrative de Bohême, le comte Schönborn, et le commandant de la garnison ne peuvent s'opposer au mouvement. Dans la rue, les officiers sont sommés d'enlever de leur képi la cocarde K, initiale du souverain, et de la remplacer par les trois couleurs tchèques, tandis que les armoiries impériales sont arrachées des bâtiments officiels et des devantures des fournisseurs impériaux. En une journée, sans effusion de sang, prennent fin quatre siècles de souveraineté des Habsbourg sur la Bohême.

La Croatie dépend de la Hongrie. Un Conseil national des Slaves du Sud y a été fondé au début du mois. Le 29 octobre, la Diète croate se réunit à Zagreb, en présence de l'évêque et du ban, représentant du roi. L'assemblée décide que le royaume de Croatie, Slavonie et Dalmatie rompt tout lien constitutionnel avec Budapest, comme avec Vienne. Se déclarant indépendant, le royaume adhère librement à l'Etat des Serbes, Croates et Slovènes (la future Yougoslavie), pendant que le ban abandonne son pouvoir au Conseil national. Sans violence, là encore, un trait est tiré sur plusieurs siècles de souveraineté des Habsbourg sur les pays slaves du Sud.

Revenons à Budapest. Avant de repartir pour Vienne, perpétuant une ancienne tradition, Charles a nommé sur place un représentant personnel, l'*homo regius* : l'archiduc Joseph*. Le 29 octobre, d'accord avec le roi, celui-ci charge finalement le comte Hadik de former le gouvernement. Ce Premier ministre va rester en fonction une seule journée. Depuis la veille, en effet, la capitale magyare est en état de semi-insurrection. Des manifestants, parmi lesquels des soldats mutinés, veulent porter Károlyi au pouvoir. Pour apaiser la foule, l'archiduc Joseph et Hadik conviennent de demander au «comte rouge» d'entrer dans le cabinet, et à cette fin le convoquent au château royal de Buda. Mais sur l'autre rive du Danube, à Pest, l'émeute gronde, certains cherchant à traverser le fleuve. Des troupes loyales les bloquent à la hauteur du pont aux Chaînes, sur lequel une fusillade laisse 3 morts et 52 blessés.

Le lendemain, 30 octobre, c'est la révolution des conseils de soldats, inspirés des soviets russes de 1917, occupent les points névralgiques de la ville. A Vienne, Charles suit la situation au téléphone. Le gouverneur de Budapest l'assure qu'il ne dispose pas des troupes nécessaires, et à la loyauté suffisante, pour maintenir l'ordre. Charles lui commande alors de ne plus faire tirer. Le même jour, Stefan Tisza, l'ancien Premier ministre, est assassiné chez lui par trois soldats révolutionnaires.

Le 31 octobre, à l'aube, Hadik démissionne. Cédant à l'émeute, l'archiduc Joseph nomme Károlyi chef du gouvernement. La prestation de serment se déroule au château royal : le cadre habsbourgeois est encore là. Dans Budapest, cependant, la révolution triomphe. Partout les insignes royaux sont arrachés, et les drapeaux rouges fleurissent

---

* L'archiduc Joseph descend de l'archiduc Léopold, cinquième fils de l'empereur Léopold II, devenu palatin de Hongrie à la fin du XVIIIe siècle. Cette branche des Habsbourg, dont les membres sont enterrés dans une crypte du château royal de Budapest, s'est magyarisée.

autant que les couleurs nationales magyares. Informé de la situation, Charles délie Károlyi de son serment le 1ᵉʳ novembre. Le même jour, c'est devant le Conseil national hongrois que le Premier ministre prête un nouveau serment.

La dernière bataille de l'armée des Habsbourg

Pendant que l'arrière est gagné par la révolution, la guerre n'est pas terminée pour l'armée impériale et royale. Sur le front sud, plusieurs centaines de milliers d'hommes font face aux Italiens, aux Français, aux Britanniques, aux Américains et aux légions tchèques. Mais, sur 57 divisions austro-hongroises, une vingtaine ne disposent que des trois quarts ou de la moitié de leurs effectifs, une dizaine étant touchées par la malaria : cette armée est à bout de souffle.

Pour forcer l'Autriche-Hongrie à déposer les armes, les Etats-Unis, au début du mois d'octobre, ont poussé Rome à lancer une nouvelle offensive. La date a été arrêtée : ce sera le 24 octobre, anniversaire du désastre de Caporetto. Tout un symbole. Les Alliés, bien renseignés sur l'état de leurs adversaires, pensent que la victoire sera facile.

A l'aube du 24, l'attaque est lancée sur l'ensemble du front, entre le massif de la Brenta et l'Adriatique, l'effort essentiel portant sur la Piave, à proximité de Vittorio Veneto, dans la plaine vénitienne. Mais, pour les Alliés, la surprise est de taille. Deux jours durant, uhlans et chasseurs impériaux, artilleurs et soldats du génie ne décrochent pas, faisant reculer les limites de l'héroïsme. Alors que l'empire se défait, Autrichiens, Croates, Tchèques, Polonais, Hongrois et Ruthènes combattent une dernière fois au coude à coude, sous l'étendard des Habsbourg, et cette armée au ventre vide et aux uniformes en lambeaux ne fait pas mentir la gloire de ses régiments. Mais ce n'est qu'un baroud d'honneur.

Le 26 octobre, une unité composée de Magyars refuse de

monter en ligne, invoquant les appels au cessez-le-feu lancés par Károlyi à Budapest. Dans les troupes de réserve, le mot d'ordre se répand comme une traînée de poudre. En deux jours, 26 divisions sont touchées par des actes de désobéissance passive ou de mutinerie. Le 28 octobre, Italiens et Français percent le dispositif autrichien. Le 30, ils sont à Vittorio Veneto, incursion avancée qui donne le signal de la débâcle dans l'armée impériale.

Le 27 octobre, Charles envoie un télégramme à Guillaume II : « Il est de mon devoir, quoi qu'il m'en coûte, de te faire savoir que mon peuple n'est ni en état, ni désireux de poursuivre la guerre[6]. » Dans les vingt-quatre heures, l'Autriche demandera l'armistice.

Le lendemain, par le canal de la Suède, Andràssy, le ministre des Affaires étrangères, fait remettre au secrétaire d'Etat américain, à Washington, une note par laquelle l'Autriche-Hongrie informe le président des Etats-Unis de sa rupture avec l'Allemagne et demande des pourparlers immédiats. Cette note ne recevra jamais de réponse.

Au demeurant, l'Autriche-Hongrie existe-t-elle encore ? Le 28 octobre, les Tchèques, annexant les Slovaques, ont proclamé leur indépendance. Le 29, les Slovènes, les Croates et les Serbes ont annoncé leur rattachement à la Yougoslavie. Dans quelques heures, les troupes impériales auront quitté Belgrade, mais aussi Semlin et la Voïvodine, terres autrichiennes depuis plusieurs siècles. Le 30, la révolution a éclaté en Hongrie.

Il reste l'Autriche, le cœur de l'empire. Là aussi, tout va basculer.

La révolution éclate à Vienne

Le 30 octobre, à Vienne, l'Assemblée nationale provisoire de l'Autriche allemande se réunit pour la deuxième fois. Mais par rapport à la première session, quinze jours plus tôt, le ton a changé. L'Assemblée ne se définit plus comme l'organe représentatif de la population de langue allemande de l'empire des Habsbourg, mais comme l'expression d'un Etat souverain en cours de formation, l'Autriche allemande. Et la discussion tourne autour de la Constitution de ce futur Etat : monarchie ou République ? Si les chrétiens-sociaux restent attachés au Trône, les sociaux-démocrates ont franchi le pas : ils réclament la République.

Pendant que l'Assemblée délibère, les rues du centre de la capitale sont envahies par des manifestants. Certains brandissent des drapeaux rouges, d'autres les couleurs de l'unité allemande : l'aile gauche de la social-démocratie revendique de plus en plus haut le rattachement de l'Autriche à l'Allemagne. Des slogans républicains retentissent. Des officiers se voient arracher leurs cocardes impériales, et certains, par peur, le font d'eux-mêmes. Les magasins sont barrés de rideaux de fer, ou de planches hâtivement clouées sur leur devanture. A la Hofburg, où la garde a été mise en état d'alerte, les grandes portes sont fermées. Demain, la révolution ?

Dans la nuit du 30 au 31 octobre, l'Autriche allemande se dote de son premier gouvernement. Il est orienté à gauche : le social-démocrate Karl Renner devient chancelier, son compagnon Viktor Adler, ministre des Affaires étrangères.

En apprenant que Charles et Zita avaient laissé les enfants à Gödöllö, Lammasch, le Premier ministre autrichien, avait mis le souverain en garde : « Votre Majesté considère la Hongrie comme plus sûre pour sa couronne, mais c'est une erreur. Il peut arriver que l'on prenne sa famille en otage[7]. » A l'aube du 31 octobre, les nouvelles de Budapest étant alarmantes, le couple impérial téléphone à Gödöllö, et exige que les enfants soient immédiatement ramenés à Vienne.

Là-bas, l'affaire a été étudiée à l'avance : 450 kilomètres

sont à parcourir à travers un pays qui sombre dans l'anarchie. Sur les automobiles, les armoiries impériales ont été effacées. Les chauffeurs échangent leur livrée de cour pour des uniformes ordinaires. Dans un premier véhicule montent un officier de la garde et le chambellan de l'impératrice, dans un second les petits archiducs, leur gouvernante et leur oncle, René de Bourbon-Parme. Le prince, une paire de revolvers calée sur les genoux, a chargé des bidons d'essence dont il compte faire un mur de feu en cas de difficulté. Par précaution, la première voiture roule un kilomètre en avant. Elle tombe sur un barrage de soldats dépenaillés et soupçonneux, qui demandent pourquoi les occupants n'ont pas enlevé la cocarde royale de leur casquette. Le chauffeur parvient à parlementer, et à rebrousser chemin : le convoi fera un détour. Finalement, après une halte au château de l'archiduc Frédéric, près de Presbourg, les deux véhicules parviennent à Schönbrunn avant minuit. Zita, qui a vécu toute la journée dans l'angoisse, respire enfin.

3 novembre 1918 : l'Autriche-Hongrie signe l'armistice

Pendant ce temps, sur le front sud, l'offensive se poursuit. La situation étant sans issue, l'état-major impérial, le 29 octobre, adresse une demande d'armistice à l'Italie. Espérant atteindre Trente et Trieste avant le cessez-le-feu, dans le but de prendre des gages territoriaux, les troupes italiennes ont entamé une véritable course contre la montre. Pour leur barrer la route, il n'y a plus que des régiments d'élite, dont les chasseurs impériaux tyroliens, qui se battront jusqu'au bout.

Charles se refuse à livrer la flotte impériale à l'Italie ou aux Alliés. Dans son esprit, cet instrument servira à la future confédération danubienne à laquelle il songe. Sur ses ordres, les navires sont remis au Conseil national des Slaves du Sud, qui contrôle les ports de guerre de la côte Adriatique*. Dans le même registre, qui est un mélange d'utopie et d'intuition prophétique – on y reviendra plus loin –, l'empereur autorise les officiers à prêter serment aux Conseils nationaux et à porter de nouveaux uniformes au sein des futures armées nationales, tout en considérant que cette affiliation ne les délie pas du serment qu'ils lui ont prêté.

Le 31 octobre, les négociations d'armistice commencent à la Villa Giusti, près de Padoue. Côté italien, elles sont dirigées par le général Badoglio; côté autrichien, par le général Weber. Ce dernier a pour instruction d'accepter « tous les termes qui ne porteraient pas atteinte à l'honneur de l'armée, et qui n'exigeraient pas une capitulation pure et simple[8] ». Or les conditions que les Italiens présentent, et qui parviennent à Schönbrunn le lendemain soir, équivalent à une demande de capitulation : démobilisation complète de l'armée austro-hongroise, à l'exception de vingt divisions maintenues comme force de maintien de l'ordre, retrait au-delà du Brenner (ce qui permettrait aux Italiens d'occuper le Tyrol du Sud, le Trentin et tous les territoires autrichiens qu'ils convoitent), liberté pour les forces alliées de se déplacer librement sur le territoire de l'empire (ce qui rendrait possible une attaque de l'Allemagne par la Bavière).

Charles vient de rompre avec les Allemands, mais il estime que la dernière clause exigée par les Italiens est contraire à l'honneur militaire. Quant aux deux premières, elles engagent l'avenir du pays. Aussi invite-t-il les représentants de l'Autriche nouvelle à en discuter avec lui. Ce faisant, il reconnaît *de facto* l'existence d'un pouvoir parallèle au gouvernement Lammasch.

---

* Dans la semaine suivante, les escadres alliées investiront les ports de guerre austro-hongrois, et se partageront l'ancienne flotte impériale.

L'agonie d'un empire

Le 2 novembre, en début d'après-midi, les délégués du Conseil d'Etat de l'Autriche allemande sont reçus à Schönbrunn. Après un petit incident (Viktor Adler, âgé et malade, a eu un malaise en montant l'escalier, et a refusé avec véhémence le cognac que lui a fait porter Zita), Charles expose les clauses d'armistice imposées à Padoue, et résume la situation. Les exigences italiennes sont inacceptables, mais l'armée impériale a pratiquement cessé le combat. La seule manière de contenir l'avance ennemie serait de faire sauter routes, ponts et voies de chemin de fer, mais cette mesure rendrait la retraite de l'armée encore plus difficile, et aggraverait les difficultés du ravitaillement. Que décider ?

Tout ce que les délégués du Conseil d'Etat trouvent à répondre, c'est qu'il faut arrêter l'effusion de sang, sans nuire à l'Allemagne. Sur un plan pratique, ils n'ont aucune solution à offrir. Au demeurant, explique Adler, puisqu'ils ne portent aucune responsabilité dans le déclenchement de la guerre, ils n'ont pas l'intention de résoudre la question de l'armistice. « Pas plus que vous, réplique Charles, je n'ai commencé cette guerre. Mais j'ai toujours tenté de l'arrêter, et vous, messieurs, ne m'avez jamais soutenu dans mes efforts en faveur de la paix[9]. » En quittant Schönbrunn, les délégués répètent qu'ils acquiescent à l'armistice, mais refusent d'en endosser la responsabilité.

En fin de journée, ce 2 novembre, un Conseil de la Couronne et un Conseil des ministres siègent au palais jusqu'à 23 h 30. Leur conclusion est identique : il faut se résoudre à admettre les conditions de l'armistice. Au cours de la soirée, le ministre de la Guerre du gouvernement de Károlyi, à Budapest, téléphone pour annoncer que si le souverain n'en donne pas l'ordre, c'est lui qui sommera les troupes hongroises de cesser le feu.

Les télégrammes s'accumulent, alignant les informations catastrophiques venant du front, où le commandement ne contrôle plus rien. Alors, le cœur serré, Charles se résigne à signer l'armistice aux conditions fixées par les Italiens. A minuit, l'ordre est rédigé à l'intention du général Weber, à Padoue, et expédié à 1 heure du matin. Le 3 novembre 1918, l'Autriche-Hongrie dépose les armes.

Non seulement cette décision est mortifiante pour Charles, chef des armées, mais elle se prend dans la confusion. Par scrupule politique, l'empereur tient à avoir l'assentiment du Conseil d'Etat de l'Autriche allemande. En pleine nuit, Lammasch et le général Arz sont dépêchés à l'Assemblée, où bien évidemment ils ne trouvent personne. Un nouveau télégramme est expédié à Padoue, demandant de différer l'armistice. Le temps que le général Weber le reçoive, l'accord a déjà été signé. Or il a été signé avec une clause supplémentaire, glissée au dernier moment par les Italiens, précisant que la cessation des hostilités interviendra vingt-quatre heures après la signature de l'armistice. Les troupes austro-hongroises, elles, ont pour consigne un cessez-le-feu immédiat. Entre le 3 et le 4 novembre, en conséquence, les Italiens poursuivent leur progression, face à des adversaires qui ne répliquent pas. Pris dans la nasse, 350 000 hommes de l'armée impériale – Autrichiens, Tchèques, Slovaques, Croates, Slovènes, Serbes, Polonais, Ruthènes, Roumains et Italiens – sont faits prisonniers sans combattre.

C'est un désastre militaire, et une humiliation personnelle pour Charles. Zita se souviendra de l'avoir entendu murmurer : « Au moins, il n'y aura plus d'autres soldats qui tomberont[10]. » Au cours de cette guerre, sur 8 millions de mobilisés, l'Autriche-Hongrie a déploré un million de tués au combat (auxquels s'ajouteront un demi-million de morts en captivité) et près de 2 millions de blessés.

Pour le principe, l'empereur se dessaisit du commandement suprême de l'armée, qui échoit au général Arz, puis au maréchal Kövess, héros qui a réussi à sauver ses divisions de la débâcle et à les ramener en Autriche. Mais par le Brenner, dans un chaos indescriptible, les 400 000 soldats austro-hongrois qui ont échappé aux Italiens se replient en désordre, affamés, pillant tout sur leur passage. A Baden, le colonel Ronge, chef des services secrets, a réquisitionné le four d'un hôtel pour y brûler ses dossiers. C'est la fin de la puissance militaire autrichienne : en quelques heures, plusieurs siècles d'une histoire prestigieuse sont soldés.

Le crépuscule de la monarchie

Charles et Zita ne quittent plus Schönbrunn. Mais le château se vide. Sa sécurité est assurée par le 69e régiment d'infanterie, composé à 93 % de Magyars. Le 1er novembre, les fantassins abandonnent les lieux pour rejoindre la Hongrie. Puis c'est la garde impériale qui déserte, et le régiment des Arcières : ces unités, dotées de magnifiques uniformes – hautes bottes, brandebourgs et hallebardes –, étaient bonnes pour parader en temps de paix, mais font défaut quand le souverain a besoin d'elles. Bientôt le palais aux 1 400 pièces n'est plus habité que par la famille impériale, quelques dames d'honneur, des officiers d'ordonnance et des serviteurs.

Le 3 novembre, pourtant, une garde volontaire se présente pour veiller sur le monarque et les siens : des cadets de l'Académie militaire de Wiener Neustadt – le Saint-Cyr autrichien –, suivis par les élèves des Ecoles militaires de Mödling et de Traiskirchen. En tout quarante garçons, qui se sont disputés pour assurer ce service. L'empire s'effondre, mais de tout jeunes hommes restent fidèles aux Habsbourg. Quand Charles l'apprend, les larmes lui montent aux yeux.

En ville, 2 000 officiers se rassemblent à la Hofburg, prêts à tout, mais ils reçoivent l'ordre – donné par on ne sait qui – de rentrer chez eux. Le maréchal Boroević, qui lui aussi est parvenu à ramener ses troupes d'Italie, téléphone deux fois de Klagenfurt, prêt à rallier la capitale avec ses hommes : son offre est déclinée. En réalité, elle n'a pas été transmise à Charles. Le commandant de la place de Vienne, à qui parviennent ces propositions, expliquera plus tard qu'il ne voulait pas donner l'impression que «l'empereur avait peur».

Polzer-Hoditz rapporte le témoignage émouvant d'un colonel de uhlans, le comte Ernest Meraviglia-Crivelli, qui avait également envoyé un télégramme au souverain, se déclarant disposé à marcher sur Schönbrunn à la tête de son régiment. Il n'avait pas reçu de réponse, car son message n'avait pas été remis. Bien après la guerre, malade et soigné dans un sanatorium, le vieil officier racontera inlassablement l'histoire à ses visiteurs, obsédé par une question qu'il posait d'une voix rauque et haletante : «Mais où donc étaient les autres[11]?»

A Schönbrunn, Charles paraît étonnamment serein, comme si la signature de l'armistice avait fait tomber une insupportable tension. Le couple impérial prend le temps de se promener avec ses enfants dans le parc, y compris dans la partie publique, où les promeneurs les saluent avec déférence.

Le 4 novembre, au Stefansdom*, la messe de la Saint-Charles est célébrée en l'honneur de l'empereur, sans sa présence. Les dignitaires de l'empire sont là, ainsi que les ministres. Mais l'empire n'existe plus, et les ministres ne gouvernent rien. Prudemment, d'ailleurs, aucun n'a enfilé son uniforme de cour, comme le voudrait l'étiquette.

Le 30 octobre, le Conseil d'Etat de l'Autriche allemande a adressé un message à Wilson, l'informant de sa création et lui faisant part de son intention de participer aux négociations de paix. La réponse parvient à Vienne le 8 novembre, le président américain se réjouissant que «les divers

---

* La cathédrale Saint-Etienne de Vienne.

peuples aient désormais rejeté le joug de l'Empire austro-hongrois[12] ».

Le même jour, Lammasch et plusieurs membres du gouvernement impérial se présentent à Schönbrunn. Leur dessein est de mettre fin à leur fonction, qui n'est plus qu'une fiction. Mais comment le dire à l'empereur? Il paraît si seul. Ont-ils le droit de le lâcher? Dans son journal, Josef Redlich, le ministre des Finances, relate l'entretien : « J'avais l'impression de me trouver sur une scène où se déroulait une tragédie historique. Ceux qui nous succéderont, et délasseront leurs jambes dans ce même salon, comprendront-ils notre culture, et se montreront-ils capables d'y apporter un supplément? (...) [L'empereur] commence par nous dire que nous devons conserver nos fonctions car, si nous partons, sonnera aussi le signal de son départ. Il donnait l'impression d'être totalement maître de lui et d'avoir clairement conscience de la situation. Il me dit : "J'ai toujours désiré la paix, et combien je me suis battu pour l'obtenir!" Je le trouvais très loquace, calme, et il me paraissait en meilleure santé que dix jours auparavant. Il raisonnait avec finesse. Pourtant, il semblait que tous ces événements ne le touchaient plus au fond de lui; un sentiment de vide étrange, d'irréalité[13]. »

Charles contraint de renoncer au pouvoir

Le 9 novembre, cependant, on apprend à Schönbrunn que Guillaume II vient d'abdiquer. Le 26 octobre, Hindenburg s'est retiré, Ludendorff gagnant la Suède. Le 4 novembre, la révolte des marins de Kiel a ébranlé l'Allemagne impériale, déclenchant un mouvement qui va s'étendre de Munich à Berlin. Le 5, le Reich a demandé l'armistice, puis envoyé ses parlementaires au quartier général de Foch. Le 9 novembre, le chancelier Max de Bade annonce l'abdication de Guillaume II, que le monarque réfugié en Hollande, ne signera réellement que le 11, le jour de l'armistice à l'Ouest. Ce même 9 novembre, la République est proclamée en Allemagne.

La voilà, la révolution que Charles prédisait naguère : non seulement le Kaiser est chassé, mais tous les souverains allemands – le roi de Bavière, le duc de Brunswick, le grand-duc de Mecklembourg, le roi de Saxe, le grand-duc d'Oldenburg et le roi de Wurtemberg – quittent leur trône. Comment l'empereur d'Autriche, qui n'a déjà plus de pouvoir, résisterait-il à cette vague ?

Charles est lucide. Après avoir appris l'abdication de Guillaume II, il convoque son secrétaire, le capitaine von Werkmann, et le premier grand maître de la Cour, le comte Josef Hunyady. Et leur tient ces propos : « L'exemple donné par la révolution allemande causera l'effondrement de l'Autriche. On imposera la république, on ne défendra pas la monarchie. Je n'abdiquerai pas, ni ne fuirai. La déposition ne m'enlève aucun de mes droits, puisque je ne renonce à aucun de ceux que je détiens. Mais je veux savoir si les partis qui, il y a peu de jours encore, se sont prononcés pour la monarchie, ont encore le courage de leur opinion[14]. »

Dans deux jours, le Conseil d'Etat de l'Autriche allemande doit adopter les lois fondamentales du nouvel Etat, et les faire ratifier le lendemain par l'Assemblée : le 12 novembre, la question du régime sera tranchée. Envoyé en ville par l'empereur, Werkmann revient avec un rapport mitigé : au Conseil d'Etat, les sociaux-démocrates militent ouvertement pour la République, les nationaux-allemands hésitent, et chez les chrétiens-sociaux le courant monarchiste faiblit.

Ses conseillers recommandent à l'empereur de faire jouer l'influence de l'Eglise. Werkmann rencontre deux fois le cardinal Piffl, qui jure de sa fidélité au Trône, et certifie que Mgr Hauser, prélat chrétien-social qui est aussi vice-président du Conseil d'Etat, amènera son groupe à voter pour la monarchie.

Le 10 novembre, Lammasch et ses ministres discutent du sort du souverain. Ils ont tous accepté d'entrer au gouvernement douze jours auparavant, alors que la partie était déjà compromise : leur estime personnelle pour Charles n'est pas en cause. Mais aucun n'imagine que le monarque puisse rester sur le trône. Pour ces hommes, le problème est de convaincre l'empereur de renoncer de lui-même au pouvoir. Les sociaux-démocrates du Conseil d'Etat leur ont remis un projet de déclaration à faire signer par Charles et destiné à être rendu public le lendemain, jour où la forme de l'Etat futur sera décidée. Le soir, au cours de ce qui restera la dernière réunion du cabinet impérial, le texte est modifié dans un sens qui paraît acceptable pour l'honneur du souverain. Il est convenu que Lammasch portera la déclaration le lendemain à Schönbrunn.

11 novembre 1918. A l'heure même où, dans la clairière de Rethondes, près de Compiègne, la guerre prend fin pour les Français, Anglais, Américains et Allemands, une autre partie se joue en Autriche.

Charles et Zita n'ont pas dormi. Ils savent que le destin de la monarchie se joue aujourd'hui. Toute la nuit, ils ont réfléchi ensemble, parlé ensemble, prié ensemble. Abdiquer ? Il n'en est pas question. Mais comment savoir si le refus de quitter le trône ne provoquera pas une vague de violence, comme en Allemagne, ou l'assaut de Schönbrunn, ce palais qui n'est défendu que par une poignée de gardes et par quarante élèves officiers ? Ont-ils le droit de risquer la vie de ces innocents ? Et celle de leurs enfants ? Comment oublier le massacre de Nicolas II et de sa famille ? Les révolutionnaires autrichiens sont-ils capables des mêmes crimes que les Russes ?

A 10 heures, le Conseil d'Etat de l'Autriche allemande se réunit : la République est votée à la majorité des voix. A

Schönbrunn, la nouvelle est communiquée à Werkmann, qui la transmet à l'empereur. A 11 heures du matin, Lammasch arrive avec Gayer, le ministre de l'Intérieur. Ils soumettent à l'empereur le texte de renonciation au pouvoir qui a été élaboré la veille. Gayer le presse de signer : « Votre Majesté verra cet après-midi des masses d'ouvriers devant Schönbrunn. On n'abandonnera certes pas complètement Votre Majesté. Mais les quelques personnes qui resteront auprès d'Elle finiront par tomber, et, avec Votre Majesté, la famille impériale[15]. » Lammasch, encore plus fébrile, déclare que Charles doit signer la déclaration immédiatement, afin qu'elle puisse être imprimée pour être affichée en ville à 15 heures et communiquée aux journaux du soir.

Charles demande qu'on le laisse seul, en priant Werkmann de rester. Il prend le temps de lire le manifeste, se fait répéter les dernières nouvelles de Vienne. Il n'y a donc personne pour défendre le Trône ? Non, répond le secrétaire, qui supplie l'empereur de signer. Charles fait chercher l'impératrice. Quand Zita entre dans la pièce, le souverain lui tend le papier. Elle le lit à peine, et s'emporte : « Un monarque ne doit jamais abdiquer. Il peut être déposé et déchu de ses droits souverains. Alors, c'est un coup de force, mais abdiquer, jamais, jamais ! Je préférerais tomber ici à ton côté. Après nous, il y aurait Otto, et même si nous devions tous périr ici, il y aurait d'autres Habsbourg[16]. »

Pendant ce temps, on frappe toutes les cinq minutes à la porte du bureau de l'empereur : les ministres attendent la signature. Charles, Zita et Werkmann se réfugient dans le salon de Porcelaine, où l'impératrice, calmée, lit enfin la déclaration. Werkmann argumente de nouveau. La monarchie a cessé d'exister pour l'instant ; or ce manifeste, qui n'est pas un acte d'abdication mais l'annonce d'un retrait du pouvoir, ne préjuge pas de l'avenir. Alors, à midi, Charles signe le texte, qui sera contresigné par Lammasch :

« Depuis mon accession au Trône, je me suis efforcé

d'arracher mes peuples aux horreurs de la guerre, à la déclaration de laquelle je n'ai aucune responsabilité.

Je n'ai pas hésité à restaurer la vie constitutionnelle, et j'ai ouvert à mes peuples la voie de leur développement en tant qu'Etats indépendants.

Toujours plein, avant comme après, d'un amour immuable pour mes peuples, je ne veux pas que ma personne soit un obstacle à leur libre développement.

Je reconnais par avance toute décision que l'Autriche allemande prendra au sujet de sa forme politique future.

Le peuple a pris le pouvoir par l'intermédiaire de ses représentants. Je renonce à la part qui me revient dans la conduite des affaires de l'Etat.

Je relève en même temps mon gouvernement autrichien de ses fonctions.

Puisse le peuple de l'Autriche allemande créer et renforcer ce nouvel ordre de choses dans un esprit de concorde et de conciliation. Le bonheur de mes peuples a toujours été l'objet de mes souhaits les plus ardents.

Seule la paix intérieure peut guérir les blessures de cette guerre[17]. »

Une République sans républicains

En début d'après-midi, ce 11 novembre, a lieu la cérémonie d'adieu du gouvernement impérial. Gayer informe l'empereur que les nouvelles autorités autrichiennes ont ordonné aux forces de l'ordre du régime, la Volkswehr, d'occuper Schönbrunn, la Hofburg et tous les bâtiments impériaux. Si la famille impériale ne veut pas rester sous leur coupe, elle doit partir.

Pour aller où ? Les conseillers de Charles en ont discuté depuis plusieurs jours. En 1848, lorsque la révolution avait contraint l'empereur à fuir Vienne, la Cour s'était réfugiée au Tyrol, bastion de la légitimité. La même solution a été étudiée, mais la région est jugée peu sûre, aujourd'hui, en raison des troupes débandées qui refluent d'Italie. L'ambassadeur de Suisse et l'ambassadeur des Pays-Bas se présentent au palais, en proposant au souverain, au nom des délégations neutres de Vienne, leur protection personnelle. Le souverain les fait remercier, mais il désire rester dans son pays.

C'est lui qui choisit le lieu de sa retraite : ce sera le château d'Eckartsau, situé sur la rive gauche du Danube, dans le Marchfeld, à 20 kilomètres à l'est de Vienne. Une propriété impériale et un domaine de chasse, où François-Ferdinand avait ses habitudes et que Charles lui-même a souvent pratiqué.

A 18 h 30, les voitures qui doivent conduire la famille impériale se rangent dans la cour du palais, déjà investie par la Volkswehr. Charles, Zita et les enfants se rendent dans la chapelle, pour un temps de prière. Puis ils passent dans la grande salle des cérémonies, où les souverains remercient ceux qui sont demeurés à leur côté jusqu'à ce jour. Dans tous les yeux perlent des larmes. Dans la cour, alignés sur deux rangs, en ordre impeccable, les cadets saluent et prêtent un dernier serment de fidélité à l'empereur, avant de se disperser. Mais ces garçons pleurent : eux aussi, c'est leur monde qui s'écroule.

A 19 heures, accompagné par un camion transportant les deux douzaines de soldats de la garde qui restaient, le convoi franchit le portail du château. Les Habsbourg ont quitté Schönbrunn.

Le 11 novembre, le Conseil d'Etat a adopté un projet de loi en onze articles, dont les deux premiers disent l'essentiel : « Article 1 : L'Autriche allemande est une République démocratique. Article 2 : L'Autriche allemande est partie intégrante de la République allemande. » Mgr Hauser, en dépit de ses promesses, a voté la loi. Seuls trois délégués chrétiens-sociaux se sont prononcés contre l'emploi du mot

« République » dans l'article 1, et un seul, Wilhelm Miklas, contre l'article proclamant le rattachement de l'Autriche à l'Allemagne*. Le lendemain, ce projet de loi est adopté à l'unanimité par l'Assemblée. Le 12 novembre 1918, à 15 h 55, des coups de canon fendent l'air de Vienne : l'Autriche est devenue une République.

Le Conseil d'Etat ne représente qu'une minorité, et l'Assemblée est composée de députés élus en 1911. Cette révolution correspond-elle au vœu de la majorité ? Aucun référendum n'ayant consulté la population, nul ne peut le dire. Il est probable, toutefois, en dépit des campagnes d'opinion qui ont visé la dynastie, que l'Autriche profonde, si elle avait eu à voter, n'aurait pas ratifié l'éviction de l'empereur. Mais la guerre, la faim, la misère et le chaos provoqué par la dislocation de l'empire, et sans doute aussi une surévaluation du danger révolutionnaire, ont désarmé les amis du Trône. Le 24 novembre 1918, l'*Arbeiterzeitung*, le quotidien social-démocrate, déplore que l'Autriche soit « une République sans républicains ».

Les populations des Habsbourg, au demeurant, n'ont été consultées nulle part. En 1923, dans son livre *La Révolution autrichienne*, Otto Bauer, le leader de l'aile gauche de la social-démocratie viennoise, avouera que, dans chaque pays de la Couronne, la révolution n'a pas été faite par le peuple, mais par la bourgeoisie nationaliste. Au Parlement de Vienne, de nombreux députés slaves se sont élevés contre le rattachement de leurs régions à la Tchécoslovaquie ou à la Yougoslavie, désirant demeurer au sein de l'Autriche-Hongrie.

De ces réalités, Charles est informé. Le 13 novembre, alors qu'il vient de s'installer à Eckartsau, une délégation hongroise vient le voir. Après trois heures de discussion, elle lui arrache une proclamation inspirée du manifeste paru en Autriche : « Je ne veux pas faire obstacle à l'évolution

---

* Miklas sera le dernier président autrichien, en 1938, lors de l'Anschluss.

de la nation hongroise pour laquelle je ressens un amour inaltérable. En conséquence, je renonce à ma participation aux affaires de l'Etat, et je reconnais par avance toute décision par laquelle la Hongrie décidera de la forme de l'Etat pour l'avenir[18]. »

Dans l'esprit du souverain, les deux déclarations de Schönbrunn et d'Eckartsau ne signifient ni abdication, ni renoncement au trône : elles lui laissent une porte ouverte. Il n'a jamais que 31 ans. L'âge où un homme peut nourrir tous les espoirs.

11

L'empereur sans couronne

Lorsque la famille impériale arrive à Eckartsau, par une nuit brumeuse, humide et froide, elle découvre brutalement les conditions de vie qui vont être les siennes. Le château n'est pas chauffé. Il est plongé dans la pénombre, car l'électricité ne fonctionne pas : les allumettes sont introuvables, les bougies rares. Les lits manquent de draps. Les réserves des cuisines sont vides.

La faim, à l'époque, tenaille tous les Autrichiens. Les habitants d'Eckartsau n'échapperont pas à cette loi. Le ravitaillement viendra de Vienne, quand les camions ne seront pas pillés en cours de route. La seule ressource sera le gibier du domaine : tous ceux qui sont capables de tenir un fusil chasseront, et l'empereur, flanqué de son chien Gustl, participera à ces battues. Non pour se distraire, mais pour nourrir les siens.

Au lendemain de l'installation de Charles et Zita, de nouveaux hôtes les rejoignent. L'archiduchesse Maria Josepha, la mère du souverain. L'aumônier de la cour, Mgr Seydl, qui célèbre la messe quotidienne dans la chapelle. La suite de l'empereur : son chambellan, le comte Wladimir Ledochowski, son aide de camp, le capitaine de frégate Emmerich von Schonta, le grand maître de la Cour, le comte Joseph Hunyady. L'impératrice possède également sa suite : son chambellan, le comte Alexander Esterházy, ses dames d'honneur, la comtesse Agnes

Schönborn et la comtesse Gabriele Bellegarde. Mais il y a aussi les serviteurs et les gardes. Et les visiteurs, venus de la capitale ou d'ailleurs, qui restent un jour ou deux. Jamais moins de cinquante personnes ne logent à Eckartsau, parfois une centaine. Une Cour en miniature, pour un empereur sans couronne.

Le 22 novembre, le Conseil d'Etat dissout la garde impériale. Les hommes qui ont assuré jusqu'ici la sécurité des souverains proposent de servir sans solde : leur requête doit être rejetée, pour ne pas provoquer l'intervention de la Volkswehr. Fournis par le préfet Schober, un fidèle de la dynastie resté en poste, dix policiers viennois remplacent les gardes. Ils patrouillent dans le parc, et veillent la nuit. Leur présence n'est pas superflue : la région est hantée par des bandes de rôdeurs, des soldats démobilisés ou des déserteurs qui vivent de rapine. Un matin, un policier est abattu d'un coup de feu, tiré d'on ne sait où.

Le 15 décembre, Charles tombe malade : il a contracté la grippe espagnole. Sur son organisme éprouvé par l'incessante tension des deux années de règne et anémié par le manque de nourriture, le virus agit avec force. Le souverain restera neuf semaines alité. Au cours de l'hiver, tous ses enfants aussi seront contaminés par la grippe. Noël 1918 est une triste fête. Charles tient à assister à la remise des cadeaux au pied du traditionnel sapin – des babioles dénichées dans le grenier –, mais il doit se recoucher après la cérémonie.

L'*Arbeiterzeitung* est l'organe du parti social-démocrate, le parti du chancelier Karl Renner. Ce qui s'imprime dans ce journal n'est pas innocent. Or, le 17 novembre 1918, cinq jours après l'emménagement à Eckartsau, le quotidien publie un éditorial au titre menaçant : « La dynastie doit émigrer. » Le 22 décembre, au cours d'une séance du Conseil d'Etat qui se tient à huis clos, Renner pose la question : est-il conforme à la loi que l'empereur réside sur le sol autrichien ?

Au cours de la première semaine du mois de janvier 1919, le chancelier se présente à Eckartsau, sans avoir été annoncé. Il souhaite parler à l'empereur. Mais Charles, au demeurant malade, refuse de le recevoir. Retenu à déjeuner par Schonta, l'aide de camp du monarque, Renner lui explique que l'empereur ferait mieux de partir, l'atmosphère des bords du Danube étant mauvaise pour la santé ; de plus, sa sécurité, ici, ne peut être garantie. Narquois, l'officier réplique que son maître aime l'air de la campagne, et que la sécurité des lieux, dont le gouvernement est d'ailleurs responsable, ne pose pas le moindre problème. Après cette fin de non-recevoir, Renner repart bredouille.

Le Danube ne coule pas qu'en Autriche.

La loi du 12 novembre 1918, qui a proclamé la République, prévoit l'organisation d'élections à l'Assemblée constituante. Ces élections sont fixées au 16 février 1919. Un scrutin sur lequel Charles va tenter d'influer.

Mgr Seydl, à Eckartsau, a eu entre les mains le texte d'une lettre pastorale que l'archevêque de Vienne, le cardinal Piffl, compte publier au nom de l'épiscopat autrichien, incitant les catholiques à aller voter. Une reconnaissance implicite, par l'Eglise, du changement de régime. Le 15 janvier 1919, Charles écrit alors à Mgr Piffl, pour obtenir que les curés incitent leurs ouailles à élire des députés non seulement chrétiens, mais fidèles au trône. Dans cette lettre, le monarque insiste : l'enseignement de Léon XIII, appelant à agir dans le cadre des institutions établies, ne peut être invoqué dans le cas autrichien, où la République a été le fruit d'une révolution. Charles, empereur, n'a pas abdiqué et n'abdiquera jamais, affirme-t-il, et ne se considère pas tenu par la déclaration de renonciation qui lui a été arrachée sous la pression des circonstances.

Peine perdue : le 23 janvier, la lettre de l'épiscopat est lue dans toutes les chaires. C'est un appel à œuvrer pour l'avenir de la société et de la patrie, et à reconnaître la forme de l'Etat selon l'esprit de l'épître de saint Paul aux Romains («Tout pouvoir vient de Dieu») et de l'encyclique *Immortale Dei* de Léon XIII. Le 16 février 1919, les électeurs envoient à l'Assemblée constituante 72 sociaux-démocrates, 69 chrétiens-sociaux et 26 nationaux-allemands. Peu après, Charles adresse une nouvelle lettre au cardinal Piffl, dans laquelle il fait de nouveau l'éloge de la monarchie, appelant à l'union du Trône et de l'Autel.

Les protestations réitérées que Charles envoie au cardinal sont des pétitions de principe. En réalité, sa vraie pensée politique, qui va d'ailleurs s'affiner au cours des mois à venir, apparaît beaucoup plus subtile, et beaucoup plus large, que ces revendications légitimistes à gros-grain. Mais ce sont les archives qui le révèlent *a posteriori*.

A la mi-février 1919, au moment des élections pour l'Assemblée constituante, l'empereur écrit à ses beaux-frères, Sixte, Xavier et René de Bourbon-Parme, répondant à leurs interrogations sur une éventuelle restauration. Le ton est d'un grand réalisme. «Il ne serait pas difficile d'abattre la république en Autriche, note Charles, mais on susciterait l'hostilité des autres peuples de l'ancienne Autriche, à cause d'innombrables querelles de frontières plus ou moins graves. Le slogan "l'Autriche aux Autrichiens" ne serait pas adéquat, au regard de la faible conscience d'Etat, ici, et du sentiment national impétueux des autres peuples.» L'empereur poursuit l'analyse en soulignant que la monarchie ne renaîtra que de la nécessité géographique et économique, quand les petits Etats issus de la désagrégation de l'empire seront prêts à se retrouver. La petite Autriche? «Un Etat médiéval réduit à une carcasse, et non viable dans le monde d'aujourd'hui[1] », estime Charles. En jugeant que, pour l'instant, il n'y a rien à tenter en Yougoslavie, et pas plus en Bohême, où les Alliés règnent en maîtres et défendront la République.

Entre le 23 janvier et le 20 mars 1919, l'empereur rédige un mémorandum où il étudie la situation intérieure et extérieure des pays nés de l'Autriche-Hongrie. L'introduction évoque les suites de la guerre et le danger révolutionnaire dans le bassin danubien. La première partie est consacrée à la Hongrie, évaluant les rapports de force internes, et la situation extérieure du pays, qui est à la merci des Alliés. La deuxième partie concerne l'Autriche : Charles y dénonce la complicité des socialistes et des nationaux-allemands, qui réclament l'Anschluss. Son jugement sur la petite Autriche, de nouveau, est sans pitié : « L'Autriche allemande vivait et vivra par Vienne, qui, pour le moment, sombre au niveau d'une ville provinciale, qui sera une ville périphérique de la grande Allemagne[2]. » Dans une troisième partie du mémorandum, le monarque esquisse l'action diplomatique qu'il faudrait mener en direction de Paris et de Londres. L'ensemble est bien informé, mesuré, et intelligent.

Un troisième document peut être cité. C'est une lettre adressée par Charles à Benoît XV, le 28 février 1919, d'Eckartsau. Le texte est écrit en français*. L'empereur affirme qu'il n'a pas renoncé au Trône, fustige les projets de rattachement de l'Autriche à l'Allemagne, mais surtout expose sa grande idée : « Faire renaître l'ancienne Monarchie sous la forme d'une fédération des Etats nationaux qui se sont organisés sur son ancien territoire. »

Dans un long développement, Charles montre la solidarité objective des pays danubiens, sur le plan culturel, économique et géographique. Celle-ci, estime-t-il, les conduira tôt

---

* Voir le texte intégral de cette lettre en annexe, p. 329.

ou tard à rechercher le moyen institutionnel de défendre leurs intérêts communs. « J'admets, écrit le souverain, que cette union, si elle doit se refaire, devra, à la suite des événements, prendre une forme très changée et toute nouvelle. Mais je ne vois cette fédération que comme une Monarchie avec son souverain légitime. » Suivent, à l'intention du pape, des considérations détaillées sur l'organisation de cette fédération : d'un côté la Monarchie, qui représenterait les instances communes à tous les peuples, de l'autre les Etats nationaux, chacun avec « son autonomie entière, sa Constitution, même sa forme gouvernementale à soi[3] ». Ce qui sous-entend que certains de ces Etats pourraient s'ériger en républiques.

Ce projet, Charles ne va cesser de l'approfondir. Il correspond aux idées fédéralistes qu'il mûrissait lorsqu'il était archiduc, et qu'il a exprimées, empereur, dans son manifeste fédéraliste du 16 octobre 1918, malheureusement trop tard. Ce concept d'une fédération (ou d'une confédération) danubienne est prophétique : Charles possède avec lui une intuition qui le met très au-dessus du nationalisme de son époque. A court terme, néanmoins, ce projet recèle une grande part d'utopie, quoique, paradoxalement, l'empereur le sache bien. En 1919, en effet, les dirigeants des petits pays issus de l'Autriche-Hongrie sont tout émerveillés de leur indépendance, et il faudra du temps pour qu'ils en apprennent les limites. Par ailleurs, aucun d'eux n'est disposé, à cette époque, à faire appel à Charles pour jouer les fédérateurs, et encore moins, comme il le souhaiterait, pour les défendre en bloc à la Conférence de la Paix.

Benoît XV n'est pas dupe, au demeurant : dans sa réponse, datée du 26 mars 1919, le pape incite l'empereur à trouver dans la foi et l'abandon à Dieu la force de consentir au « sacrifice » qui est exigé de lui. Les mots sont empreints de charité chrétienne, mais l'argumentation n'exprime pas moins une fin de non-recevoir.

Un gentleman britannique au secours de l'empereur

A la fin du mois de janvier et au début du mois de février 1919, des bruits récurrents parviennent à Londres, Paris et Rome, transmis par les services de renseignement britanniques de Constantinople et de Salonique, selon lesquels une tentative d'assassinat de Charles se préparerait. Sont-ils fondés ? On n'en possède pas aujourd'hui les preuves, mais ces informations sont alors prises au sérieux.

Ayant eu vent de ces rumeurs, Sixte et Xavier de Bourbon-Parme tirent le signal d'alarme. A Paris, Sixte voit Raymond Poincaré, auquel il demande la protection de la France pour la famille impériale. Le président de la République objecte que sa position lui interdit d'intervenir directement, mais qu'il peut prier le Quai d'Orsay de lancer une démarche diplomatique. Le prince, tout en remerciant le chef de l'Etat, estime que l'affaire est trop urgente, et décide de gagner Londres, où il part le soir même.

Après une visite au Foreign Office, Sixte est reçu par George V et la reine Mary à Buckingham Palace. Le prince dépeint la situation en Autriche et la position de la famille impériale, en faisant une forte allusion au sort des Romanov. Le roi d'Angleterre se reproche suffisamment de n'avoir pas secouru son cousin, Nicolas II, pour répéter la même erreur. Il se rappelle, par ailleurs, que Charles a assisté à son couronnement. Aussi donne-t-il pour instruction, le 16 février, qu'un officier britannique soit rendu personnellement responsable de la sécurité et du bien-être de l'empereur d'Autriche.

Transmis de Londres, l'ordre parvient au colonel Cunninghame, attaché militaire britannique à Vienne et à Prague. Celui-ci confie la mission au colonel Summerhayes, un médecin, avec qui il se rend à Eckartsau, afin de le présenter à Charles. Le 21 février, l'empereur adresse une lettre de remerciement à George V, écrite en français, langue d'usage pour la correspondance entre souverains européens. La missive est signée de la formule traditionnelle : « De Votre Majesté, le bon frère et cousin, Charles[4]. »

Très rapidement, cependant, et pour d'obscures raisons tenant à des rivalités de services au sein de l'armée britannique, le colonel Cunninghame reçoit des ordres différents de Londres : un officier de liaison anglais auprès de Franchet d'Esperey est directement désigné pour prendre la mission à Eckartsau. Providentiellement, entre ici en scène un homme qui va devenir l'ange gardien du couple impérial.

Le lieutenant-colonel Edward Lisle Strutt, fils de lord, a bénéficié de la meilleure éducation. Officier du régiment royal d'Ecosse, il est catholique. Ayant effectué un séjour à l'université d'Innsbruck alors qu'il poursuivait ses études à Oxford, il parle couramment l'allemand. Il a fait la guerre avec courage, a été blessé, et son uniforme affiche un nombre impressionnant de citations et de décorations anglaises, françaises et belges.

Le 22 février, il se trouve à Venise, en permission, lorsqu'il reçoit un télégramme de ses supérieurs : « Vous vous rendrez immédiatement à Eckartsau, et dispenserez à l'empereur et à l'impératrice le soutien moral du gouvernement britannique. Nous apprenons que leur vie est en danger, qu'ils subissent de dures épreuves et qu'ils manquent de soins médicaux. Efforcez-vous par tous les moyens possibles d'améliorer leur sort[5]. » Dans son journal, qui a été conservé et qui constitue un témoignage de première main sur la vie de la famille impériale à cette époque, Strutt confesse ignorer où se trouve Eckartsau, et se demande ce qu'il faut entendre par « soutien moral ».

Le 25 février, il est à Vienne, après un voyage où il a pu constater la misère qui règne dans le pays : à chaque halte, le train était assailli par des malheureux quêtant un peu de nourriture. « La vue des enfants affamés est atroce », notet-il dans son journal. Après s'être annoncé à l'ambassade de Grande-Bretagne, l'officier descend à l'Hôtel Bristol, où il avait ses habitudes avant la guerre. Le 27 février, c'est une Daimler à six places, sur les portes de laquelle les armoiries impériales sont encore visibles sous la peinture, qui vient le chercher et le conduit à Eckartsau.

Accueilli par l'aide de camp Schonta, Strutt tombe sur le grand maître de la Cour, le comte Joseph Hunyady, une vieille connaissance. Conduit à sa chambre, il découvre, sur un paravent où sont accrochées des photos, un cliché pris à Saint-Moritz, quelques années plus tôt, où il pose à côté de l'archiduc François-Ferdinand. Dans ce château dont il ignorait l'existence cinq jours plus tôt, le distingué Britannique se retrouve dans son monde...

Dix minutes plus tard, Strutt est reçu par Charles. Pour l'occasion, l'empereur a revêtu son uniforme de maréchal, l'épée au côté, et porte la Grand-croix de l'Ordre de la Reine Victoria, qui lui avait été remise à Londres. « Il est très affable et exprime sa gratitude aux Alliés, observe l'officier. Je passe vingt minutes en sa compagnie, et constate son extrême cordialité. Je m'adresse toujours en français à l'empereur, qui me répond en allemand. Il m'apprend que son anglais est très élémentaire; en revanche, son français est excellent en ce qui concerne la prononciation, bien qu'un peu déficient sur le plan du vocabulaire. Le physique de l'empereur est conforme à son caractère. Il serait difficile de ne pas éprouver une immense sympathie à son endroit. C'est un homme infiniment attachant, un peu faible peut-être, intelligent, et prêt à affronter sa fin avec le même courage que son ancêtre Marie-Antoinette. »

Le soir, l'officier est invité à la table des souverains. Le menu est composé de ce que les cuisines ont de meilleur à offrir : potage de légumes, côtelettes, biscuits secs, vin ordinaire. A l'époque, certains journaux autrichiens raillent les dîners de dix plats et vins fins qui sont servis à Eckartsau. Quelques jours plus tard, un camion anglais apportera du ravitaillement, dont du pain blanc : le premier que la cour voyait depuis 1916. Après le dîner, on passe au salon, où Strutt est invité par Zita à fumer sa pipe ; puis on joue au bridge, et le Britannique gagne haut la main. A peine arrivé, le gentleman est entré dans le cercle de famille.

Avec l'aide de camp de l'empereur, Strutt évalue les besoins de la maison : nourriture, essence pour le groupe électrogène, sécurité. Tout en faisant de fréquents allers-retours à Vienne, il parvient, en passant par les services de l'armée britannique, à améliorer un peu l'ordinaire du château. Mais cet aspect matériel n'est pas l'essentiel. Ce qui importe, aux yeux de Charles et de Zita, c'est que la venue de cet homme est le premier signe qui leur soit adressé du monde extérieur. Dans leur condition, ce signe n'a pas de prix.
 Du journal de Strutt, extrayons une anecdote. Un jour, l'officier accompagne Charles dans sa promenade. Ils vont jusqu'au Danube. Sur la rive, ils aperçoivent des pêcheurs qui retirent leur filet. Charles s'arrête pour les observer. A sa vue, les hommes ôtent leur casquette. Le monarque invite les hommes à reprendre leur travail. Ils ont pris trois poissons. Charles emprunte 200 couronnes à Strutt (il les lui rendra dès leur retour), qu'il leur remet en échange. « Nous sommes partis, écrit Strutt, laissant les pauvres gens quasi prosternés. Je n'ai jamais vu ou entendu un paysan qui ne se montre parfaitement poli à l'égard de la famille impériale[6]. »

Abdiquer ou s'exiler : le dilemme impossible

Le 4 mars 1919, l'Assemblée constituante se réunit pour la première fois. Le 15 mars, le gouvernement est constitué. Pratique très autrichienne, c'est un cabinet de coalition entre la gauche et la droite. Mais le chancelier reste le socialiste Karl Renner. Une violente campagne d'opinion se développe alors contre les hôtes d'Eckartsau. Le 13 mars, un titre de l'*Arbeiterzeitung* a donné à nouveau le ton : « Charles doit abdiquer ».

Que l'abdication de l'empereur soit demandée avec tant d'insistance prouve deux choses. D'une part, que la déclaration signée par lui, le 11 novembre 1918, était bien une renonciation temporaire au pouvoir, et non une abdication. D'autre part, que le nouveau régime se sent incertain sur ses bases. Les pêcheurs du Danube dépeints par le colonel Strutt en témoignent : le loyalisme dynastique, qui ne se confond pas nécessairement avec une conviction monarchiste, est toujours vivant en Autriche, dans de très larges pans de la société. Charles ne constitue pas un danger immédiat pour ses adversaires, mais la conjoncture politique pourrait se retourner. Et, en toute hypothèse, l'empereur reste une figure, un symbole, un personnage que l'on respecte, faisant obstacle à la conscience républicaine que les socialistes entendent encourager dans la population.

Renner réclame donc son abdication, arguant que, dans sa déclaration de renonciation, l'empereur affirmait qu'il reconnaîtrait la forme de gouvernement choisie par l'Autriche. Or cette forme, explique le chancelier, a été déterminée par les élections à l'Assemblée constituante. Charles rétorque que les élections du 16 février se sont déroulées sous la pression révolutionnaire ; que les populations allemandes de Bohême, de Moravie, du Tyrol du Sud, de Slovénie et de Croatie, régions appartenant naguère à l'empire, n'ont pas pu voter ; et enfin que l'Assemblée ayant choisi la République, le 12 novembre, n'avait pas été désignée par le suffrage universel. En conclusion, soutient le souverain, le peuple n'a pas exprimé sa volonté sur le changement des institutions, qui a été imposé par une minorité ; il reste donc l'empereur légitime de l'Autriche.

Décidé à en finir, le chancelier hausse le ton. En plaçant

Charles devant trois possibilités : soit il abdique et reste libre de séjourner en Autriche ; soit il refuse d'abdiquer et il est expulsé ; soit il refuse et l'abdication et l'exil, et dans ce cas il sera interné. Cinq mois plus tôt, rappelons-le, le même Renner avait failli être son Premier ministre...

Le 12 mars, au cours d'une réunion du Conseil de guerre interallié qui se tient à Versailles, le Premier ministre britannique prend la défense de Charles. Lloyd George explique que l'empereur d'Autriche n'a pas voulu la guerre ; qu'il en a hérité, mais qu'il a voulu en sortir. Des menaces planant sur sa sécurité (Eckartsau est proche de la Hongrie, alors en pleine révolution communiste), il appartient aux Alliés d'assurer sa fuite. Lord Balfour, le ministre des Affaires étrangères de la Grande-Bretagne, fait sonder les autorités helvétiques : celles-ci répondent qu'elles sont prêtes à accueillir Charles, en tant que personne privée réfugiée sur leur territoire.

Cinq jours plus tard, Strutt reçoit un télégramme du ministère de la Guerre britannique, l'enjoignant d'organiser le départ de l'empereur pour la Suisse. Ayant demandé audience à Charles, l'officier déclare vouloir l'emmener dès le lendemain. Il aura à se raser la moustache, à revêtir un uniforme anglais, et sera accompagné d'un seul serviteur. Vingt-quatre heures après, le Britannique ira chercher Zita et les enfants, et les conduira en Suisse à leur tour. L'impératrice entre dans la pièce juste à cet instant. Charles prie Strutt de les laisser seuls. Une heure après, il le fait appeler : il ne partira pas. « Dans ce cas, réplique l'officier, je me verrai obligé d'emmener Votre Majesté de force. » Charles se contente de sourire : « Je ne peux pas abandonner Zita et les enfants. »

Le 19 mars, un incident survient : une charrette qui s'était rendue à Schönbrunn pour y chercher du sucre et du café est attaquée sur le chemin du retour, et pillée. Le conducteur, contusionné, revient à pied à Eckartsau. Il ne rapporte qu'une enveloppe libellée au nom de «Monsieur Charles Habsbourg», dont le contenu est un reçu pour les marchandises volées. Strutt utilise l'occasion pour avoir un entretien avec l'impératrice, qu'il vient à considérer, écrit-il, «comme le véritable chef de la famille». Au terme d'une longue discussion, le Britannique parvient à convaincre Zita de la nécessité de partir, et promet que cela se fera sans que Charles abdique. «Un Habsbourg mort, souligne-t-il, n'est d'aucun secours à qui que ce soit; tandis que vivant, avec une famille, il peut encore l'être.»

Le lendemain, à Vienne, Strutt rencontre Karl Renner. L'officier fait une ultime tentative pour que l'empereur soit autorisé à séjourner au Tyrol, ce qui lui permettrait de ne pas quitter son pays. La réponse est négative. Rentré à Eckartsau, Strutt annonce la mauvaise nouvelle à Charles, ce qui signifie que l'exil est inévitable. Après un long silence douloureux, le monarque n'exprime qu'un vœu : «Promettez-moi seulement que je partirai comme un empereur, et non comme un voleur.»

Le 21 mars, le colonel est de nouveau à Vienne. Usant de ses prérogatives, il donne l'ordre à la direction des chemins de fer de reformer le train impérial : trois wagons-salons, une cuisine, un wagon salle à manger, deux wagons pour les bagages, un plateau pour le transport des véhicules. Puis il passe à l'ambassade britannique, où il s'assure de pouvoir disposer d'un sergent et de six hommes de la police militaire.

Le même jour, au cours d'une conférence de presse, Renner déclare que le gouvernement a attendu en vain, de la part de l'empereur Charles, un acte formel de renonciation au trône. Faute de cet acte, les autorités sont au regret de considérer sa présence comme un danger pour l'ordre public : l'Autriche ne peut tolérer sur son territoire quelqu'un qui se considère comme le chef de la maison de Habsbourg et se refuse a prêter serment à la Constitution républicaine. L'Assemblée nationale, ajoute le chancelier sera prochainement amenée à légiférer sur le sujet.

Il restera au chancelier à tenter un dernier essai pour extorquer à l'empereur un acte d'abdication. Le 22 mars, alors qu'il est à Vienne pour régler les derniers détails du voyage de la famille impériale, Strutt est appelé chez Renner. Le chef du gouvernement exige que Charles abdique, sinon il sera interné. Le colonel avait senti le coup venir. A la hâte, en se rendant à la chancellerie, il avait rédigé un papier qu'il avait fourré dans sa poche. Il le brandit sous le nez de Renner, et lit ce qui se présente sous la forme d'un télégramme : « Au directeur des services de renseignement militaire, Londres. Gouvernement autrichien refuse autorisation départ empereur, à moins que ce dernier abdique. En conséquence, donnez ordre rétablissement blocus et interceptez tout train ravitaillement destination Autriche. (Signé) Strutt. » Un bluff pur, car la décision de placer l'Autriche sous blocus ne dépend ni des services de renseignement militaire de Londres, ni du feu vert d'un colonel britannique en mission en Autriche Mais la question du ravitaillement est si cruciale que le bluff fonctionne Renner s'incline : l'empereur partira sans conditions

Les souverains proscrits de leur pays

Le 23 mars est un dimanche. A 10 heures, dans la chapelle d'Eckartsau, Mgr Seydl célèbre la grand-messe. Elle est servie par l'archiduc Otto, qui n'a pas 7 ans. A la fin de la cérémonie, on entonne le *Gott erhalte*, l'hymne impérial. C'est la dernière fois qu'il est chanté par un empereur d'Autriche sur la terre de ses ancêtres. Toute la maisonnée est là et pleure.

L'escorte britannique arrive à 14 heures. Le dernier camion de bagages quitte le château à 17 heures. Les deux voitures de l'empereur, sa Daimler et sa Mercedes, seront chargées sur le wagon-plateau. Dans le hall attendent une quarantaine de paysans, et les maires des villages environnants. En haut, Charles et Zita font appeler Strutt. Ils lui confient une grande malle et un coffre ; la première contient des bijoux, le second, des papiers. Ces bagages sont étiquetés au nom du colonel britannique. L'empereur lui donne un portefeuille ; l'impératrice, son collier de perles, la plaque de diamants de Marie-Thérèse et les clefs des coffres.

A 18 h 30, les souverains descendent le grand escalier en se tenant par le bras. Les gens assemblés dans le hall et les nombreux serviteurs qui restent sur place les contemplent, saisis d'émotion. Beaucoup tombent à genoux. « La dignité du couple impérial à un moment aussi déchirant est inexprimable », note Strutt.

Le train attend à 3 kilomètres de là, dans la petite gare de Kopfstetten. Il pleut, il fait nuit noire. Environ 2 000 personnes attendent en silence. Quand le convoi automobile qui amène la famille impériale se profile, les hommes se découvrent. Une demi-douzaine de blessés de guerre en uniforme se tiennent au garde-à-vous : Charles leur serre la main. Il salue ensuite les policiers britanniques qui lui présentent les armes. Les souverains montent dans le train. Charles abaisse la vitre du wagon-salon, et regarde la foule. Emmerich von Schonta, l'aide de camp, fait d'abord ses adieux à l'empereur. Puis au colonel Strutt : l'Anglais a les yeux humides. « C'est ça qu'on appelle une révolution[7] », grommelle-t-il.

Le train s'ébranle. Charles se penche à la fenêtre, et fait un large geste d'adieu : « *Meine Freunde, auf Wiedersehen* », « Mes amis, au revoir ». Mais, en s'adressant à Strutt qui l'a rejoint, le souverain balbutie ces mots : « Après sept cents ans... »

A 7 h 30, le lendemain matin, Mgr Seydl célèbre la messe dans le wagon-salon. Les passagers du train se sont réveillés au Tyrol : Zell am See, Schwaz, Innsbruck... A 15 heures, le convoi atteint Feldkirch, au Vorarlberg, le point occidental de l'Autriche, à la frontière suisse. Sur le quai, par hasard, un illustre témoin est là : Stefan Zweig, qui a raconté, dans une page poignante du *Monde d'hier*, comment il a vu passer les souverains : «Je reconnus derrière la glace la haute stature dressée de l'empereur Charles, le dernier empereur d'Autriche, et son épouse en vêtements noirs, l'impératrice Zita. Je tressaillis[8]...»

C'est à Feldkirch et à la date de ce jour, le 24 mars 1919, qu'est symboliquement signé un manifeste par lequel Charles proteste contre le sort qui lui est réservé. Le texte a été préparé auparavant, à Eckartsau, et ne sera pas rendu public : il sera remis seulement à Benoît XV et à Alphonse XIII. Dans cette proclamation, l'empereur déclare considérer «comme nulles et non avenues par moi et ma maison» toutes les décisions le concernant prises par les autorités de fait de l'Autriche. «Je me suis efforcé de conduire mes peuples vers la paix, écrit Charles, et c'est donc dans la paix que j'ai voulu et que je veux rester pour eux un père, juste et fidèlement dévoué[9]».

«Mes peuples» : ce n'est pas seulement à l'Autriche, c'est à tous les pays sur lesquels il a régné que Charles continue de penser. Les peuples du Danube, qu'il voudrait servir. En exil, cette ambition ne va pas le quitter.

12

L'exil, la langueur et l'espoir

24 mars 1919 : le train impérial franchit la frontière suisse. Charles quitte son uniforme et passe un costume civil. Ses enfants l'examinent d'un air intrigué : ils n'ont jamais vu leur père habillé ainsi. A Buchs, sur le quai de la gare, un détachement militaire présente les armes. Les autorités suisses, qui accueillent le souverain, communiquent au comte Ledochowski, son chambellan, les conditions de l'hospitalité offerte par la Confédération helvétique. Charles et son entourage devront éviter toute propagande politique ; sinon, le Conseil fédéral pourrait leur retirer leur autorisation de séjour. Le couple impérial, résidant à titre privé sur le territoire suisse, ne bénéficiera d'aucune protection policière.

Quatre jours plus tôt, d'Eckartsau, Zita a envoyé un télégramme à sa mère. Après l'effondrement de la monarchie, la duchesse de Parme avait quitté sa résidence de Schwarzau, dans les environs de Vienne, pour se réfugier en Suisse, au château de Wartegg, propriété de sa famille. L'impératrice a demandé l'hébergement pour Charles, les enfants et elle, mais aussi pour sa belle-mère, l'archiduchesse Maria Josepha, et une suite composée de Mgr Seydl, du comte Ledochowski, de la comtesse Bellegarde et de la comtesse Schönborn, plus neuf serviteurs.

Le château de Wartegg se situe au milieu des bois, près de Staad, au bord du lac de Constance, à quelques kilomètres de la frontière autrichienne. Le colonel Strutt y fait son apparition, le lendemain de l'arrivée des souverains, afin de leur restituer les valeurs qu'ils lui avaient confiées, et leur faire ses adieux. Son rôle auprès de Charles et Zita, on le verra plus loin, n'est pas terminé. L'empereur rend hommage à l'officier dans la nouvelle lettre de remerciement qu'il adresse, le 11 avril 1919, au roi George V, pour le concours que lui a prêté la couronne d'Angleterre. Lettre écrite en français, comme la précédente.

Par contraste avec le sentiment d'isolement et de menace qui planait à Eckartsau, Charles et Zita éprouvent une impression de sérénité en débarquant à Wartegg : l'endroit est un havre de paix, physiquement réconfortant. Le château abrite la tribu des Parme presque au complet, ainsi que des cousins Bragance. L'impératrice retrouve ses frères et sœurs, non seulement ceux qui habitaient il y a peu en Autriche, mais les princes Sixte et Xavier, aperçus pour la dernière fois lors de leurs voyages secrets à Laxenburg, au cours des négociations secrètes de 1917.

Après le départ de la Cour de Schönbrunn, le capitaine von Werkmann, secrétaire de l'empereur, s'est lui aussi réfugié en Suisse. Il rend visite à Charles, qui le prie de rester à son côté. Dans ses souvenirs, ce témoin direct relate la transformation heureuse à laquelle il a assisté chez le souverain : « Il ne pouvait échapper à personne qu'il paraissait revivre dans cette vie familiale de Wartegg. (...) La gaîté qui animait la jeunesse se communiquait au couple impérial. Nous avons pu voir l'empereur et l'impératrice prendre part à des batailles de boules de neige et à la confection de bonshommes de neige. L'empereur lui-même était d'une rare bonne humeur[2]. »

Une grande maison sur le lac de Genève

En dépit de la qualité de l'hospitalité de sa belle-mère, Charles n'a pas l'intention de rester longtemps à Wartegg.

La maison n'est pas assez grande pour le loger avec sa propre famille, et il lui importe de trouver une demeure où il soit maître chez lui. D'autant qu'il ne compte pas mener l'existence oisive d'un prince exilé. L'empereur a d'ailleurs prévenu Werkmann, et c'est pour cela qu'il s'est attaché ses services : « Il va de soi que je suivrai d'un œil attentif la marche des événements dans mes Etats, pour en profiter l'heure venue[3]. »

Un mois après son arrivée à Wartegg, Charles passe quatre jours à Montreux, avec quelques hommes de sa suite. Il cherche une maison sur le lac de Genève. Près de Nyon, la villa Prangins, naguère construite pour le prince Napoléon Joseph Bonaparte (surnommé « Plon-Plon »), est libre. L'empereur loue pour deux ans cette bâtisse au style indéfinissable. Entourée d'un vaste parc, dotée d'annexes, elle est adaptée aux besoins de la famille impériale. La maison, dominant le lac Léman, est idéalement placée : elle possède une vue imprenable sur les Alpes de Savoie et le Mont-Blanc. Il n'y a pas de chapelle, mais le grand salon en tiendra lieu.

Le 20 mai 1919, deux mois après avoir quitté l'Autriche, Charles et Zita s'installent en ces lieux. Ils y vivront deux ans. Outre la suite de Wartegg, d'autres personnes rejoignent les souverains, notamment l'aide de camp de l'empereur, Emmerich von Schonta, et plusieurs anciens serviteurs de la Cour – majordomes, valets, femmes de chambre, cuisinières, nurses, chauffeurs. Au total, la villa Prangins abrite une cinquantaine d'âmes.

Pour ce qui est du rythme quotidien, c'est une période tranquille. La journée commence par la messe que célèbre Mgr Seydl. Le matin, pendant que Zita se consacre à ses enfants, aidée de leur gouvernante, la comtesse Kerssenbrock, Charles lit la presse internationale et s'attelle à son courrier. Le couple impérial déjeune en compagnie de l'archiduchesse Maria Josepha. Quand il n'y a pas de visiteurs, l'après-midi est voué à la promenade et à des activités en famille. De nombreuses photos de cette époque montrent l'empereur accompagné de ses enfants, dont il est manifestement très proche. L'archiduc Otto, entré dans sa septième année, commence ses études primaires, sous la houlette de précepteurs : le programme scolaire a été supervisé par son père.

Zita est enceinte. Le 5 septembre 1919, à la villa Prangins, elle donne le jour à son sixième enfant, l'archiduc Rodolphe. Moins de deux ans plus tard, le 1er mars 1921, naîtra sa deuxième fille, l'archiduchesse Charlotte. Les deux accouchements ont requis des praticiens qui étaient médecins de la cour, à Vienne, et qui avaient mis au monde les premiers enfants du couple impérial.

A l'occasion d'une excursion, Charles fait découvrir aux siens le château de Habichtsburg, dans le canton d'Argovie, la forteresse de ses lointains ancêtres. Au cours de l'hiver 1919-1920, et de nouveau en 1920-1921, la famille effectue des séjours dans la station de Disentis, dans le canton des Grisons.

Costume-cravate, imperméable, chapeau mou : habillé en civil, Charles, dont l'élégance n'a jamais été le premier souci, a l'air d'un père de famille ordinaire. Sa simplicité naturelle, que les épreuves ont même accrue, y est pour quelque chose. Cela lui joue parfois des tours. L'empereur s'est lié avec Dom Thomas Bossart, père abbé d'Einsiedeln, dans le canton de Schwyz, monastère bénédictin par lequel passent certains de ses contacts avec le Saint-Siège. En juillet 1919, sans s'être annoncé, il rend visite à l'abbaye. S'étant présenté à la porte, Charles se nomme, mais le frère portier le regarde de haut en bas, et, jugeant trop modeste la mise de cet inconnu, lui répond : « N'importe qui peut se dire l'empereur d'Autriche[4]. » Et le brave moine de refermer la porte au nez du visiteur, avant d'aller raconter l'anecdote au père abbé. Ce dernier, devinant la réalité, se précipite à l'entrée du monastère, et trouve l'empereur patient derrière la porte...

La spoliation des Habsbourg

Entretenir une maison où habitent en permanence une cinquantaine de personnes suppose un train de vie qui n'est pas celui d'un père de famille ordinaire. Lorsque Charles emménage à la villa Prangins, il ne connaît pas de problèmes financiers. De Vienne est arrivé un administrateur de la maison impériale qui règle ces questions. Si l'empereur s'est toujours préoccupé des pauvres, il n'a jamais été, du fait de sa naissance et de sa position, confronté personnellement au manque d'argent. C'est un apprentissage qu'il va faire. Un apprentissage cruel. En mai 1919, premier signal, on lui explique que deux véhicules ne sont pas indispensables. Il vend la Mercedes qu'il utilisait autrefois pour l'inspection des troupes.

Ce n'est qu'un début. Car, un mois plus tôt, une loi a été votée, à Vienne, qui aura pour conséquence la confiscation de la fortune des Habsbourg par la République d'Autriche.

Avant le départ de l'empereur, le chancelier Renner avait annoncé qu'une forme légale et définitive serait donnée à l'exil de la dynastie. Trois jours après l'installation de Charles en Suisse, le chef du gouvernement présente à l'Assemblée un projet de loi en ce sens.

Cette loi doit être située dans son contexte. L'Autriche traverse alors une situation économique et sociale dramatique. Les plus radicaux des socialistes en profitent pour pousser leurs pions. Le 31 janvier 1919, une imposante manifestation de chômeurs est organisée, dans la capitale, à l'initiative des communistes. Le mouvement révolutionnaire, parti de Russie, menace bientôt toute l'Europe centrale. Le 21 mars, derrière Béla Kun, les communistes prennent le pouvoir en Hongrie ; le 24 mars, des conseils de soldats et d'ouvriers, formés sur le modèle soviétique, sont signalés dans la capitale autrichienne. Les autorités redoutent – les rapports des diplomates en poste à Vienne confirment cette inquiétude – un prochain coup de force bolchevique. Effectivement, les communistes autrichiens, manipulés par les Hongrois, tenteront un putsch, à Vienne, le 17 avril 1919 : quelques milliers d'émeutiers mettront le feu au Parlement, forçant la Volkswehr à tirer (laissant 5 morts et 25 blessés). Une seconde tentative aura lieu deux mois plus tard.

En ce printemps 1919, les Autrichiens, même les sociaux-démocrates modérés, vivent donc dans la hantise du bolchevisme. C'est dans cette perspective que Renner propose sa loi anti-Habsbourg : le chancelier cherche à donner des gages à gauche, afin de désamorcer la poussée révolutionnaire.

Proposé le 27 mars, le texte de Renner est adopté le 3 avril 1919. Aux termes de cette loi, tous les droits souverains de la maison de Habsbourg-Lorraine sont abolis. L'héritier de la Couronne est personnellement banni, mais également les membres de sa parenté qui refusent de renoncer à leurs prérogatives et de se déclarer loyaux sujets de la République. L'article 5, par ailleurs, stipule que la République autrichienne se déclare « propriétaire de tous les biens mobiliers et immobiliers situés sur son territoire, faisant partie du trésor de la Couronne, ou ayant appartenu à l'ancienne dynastie régnante, y compris la branche cadette[5] ». Selon l'article 6, toutefois, cette nationalisation ne concerne que les biens de la dynastie ayant un rapport direct avec les fonctions du souverain, et non ceux relevant du droit privé.

Commence alors, entre la famille de Habsbourg et la République d'Autriche, un affrontement juridique qui va durer bien au-delà de la vie de Charles, puisque les ultimes péripéties se joueront dans les années 1990. Après la promulgation de la loi, en effet, l'empereur met le dossier entre les mains d'avocats. Ceux-ci feront valoir, preuves à l'appui, qu'une très grande partie des biens impériaux, même s'ils correspondaient à un service public, étaient d'origine privée. A Vienne, outre les palais d'Etat, l'Opéra, le Burgtheater, les grands musées, les jardins impériaux ou la Bibliothèque nationale appartenaient à l'empereur, qui entretenait sur ses revenus personnels ces établissements ouverts à tous. Ils ne peuvent donc être saisis sans contrepartie financière.

En réponse, Renner décide de faire voter une seconde loi, qui sera adoptée le 30 octobre 1919 : elle décrète la nationalisation de tous les biens privés de la dynastie de Habsbourg-Lorraine. Sans rien débourser, la République d'Autriche acquiert un immense patrimoine. A Vienne, notamment, la Hofburg, Schönbrunn, le palais du Belvédère, le palais Augarten, le château de Hetzendorf, la résidence de Baden et le château de Laxenburg. A quoi s'ajoutent la résidence de Salzbourg et, à Innsbruck, la Hofburg et le château d'Ambras. Sans parler des collections d'art, ces monuments historiques, liés au pouvoir impérial, constituent la partie la plus visible des biens saisis. Mais la confiscation touche aussi un fonds de famille créé en 1765 par l'impératrice Marie-Thérèse et un fidéicommis, institué par François-Joseph en 1901, représentant des domaines ruraux et forestiers, des immeubles ou des valeurs mobilières : autant de ressources purement privées.

Les Etats successeurs de l'Autriche-Hongrie s'emparent également des biens des Habsbourg. La Tchécoslovaquie hérite du château royal de Prague. Plus tard, le château royal de Budapest et le château de Gödöllö seront aussi enlevés aux Habsbourg.

A Charles, il ne reste que les avoirs acquis ou hérités en propre (comme le petit château de Feistritz, en Styrie, acheté avec Zita en 1913), mais leurs revenus seront placés sous séquestre. L'empereur, à qui rien n'aura été épargné, est victime d'une spoliation en bonne et due forme.

La générosité de l'empereur

La première loi anti-Habsbourg est du 3 avril 1919. Le 18 avril suivant, en vue d'échapper à l'exil, six archiducs de la ligne toscane signent une déclaration de reconnaissance de la République. Le 10 mai, Charles écrit à leur chef, l'archiduc Franz Salvator. Le ton est cinglant : « Vous et les membres de votre famille resterez à l'avenir des parents, mais vous ne pourrez plus être considérés comme des membres de la maison de Habsbourg-Lorraine. » Ce qui est toutefois révélateur dans cette lettre, et qui éclaire d'un trait supplémentaire la personnalité de Charles, c'est le fond du reproche qu'il adresse à ses cousins : leur déclaration par laquelle ils affirment renoncer à leur statut dynastique, déplore-t-il, « peut susciter, dans une part de l'opinion, le sentiment qu'un membre de la maison de Habsbourg-Lorraine peut rompre les liens familiaux parce que ceux-ci auraient moins de valeur que les biens matériels[6] ».

Les biens matériels ? Ce n'est pas l'essentiel pour Charles : il place l'honneur de la famille et la mission de la dynastie bien au-dessus des titres de propriété.

Reste qu'il doit faire vivre une cinquantaine de personnes. Le 1er novembre 1918, quand la monarchie craquait de toutes parts, Charles avait confié au comte Berchtold le soin d'emporter en Suisse quatre valises de bijoux. Non les joyaux de la Couronne, restés à Vienne, mais des bijoux privés. C'était la seule précaution financière qu'il avait prise. Déposés dans une banque à Berne, et gagés, ces bijoux avaient permis l'ouverture d'un crédit. D'autres bijoux, confiés à Strutt lors du voyage vers la Suisse, ont aussi été mis en sécurité. Mais, le crédit s'épuisant à la banque, les bijoux sont vendus l'un après l'autre.

L'empereur est en outre la proie d'un escroc, un certain Bruno Steiner, ancien administrateur de l'archiduc François-Ferdinand, qui se présente à Prangins en se proposant de gérer les affaires de la famille. Dans sa candeur, Charles lui donne procuration pour négocier la vente d'un certain nombre de bijoux et de valeurs. En 1922, l'individu aura disparu, et les bijoux avec lui.

Insensiblement, les préoccupations financières vont s'installer. Elles ne freinent pas la générosité de Charles. Il continue à faire des dons, essentiellement à d'anciens officiers que la dissolution de l'armée impériale a plongés dans la misère. Ainsi le maréchal Boroević, mis à pied après la chute de la monarchie. Il avait placé les économies de toute une vie dans les emprunts de guerre hongrois : ces titres ne valent plus rien. La Yougoslavie, qui a absorbé sa Carniole natale, refuse de lui verser la moindre pension. Avec sa femme, ce grand soldat qui avait commandé de puissants corps d'armée vit désormais dans une maisonnette de deux pièces, en Carinthie. Charles l'a su. Le 4 avril 1920, Boroević écrit à l'empereur : « Ce n'est pas seulement ma très humble reconnaissance que je voudrais exprimer pour le don généreux que je dois à la munificence de Votre Majesté, mais aussi la profonde confusion que j'éprouve à la pensée que, même dans la meilleure intention, on ait cru devoir importuner Votre Majesté du récit de mes soucis matériels[7]... »

Le 20 décembre 1919, Charles s'adresse au roi d'Espagne Alphonse XIII, le priant d'intervenir en faveur des soldats autrichiens restés prisonniers en Sibérie, dont Vienne n'a pas les moyens de payer le retour. Zita intervient parallèlement auprès de Benoît XV. La démarche est fructueuse le 30 décembre, le pape répond qu'il prend en charge les frais de rapatriement depuis Vladivostok, demandant leur concours à la Croix-Rouge suisse et à la Croix-Rouge américaine. Un an après la fin de la guerre et la chute du trône, quelques centaines de malheureux, oubliés au fin fond de la Russie, membres d'une armée qui n'existe plus, doivent leur salut au couple impérial.

A Prangins, Charles reçoit un jour la visite d'un diplomate polonais, le prince Lubomirski. Son témoignage vaut encore d'être cité : « Je n'ai pu résister à un mouvement de sympathie envers ce jeune monarque si durement éprouvé, qui, au moment où l'existence matérielle de sa famille est en jeu, parlait de ses soucis personnels sur un ton de complet détachement, en réservant toute sa sollicitude aux pénibles problèmes des peuples dont le sort continue à l'occuper[8]. »

Détrôné, exilé, Charles reste empereur : loin de se replier sur lui, il aspire à servir les pays qui l'ont rejeté, mais dont il se considère toujours comme le souverain. Mais ceux qui le connaissent et le côtoient observent aussi, chez lui, des moments d'abattement. Au bout de quelques mois, la douleur de l'exil commence à le ronger. D'une certaine manière, Zita, même si elle se sent très autrichienne, est mieux préparée, psychologiquement, à cette condition : sa famille a été exilée et, enfant et jeune fille, elle a eu l'habitude de franchir les frontières pour des séjours allant des bords de la Loire à la Toscane. Charles, issu d'une dynastie que l'on croyait indéracinable, souffre plus du mal du pays : son paysage intime, c'est le Danube, et non le lac Léman.

Un réseau d'amis au service de l'empereur

Extérieurement, Charles respecte les conditions que la Suisse a posées pour l'accueillir. Les journalistes à l'affût de la villa Prangins constatent que le souverain se promène, se réjouit de sa meilleure santé, et reçoit des visiteurs. C'est tout. En réalité, l'empereur fait beaucoup plus. Lorsqu'il s'installe en Suisse, aucun traité de paix n'a été signé. Celui de Versailles, avec l'Allemagne, le sera en juin 1919 ; celui de Saint-Germain-en-Laye, qui réglera le sort de l'Autriche, en septembre 1919 ; et le traité de Trianon, qui concernera la Hongrie, sera conclu en juin 1920. Charles suit de près la préparation de ces traités, en tentant d'influer sur les idées qui y sont mises en œuvre.

Ce ne sont pas seulement des rêves en chambre. En avril 1919, le souverain fait publier en Hongrie une déclaration par laquelle il affirme que sa renonciation du 13 novembre 1918 lui a été arrachée, et qu'elle n'est donc pas valide. Roi *de jure* en Hongrie, Charles reste un acteur potentiel du jeu politique dans le bassin danubien : les archives des chancelleries européennes prouvent qu'il est bien considéré comme tel à l'époque.

Il dispose à cet effet de quelques moyens. Tout d'abord un service de renseignement assuré par Werkmann. D'après ce dernier, toute la littérature de guerre et d'après-guerre est lue à Prangins (les principaux acteurs du conflit, hommes politiques ou militaires, publient alors des livres, où ils exposent leurs points de vue sur la réorganisation de l'Europe). Werkmann fournit aussi le nombre des publications qui sont dépouillées pour l'empereur, soit 180 journaux.

Charles bénéficie ensuite d'un réseau qui reste vivant : les diplomates austro-hongrois. Ces derniers sont souvent restés en poste, parce que les nouveaux Etats n'ont pas suffisamment de personnel formé pour les remplacer. Ce sont quasiment tous des nobles. Même lorsque leurs titres sont de fraîche date – de nombreux bourgeois sont devenus barons sous François-Joseph, qui récompensait ainsi le service de l'Etat –, ces hommes se sentent plus d'affinités avec l'héritier des Habsbourg qu'avec les nouveaux dirigeants de leurs pays, *a fortiori* à Vienne, où ils ont dû renoncer à leurs titres* et où le ministre des Affaires étrangères est

---

* Le 2 avril 1919, le même jour que la loi anti-Habsbourg, la République d'Autriche a adopté une loi interdisant les titres de noblesse et l'emploi de la particule. Cette loi est toujours en vigueur.

l'extrémiste marxiste Otto Bauer. L'ambassadeur d'Autriche à Berne, le baron Chlumecky, est en rapport étroit avec Charles. Le comte Mensdorff, représentant de Vienne à la Société des Nations, à Genève, est aussi de ceux qui le renseignent. Quand ils ont été mis en disponibilité, ces diplomates ont conservé des contacts et des amitiés qui leur permettent de rester informés : ils en font profiter la villa Prangins. Le comte Revertera, qui négocia avec les Français, en fait partie. Un autre familier des lieux, le baron Hye, ancien attaché aux ambassades d'Autriche-Hongrie à Berne, Washington et Rome, après avoir quitté le service actif par fidélité à l'empereur, s'est installé en Suisse afin de lui prodiguer plus facilement ses conseils.

A l'initiative d'un groupe de diplomates et d'industriels amis de la dynastie, une agence d'information économique, l'Agence centrale, est fondée à Lausanne. Dotée de bureaux à Vienne, Budapest, Prague, Belgrade, Paris et Londres, cette organisation défend la nécessité de recréer des circuits économiques et financiers entre les différents pays du bassin danubien, rejoignant ainsi le projet politique de Charles.

L'empereur reçoit de nombreuses visites et reprend son habitude de donner des audiences en plein air. Il entretient également une abondante correspondance. Du séjour à Prangins datent de multiples lettres à Benoît XV, à Alphonse XIII, au cardinal Bisleti, à Mgr Pacelli, au cardinal Piffl, à Mgr Seipel... Beaucoup d'ecclésiastiques, on le voit, mais c'est un univers familier à Charles, et c'est aussi un temps où les hommes d'Eglise font de la politique. La plus grande part de ce courrier ne passe pas par la poste. Monarque détrôné, Charles n'a plus de service de correspondance diplomatique, mais le Saint-Siège met le sien à sa disposition, tout comme les diplomates en activité. Dom Bossart, le père abbé d'Einsiedeln, joue aussi un rôle : nous possédons des lettres échangées entre l'empereur et lui qui sont rédigées en langage codé.

Son grand projet : la confédération danubienne

L'influence que Charles tente alors d'exercer s'étend dans trois directions, qui sont d'ailleurs liées. Dans l'immédiat, au printemps 1919, le danger communiste le préoccupe. Par le réseau habituel de ses correspondants, l'empereur s'emploie à attirer l'attention des Alliés sur la gravité de la situation en Hongrie, et ses répercussions en Bohême ou en Autriche. Il préconise l'envoi de troupes françaises ou anglaises dans la région danubienne, et la livraison de ravitaillement afin d'enrayer l'agitation révolutionnaire exacerbée par la famine. En mars 1919, Charles écrit une lettre dans ce but à Alphonse XIII. Celui-ci la transmet à George V, qui lui-même la fera passer au chef du gouvernement français, afin qu'il en soumette le contenu à la Conférence de la Paix.

Le deuxième axe de travail, pour l'empereur, est de faire obstacle au rattachement de l'Autriche à l'Allemagne. Le 12 novembre 1918, la proclamation de la République s'est accompagnée de cette pétition de principe. Aux yeux de Charles, qui a passé son règne à essayer de résister aux Allemands, l'Anschluss serait la négation de l'œuvre historique des Habsbourg. Zita racontera plus tard que ses frères Sixte et Xavier serviront une nouvelle fois d'intermédiaires, rencontrant, à la demande de l'empereur, Paul-Eugène Dutasta, proche collaborateur de Clemenceau et secrétaire général de la Conférence de la Paix, Aristide Briand ou le maréchal Lyautey. A Washington, l'ancien ambassadeur à Vienne Charles Penfield, ami du couple impérial, aurait également défendu l'indépendance autrichienne auprès de Wilson.

Les négociations en vue du traité de Saint-Germain s'ouvrent le 2 juin 1919. Heinrich Lammasch, le dernier chef du gouvernement impérial, est membre de la délégation autrichienne, dont la majorité des membres, derrière Renner, sont décidés à obtenir le rattachement de leur pays à l'Allemagne. Lorsqu'il l'apprend, Charles confie à Revertera le soin de passer ses consignes à Lammasch. En route pour Paris, ce dernier passe par Prangins où il confère avec l'empereur. Le 19 juin, par l'entremise de son avocat suisse, le souverain écrit à Raymond Poincaré pour le mettre en garde : « Toute union de l'Autriche allemande avec l'Allemagne doit être écartée à tout jamais[9]. »

Le 28 juin, le traité de Versailles, signé avec Berlin, exclut la réunion de l'Autriche à l'Allemagne. Et, le 10 septembre suivant, le traité de Saint-Germain-en-Laye, qui fixe les frontières de la nouvelle Autriche, interdit l'Anschluss et même l'expression « Autriche allemande ». Pour Charles, c'est une victoire, même si ce résultat le satisfait à court terme seulement.

La communauté internationale a ratifié définitivement l'éclatement de l'Empire austro-hongrois. La Bohême, la Moravie, la Slovaquie et la Ruthénie forment la Tchécoslovaquie. La Transylvanie, le Banat oriental et la Bucovine sont attribués à la Roumanie. La Galicie et le territoire de Teschen rejoignent la Pologne. Le Tyrol du Sud, le Trentin, l'Istrie et Trieste sont annexés par l'Italie. La Carniole slovène, la Croatie, la Dalmatie, la Slavonie, la Bosnie et l'Herzégovine appartiennent à la Yougoslavie. Le sort de la Hongrie sera réglé un an plus tard, au traité de Trianon.

Et l'Autriche ? « L'Autriche, c'est ce qui reste », avait dit Clemenceau. Un pays de 6 millions d'habitants, déséquilibré entre sa capitale, qui abrite près du tiers de la population, et les provinces alpines. Un pays dont les circuits commerciaux vers le Danube sont fermés. L'empereur l'a écrit, au mois de mai, à l'intention de Lammasch : « Une République alpine tombera tôt ou tard dans la dépendance économique vis-à-vis de l'Allemagne. Sur la durée, l'Autriche allemande n'est pas viable[10]. »

Car c'est là, la troisième direction de travail de Charles à cette période : inlassablement, il revient sur son projet de confédération danubienne. A ses yeux, les petits pays issus de son empire – et il range la nouvelle Autriche parmi ces petits pays – seront immanquablement attirés dans l'orbite de l'Allemagne s'ils ne sont pas fédérés entre eux par un cadre leur permettant de défendre leurs intérêts communs, et de se défendre ensemble contre d'autres puissances.

Cette idée, Charles ne cesse de la répéter. Entre 1919 et 1920, il rédige une vingtaine de longues lettres ou de mémorandums développant ce thème. Ils sont envoyés à l'Europe entière : à Benoît XV, à Alphonse XIII, à George V, aux autorités françaises. Ces documents sont passionnants, parce que Charles, dans ce registre, est au meilleur de lui-même : informé, lucide, et visionnaire... C'est l'avenir qui lui donnera raison, *a posteriori*, si l'on considère le destin de l'Europe centrale sur la longue période qui va de l'apogée de l'Allemagne hitlérienne à l'effondrement de l'empire soviétique. Mais, après la signature des traités de paix, un ordre international est installé, que les Alliés ont voulu tel : personne n'écoute l'ancien empereur d'Autriche.

Le 8 septembre 1920, Charles met la dernière main à un mémoire de la taille d'un petit livre. Un texte dactylographié, écrit par lui, et rédigé pour la postérité : il est conservé dans les archives de la famille de Habsbourg. L'empereur y revient sur ses deux années de règne, et sur la fin de l'empire austro-hongrois. Un document essentiel pour l'historien, éclairant après coup la politique suivie par Charles, et dévoilant le fond de sa pensée sur de nombreux sujets comme sur de nombreux personnages qu'il a croisés. Trois ans après, Charles ne regrette, sinon leur insuccès, ni ses lettres à Sixte, ni l'amnistie de 1917. On y trouve aussi ce jugement sur Guillaume II, qui contraste avec le discours officiel de naguère : « Bien qu'il parlât beaucoup, il n'avait rien à dire[11]. »

En octobre 1920, Charles et Zita reçoivent le comte Tamás Erdödy, l'ami d'enfance de l'empereur. Celui-ci est frappé par l'atmosphère d'ennui et de nostalgie qui règne à la villa Prangins. A chaque conversation, le couple impérial revient sur la question de son retour dans son pays. Rentrer : c'est l'obsession de Charles. Puisque l'Autriche lui est interdite, c'est en Hongrie qu'il veut revenir.

13

Echec au roi à Budapest

26 mars 1921, Samedi saint. A 10 heures du soir, deux hommes juchés sur une carriole tirée par un maigre cheval entrent dans la petite ville de Szombathely, dans l'ouest de la Hongrie. L'un d'entre eux porte de grosses lunettes d'automobiliste, qui lui dissimulent le visage. La voiture se dirige vers le palais épiscopal. Arrivés à destination, les voyageurs sonnent au portail. Un serviteur les fait pénétrer dans l'antichambre. Sur leur requête, il va chercher l'évêque du lieu. Quand celui-ci se présente, le premier voyageur se nomme et désigne son compagnon : « Ne reconnaissez-vous pas le roi ? — Etes-vous bien le roi ? » demande le prélat, tremblant d'émotion. Oui, c'est bien le roi.

En cette veille de Pâques, Charles vient de rentrer en Hongrie.

Que s'est-il passé dans ce pays depuis l'effondrement de la Double Monarchie ? Le 31 octobre 1918, Mihály Károlyi, président du Conseil national, devient chef du gouvernement. Le 7 novembre, il conclut l'armistice avec Franchet d'Esperey. Peu après, les Alliés signent une convention autorisant les armées roumaines, tchèques et serbes à pénétrer en Hongrie. Le 20 mars 1919, la zone d'occupation des troupes étrangères est élargie, prélude à l'établissement des futures frontières de la Roumanie, de la Tchécoslovaquie et de la Yougoslavie. Refusant d'assumer ce coup de force,

Károlyi donne sa démission. Dès le lendemain, le communiste Béla Kun en profite pour prendre le pouvoir, instaurant bientôt un régime de terreur. Exploitant le chaos qui règne, les Roumains marchent sur Budapest. Le 1er août 1919, après 133 jours de pouvoir, Béla Kun abandonne la ville, dont s'emparent les troupes roumaines.

Dans le sud-est du pays, à Szeged, un gouvernement anticommuniste a été constitué. Tous ses membres sont monarchistes, en relation avec Charles. Sur l'intervention du souverain, l'amiral Horthy a été nommé ministre de la Guerre, et devient chef de l'armée nationale qui est recrutée à partir des débris de l'armée royale. L'empereur se souvient d'avoir accordé une audience à Horthy, à Schönbrunn, en novembre 1918, après la signature de l'armistice et la remise de la flotte austro-hongroise : à la fin de l'entretien, l'amiral, en larmes, s'était mis au garde-à-vous, et avait juré qu'il ne serait pas en repos tant que le monarque n'aurait pas retrouvé son trône à Vienne et à Budapest. Un tel serment ne s'oublie pas.

Le 16 novembre 1919, après que les Alliés ont négocié le départ des Roumains, Horthy entre en vainqueur dans la capitale magyare. Le 26 janvier 1920, des élections au suffrage universel envoient une majorité conservatrice au Parlement. Une restauration monarchique apparaît probable à Budapest. Mais, sur pression des dirigeants tchèques Masaryk et Beneš, la Conférence des Ambassadeurs, à Paris, adopte une résolution, le 2 février 1920, interdisant le retour des Habsbourg sur le trône de Hongrie.

Placé devant cette contrainte, le gouvernement magyar choisit la voie du compromis : le pouvoir royal ne pouvant être assuré du fait des circonstances, un régent sera désigné par la représentation nationale. Le 1er mars 1920, Horthy est élu régent. Une semaine auparavant, sûr de son fait, l'amiral a envoyé un délégué à Prangins, assurant Charles de sa fidélité et précisant qu'il allait préparer la restauration, mais qu'il ne fallait rien précipiter tant que la paix n'était pas signée avec les Alliés.

Avec l'accord de Charles, le régent occupe une aile du château royal de Budapest. Bientôt, cependant, il paraît s'installer dans sa position. Ainsi les officiers doivent-ils lui prêter serment, sans que cet acte d'allégeance fasse mention du roi. En mai 1920, Charles prend alors la précaution d'annoncer à Horthy qu'il compte reprendre le pouvoir dans le courant de l'année.

Le 4 juin 1920, le traité de Trianon est signé. Aucune clause n'y interdit la forme monarchique de l'Etat. Mais la Hongrie est amputée des deux tiers de son territoire au bénéfice de la Roumanie, de la Tchécoslovaquie, de la Yougoslavie, et même de l'Autriche*. Vécu comme un traumatisme à Budapest, ce traité suscite, chez les Magyars, une vague de nationalisme qui va jouer un rôle dans les événements à venir.

Briand encourage Charles à rentrer en Hongrie

En septembre 1920, Charles dit à Werkmann : «Je ne peux pas me permettre de repousser mon retour au-delà du printemps prochain[1].» A Prangins, les visiteurs venant de Hongrie se succèdent. Tous sont favorables à la cause royale, ce qui constitue un prisme déformant. Le souverain, toutefois, est trop informé des réalités internationales pour méconnaître la vigilance avec laquelle Paris et Londres observent la situation dans le bassin danubien. Charles sait que son retour ne sera possible qu'avec l'accord – au moins tacite – de l'une des deux capitales. De la Grande-Bretagne,

---

* Le traité de Saint-Germain-en-Laye, en septembre 1919, a attribué à l'Autriche quatre comitats de langue allemande de l'ouest de la Hongrie qui, sous le nom de Burgenland, forment désormais une province autrichienne. Ce rattachement est confirmé par le traité de Trianon, en juin 1920. Du fait de la résistance locale, le comitat de Sopron obtiendra par référendum, en décembre 1921, de rester hongrois.

en réalité, il n'attend rien : à son avis, elle s'inclinera devant le fait accompli. C'est plutôt vers la France que le monarque regarde. Non sans motif : de Paris, il a reçu des signes favorables à sa cause.

Après le traité de Trianon, la politique française vis-à-vis de l'Europe centrale hésite entre deux stratégies. La première est de patronner une alliance entre les pays voisins de la Hongrie, afin d'ôter toute velléité de revanche à Budapest. Sous le nom de Petite-Entente, cette solution finira par l'emporter : en août 1920, la Tchécoslovaquie et la Yougoslavie concluent un accord défensif, auquel s'associera la Roumanie en juin 1921. Mais simultanément, une seconde stratégie est étudiée à Paris, qui consisterait à encourager la formation d'une confédération danubienne dont la Hongrie serait le pivot. Une solution qui n'exclurait pas une restauration monarchique.

Des sondages que Charles fait effectuer par ses réseaux parisiens – où l'on retrouve, une fois de plus, ses beaux-frères Sixte et Xavier de Bourbon-Parme –, il ressort que l'idée d'une confédération danubienne est soutenue, jusqu'en septembre 1920, par Paul Deschanel, le président de la République, Alexandre Millerand, le président du Conseil, ainsi que Maurice Paléologue, le secrétaire général du ministère des Affaires étrangères. D'après Zita, ces personnalités ont vraiment été approchées par des représentants de Charles. Fin septembre 1920, Millerand succède à Deschanel à l'Élysée et soutient en définitive la Petite-Entente, de même que Philippe Berthelot, le successeur de Paléologue au Quai d'Orsay. Mais un autre personnage important de la République, Aristide Briand, défend le projet de confédération danubienne. Or il devient président du Conseil et ministre des Affaires étrangères en janvier 1921.

Des décennies plus tard, Zita le confirmera : « Notre principal contact, notre partisan le plus déclaré et, après janvier 1921, notre plus puissant défenseur fut Aristide Briand[2]. » C'est au cours de l'été 1920 que commencent les discussions secrètes entre Paris et la villa Prangins. Les échanges sont uniquement verbaux : aucune trace dans les archives. Toujours d'après l'impératrice, un véritable règlement est négocié avec Briand. Ce dernier promet la reconnaissance du roi dès qu'il aura retrouvé son trône, l'établissement de liens économiques entre la France et la Hongrie, et une aide militaire. D'emblée, cependant, Briand prévient : la restauration doit d'abord réussir, et après seulement le soutien du gouvernement français pourra s'exprimer.

A la recherche de tous les appuis possibles, Charles se tourne également vers le pape. En septembre 1920, le recteur du séminaire allemand et autrichien de Rome se charge de cette mission. Fin octobre, la réponse qui parvient à la villa Prangins est positive. Benoît XV, craignant une catastrophe pour l'Eglise en Europe centrale, où nombre des dirigeants des nouveaux Etats sont notoirement anticléricaux, incite Charles à reprendre le pouvoir en Hongrie le plus vite possible.

Des appels à la prudence qui ne sont pas écoutés

En visite à Prangins en octobre 1920, le comte Tamás Erdödy a l'impression que le souverain ne dispose que d'une image partiale de la réalité. En Hongrie, un courant nationaliste se développe, incarné par des mouvements qui, quinze ans plus tard, seront considérés comme fascistes. Or ceux-ci s'accommodent très bien de la régence de Horthy, auprès de qui ils ont un certain poids. Par ailleurs, sous l'influence d'une réaction chauvine exacerbée par le traité de Trianon, les royalistes ne sont plus unanimement partisans de Charles. D'aucuns aspirent à une monarchie purement magyare, pour laquelle un candidat s'agite d'ailleurs. L'archiduc Joseph, chef de la branche hongroise de la dynastie, celui-là même que Charles avait nommé *homo regius* lors de la révolution à Budapest, a été un chef courageux pendant la guerre, exerçant des commandements importants. Il est si populaire en Hongrie que la République des soviets de Béla Kun ne l'a pas inquiété, le laissant tranquille dans son immense domaine d'Alcsut. Mais, aujourd'hui, il se verrait bien roi à la place de son lointain cousin Charles.

Soucieux de freiner cette tendance, les légitimistes sont contraints, en novembre 1920, de négocier un accord avec Charles. Le monarque s'engage à ne pas utiliser sa position en Hongrie, quand il aura retrouvé sa couronne, pour faire valoir ses droits en Autriche. S'il devait être rappelé à Vienne, par ailleurs, les rapports entre les deux pays devraient être réglés par un traité : un nouveau compromis austro-hongrois serait conclu.

En décembre, Erdödy retourne en Suisse. A Budapest, il a eu un long entretien avec le chef du gouvernement, le comte Teleki. Or celui-ci, pourtant monarchiste et fidèle à Charles, déconseille pour l'instant un retour du roi. En conséquence, Erdödy insiste auprès du souverain afin qu'il remette ses projets. En visite à Prangins, l'ambassadeur de Suisse à Londres qui, à la demande de Charles, a eu une conversation avec le secrétaire de Briand, à Paris, fait également part de ses doutes : les Français prétendent être partisans de son retour, mais que vaut une promesse non écrite ? Werkmann, le fidèle secrétaire, rédige un mémorandum dans lequel il résume les objections s'opposant à un proche retour à Budapest, de même que Polzer-Hoditz, l'ancien chef de cabinet de l'empereur.

Mais Charles n'en peut plus de l'exil et n'en peut plus d'attendre : il ne prête pas l'oreille à ses propres amis.

Le 14 février 1921, Briand, devenu chef du gouvernement, accorde une audience au prince Sixte, en compagnie du maréchal Lyautey. Le président du Conseil renouvelle sa promesse : si Charles retourne en Hongrie et se proclame roi, ni la France, ni la Grande-Bretagne n'y feront obstacle.

Briand recommande même de franchir le pas entre le 15 et le 30 mars.

A Prangins, les nouvelles sont transmises selon un code secret. Le monarque a appris de cette manière les propos de Briand, mais il veut en avoir confirmation. C'est ici que réapparaît le colonel Strutt, l'ange gardien des souverains à Eckartsau. Depuis 1919, il a maintenu des relations avec Charles et Zita. Le 22 février, passant ses vacances en Suisse, il rend visite au couple impérial. Au terme d'une discussion de deux heures, au cours de laquelle l'officier britannique se montre dubitatif, lui aussi, quant à la possibilité d'une restauration, Charles le convainc de se rendre à Paris, afin de rencontrer Sixte.

Le 23 février, dans la capitale française, Strutt voit donc le prince, qui certifie la teneur de son entretien avec Briand. A ses yeux, la seule difficulté pratique est de faire en sorte que Charles quitte discrètement le territoire suisse. Le colonel ne pourrait-il pas se pencher sur la question ? Par exemple en étudiant un itinéraire à travers la montagne, qui permettrait de passer directement en Autriche ? Revenu en Suisse, le Britannique, sportif expérimenté, fait l'essai trois jours plus tard. Il en revient avec la conviction que Charles ne passerait pas par là où il est passé. Le 4 mars, à Prangins, il rend compte de sa mission, mais c'est pour exhorter une nouvelle fois l'empereur à différer son départ.

De retour à Londres, pris de scrupules, Strutt se rend au Foreign Office, dont il dépend, pour raconter l'histoire. Il le fait dans une version édulcorée, indulgente envers Charles, et en occultant sa randonnée en montagne, qui visait à faire franchir clandestinement une frontière à un souverain exilé ! Son intervention dans cette affaire – sans aucun mandat officiel ou officieux – vaudra au trop zélé colonel un blâme de ses supérieurs hiérarchiques.

Pâques 1921 : première tentative de restauration

Le jeudi 24 mars 1921, vers midi, Charles quitte Prangins seul et à pied. Il franchit la frontière française et rejoint la petite ville de Gex, dans l'Ain. Une automobile l'y attend, qui l'emmène à Strasbourg. Tard dans la soirée, il monte dans l'Orient-Express, où un compartiment-lit lui a été réservé jusqu'à Vienne. L'empereur voyage avec deux passeports diplomatiques (l'un espagnol, l'autre de la Croix-Rouge américaine) établis sous de fausses identités.

Le train entre dans la capitale autrichienne le vendredi 25 mars, à 23 heures. Charles, le nez chaussé de lunettes noires, emprunte un taxi et se fait conduire au coin de la rue où habite Tamás Erdödy. N'ayant pas d'autre monnaie, il paie la course d'un billet de cinquante francs suisses – somme rondelette, à l'époque, à Vienne – et oublie dans la voiture sa canne à pommeau d'argent, ce que le chauffeur ira raconter à la police. Erdödy, l'ami de l'empereur, sans en connaître la date a été prévenu de son arrivée. Propriétaire d'un domaine en Hongrie, il l'accompagnera sans éveiller les soupçons au poste-frontière où il a ses habitudes.

C'est un ancien chauffeur de la Cour qui les emmène, le samedi 26 mars. A la frontière, Erdödy montre ses papiers, et son compagnon, col retroussé, casque et lunettes d'automobiliste, sort son passeport de la Croix-Rouge américaine : personne ne le reconnaît. Le chauffeur et le véhicule, eux, n'ont pas les papiers nécessaires pour passer et rebroussent chemin. Complaisant, l'officier du poste conduit les voyageurs au prochain village. Ils déjeunent dans une auberge où, là aussi, personne ne reconnaît Charles. La bourgade ne possédant ni taxi, ni automobile à louer, le souverain et Erdödy poursuivent leur route dans une voiture à cheval. Et c'est ainsi que, à 22 heures, ils s'arrêtent devant le palais épiscopal de Szombathely.

L'évêque, Mgr Mikes, est légitimiste. Il fait aussitôt prévenir les personnalités les plus sûres. Le colonel Lehár, un des commandants militaires de la région, arrive à minuit. Par hasard, ce week-end de Pâques, le Premier ministre, le comte Teleki, chasse à 30 kilomètres de là, sur les terres du comte Sigray, commissaire du gouvernement pour la Hongrie occidentale : les deux hommes débarquent à l'évêché à 5 heures du matin. Mgr Josef Vass, le ministre des Cultes, est aussi sur place, invité par Mgr Mikes. Tous sont fidèles au roi, sans être vraiment rassurés par sa présence : comment réagira Horthy ? La conférence qui s'improvise à l'aube retient le plan suivant. Teleki et Vass, les deux membres du gouvernement, partiront en éclaireurs pour Budapest, où ils préviendront le régent. Charles les suivra une heure plus tard. Toute option militaire est écartée : le souverain ne doute pas que Horthy respectera sa parole à son endroit.

Dimanche 27 mars. Il fait encore nuit quand, dans la chapelle de l'évêché, les conjurés assistent à la messe de Pâques. A 6 h 30, Teleki et Vass prennent la direction de la capitale. A 7 h 30, Charles démarre en compagnie de Sigray, suivi par une voiture d'escorte dans laquelle ont pris place quelques officiers. Le roi parvient au château royal de Budapest entre 13 heures et 14 heures. Mais, devant le palais, il n'y a personne pour l'attendre. Teleki et Vass n'arriveront qu'à 15 heures, et expliqueront après coup s'être trompés de chemin... Charles envoie Sigray et un officier annoncer sa présence, et enfile un uniforme. Lorsque Sigray revient, il a la mine sombre : « Votre Majesté devra se montrer très énergique[3]. »

Le face-à-face entre Charles et l'amiral Horthy va durer deux heures et demie, sans autre interlocuteur. Nous en connaissons la teneur par le seul récit que le monarque dictera quinze jours plus tard à son secrétaire, récit dont la véracité n'a guère de raison d'être mise en doute : il n'était pas destiné à la publication et, rétrospectivement, n'apparaît guère flatteur pour son auteur. Horthy publiera sa propre version des faits beaucoup plus tard, après la Seconde Guerre mondiale, dans le but de se justifier après coup.

La conversation se déroule dans le bureau du régent. Elle commence en hongrois mais, à la demande de Horthy qui ne maîtrise pas assez la langue, se prolonge en allemand. Charles exige que le pouvoir lui soit remis. Il fait appel à l'honneur de l'amiral, qui lui a prêté serment. Le régent répond qu'il a prêté un autre serment, le 1er mars 1920, devant le Parlement hongrois, engagement qui a annulé son serment d'officier. Céder sa place au roi supposerait l'accord de l'Assemblée, et provoquerait l'occupation du pays par la Petite-Entente. Charles réplique qu'il a ses informations, et que le danger de guerre n'existe pas. S'il demande le pouvoir, c'est d'ailleurs parce qu'il a l'aval des Alliés. Horthy demande une preuve.

Le duel dure déjà depuis deux heures. Pour faire lâcher son adversaire, le souverain finit par livrer le nom de Briand, en faisant promettre à Horthy de le garder secret. L'amiral, retors, interroge Charles : a-t-il parlé directement avec le chef du gouvernement ? Le souverain est bien contraint d'avouer que le message est passé par un intermédiaire. Dès lors, le régent se révèle inflexible. Les Français, accuse-t-il, pratiquent le double langage. Aussi, il va convoquer le représentant de la France à Budapest, et le prier d'entrer en contact avec Briand. En attendant, le roi doit rentrer à Szombathely.

Charles est exténué. Il n'a pas dormi la nuit dernière, et quasiment pas les deux nuits précédentes. Il s'est mis de lui-même dans une situation absurde. Dans ce palais qui est théoriquement le sien, il est seul. Il n'a aucune idée du sort du Premier ministre qui devait le précéder, ignore où est son escorte, et n'a même pas un pistolet sur lui. Il est arrivé en Hongrie, naïvement, comme un suzerain d'autrefois devant qui son vassal va s'effacer en lui rendant hommage, et se retrouve devant un cynique du xxe siècle qui a pris goût au pouvoir et n'a pas envie de s'en dessaisir. Non sans avoir conservé le goût des honneurs d'autrefois : toute honte bue, Horthy supplie Charles de lui accorder la Grand-croix de l'Ordre de Marie-Thérèse qu'il lui avait naguère promise. Ultime faiblesse, Charles, las de cette comédie, consent à cette demande. Quand il quitte le palais, c'est par une porte dérobée. Et sur un échec humiliant.

Le roi s'en va, pour mieux revenir

La route du retour est douloureuse. La voiture de Charles tombe deux fois en panne, si bien qu'il atteint Szombathely à 5 heures du matin, le lundi 28 mars : c'est sa quatrième nuit sans sommeil. Ayant pris froid, il tombe malade et restera couché plusieurs jours. Dès ce lundi de Pâques, le monarque envoie un message à Horthy, tentant de l'infléchir. Entre Szombathely et Budapest, la guerre des télégrammes durera une semaine, en même temps que l'amiral s'attachera à empêcher les dirigeants politiques loyaux envers le roi d'aller le voir.

Sitôt après le départ du souverain, le dimanche de Pâques, Horthy a convoqué pour le lendemain le haut commissaire de France à Budapest, Maurice Fouchet. Lors de cet entretien, le régent interroge le Français pour savoir s'il est exact que son gouvernement appuie la restauration de Charles en Hongrie. Surpris et manquant d'informations, le diplomate répond que Paris s'en tient à la déclaration de la Conférence des Ambassadeurs du 4 février 1920, qui exclut toute restauration des Habsbourg. Il ajoute cependant qu'il va se renseigner. Dans une note adressée au Quai d'Orsay, Fouchet fait état d'un « conflit de conscience » chez Horthy. En revanche, Thomas Hohler, le représentant britannique, reçu par le régent le même jour, ne décèle aucun scrupule chez son interlocuteur. Le soir, l'amiral Horthy publie une déclaration dans laquelle il met en garde contre tout changement dans le gouvernement du pays, et remercie l'armée pour le serment qu'elle lui a prêté.

Le 1er avril, une session extraordinaire du Parlement de Hongrie vote la confiance à Horthy. Un résultat obtenu à une courte majorité, mais qui constitue une défaite morale pour Charles, dont la présence dans le pays est maintenant publique. Le 3 avril, le haut commissaire Fouchet reçoit un démenti de Briand. Le président du Conseil déclare ne pas dévier de la ligne fixée par la Conférence des Ambassadeurs : la France est hostile à la restauration du roi Charles à Budapest. Deux jours plus tard, à Paris, Briand réitère l'affirmation devant le Sénat. De Prague, Beneš, dont la haine anti-Habsbourg ne désarme pas, inonde les Alliés de protestations contre la présence de Charles en Hongrie. Le chef du gouvernement tchèque rameute aussi les pays voisins.

Cette tentative de Pâques est l'œuvre de Charles, et de lui seul. Persuadé que Horthy allait lui céder la place, il n'a pas préparé sérieusement l'affaire. Tout reposait sur un pacte d'honneur auquel le souverain était seul à croire. Se serait-il rendu directement au commandement militaire, à Budapest, flanqué de troupes déterminées, peut-être serait-il parvenu à ses fins, en jouant sur le serment que les officiers lui avaient prêté autrefois. Mais, en allant seul et désarmé chez le régent, il s'est jeté dans la gueule du loup. Si Charles, par ailleurs, était reparti discrètement pour la Suisse après l'échec de son entretien avec Horthy, l'épisode de sa venue infructueuse ne se serait peut-être pas ébruité. Mais, en restant en Hongrie, le monarque a laissé à ses adversaires le temps d'organiser la riposte. Il est vrai que dans le même temps il a droit, à Szombathely, chef-lieu d'une région très royaliste, à l'hommage de la population. Cet accueil chaleureux lui confère l'illusion que son royaume entier l'attend.

Au bout de quelques jours, alors qu'il est patent que

Horthy ne changera pas d'attitude, tous ses conseillers – y compris le combatif colonel Lehár – recommandent à Charles d'abandonner la partie, et de quitter le pays. Il accepte, en négociant trois conditions : la certitude d'être à nouveau hébergé par la Suisse, l'assurance de pouvoir traverser librement l'Autriche, et enfin l'autorisation de publier un manifeste destiné aux Hongrois leur expliquant les raisons à la fois de sa venue et de son départ. Trop content de se débarrasser de lui, Horthy accède à ces exigences.

La proclamation royale, datée du 2 avril 1921 à Szombathely, est publiée dans les journaux magyars le 7 avril, quand Charles est déjà parti. « Je suis revenu en Hongrie, explique le monarque, car j'ai la conviction inébranlable que ce pays si éprouvé ne saura retrouver la tranquillité et l'ordre, conditions d'un nouvel épanouissement, que sous le gouvernement de son roi légitime et couronné[4]. » Le souverain affirme se retirer afin d'éviter des difficultés à la Hongrie, sa présence posant momentanément des problèmes, mais garantit sa volonté de défendre l'indépendance du royaume, et annonce son intention de revenir. En attendant, il appelle les Magyars à apporter leur soutien au régent. Cette précision est une ultime couleuvre à avaler pour Charles, mais elle conditionne la parution de son manifeste.

Le 5 avril, à 9 heures du matin, le train royal quitte Szombathely en direction de l'ouest. Charles a revêtu un uniforme de maréchal hongrois. Au départ et à toutes les gares du parcours, ce sont troupes au garde-à-vous, drapeaux, fanfares, notables endimanchés, ecclésiastiques en grande tenue et foules enthousiastes. Le spectacle de ces fidélités, réelles et émouvantes, renforce un peu plus le sentiment de Charles : il a le *devoir* de revenir.

Zita racontera plus tard qu'il a laissé à Lehár la vareuse d'officier qu'il portait le jour de Pâques, lors de son entretien avec Horthy. Le col, dont les galons indiquent le grade, a été enlevé. Quand Lehár recevra de Suisse un message codé l'enjoignant de « recoudre le col », il saura que le roi sera de nouveau en route pour la Hongrie.

A Fehring, du côté autrichien, le souverain emprunte un autre train spécial, dans lequel il est escorté par trois officiers alliés – un Français, un Anglais et un Italien – et par une section de douze soldats britanniques. On craint des incidents : la gare de Bruck an der Mur, en Styrie, où le passage du convoi est annoncé, est occupée par des grévistes. Une certaine confusion s'instaure, certains ouvriers cherchant à présenter une pétition à Charles, d'autres clamant qu'il faut le pendre ! Un appel téléphonique de la direction du parti social-démocrate, à Vienne, suffit pourtant à calmer le jeu. Quand le train franchit la ville, il ne reste à la gare qu'une poignée de manifestants, peu désireux d'affronter les soldats britanniques.

Dans la nuit du 5 au 6 avril, à 2 heures du matin, le téléphone sonne à la villa Prangins. On apprend que Charles est en route pour la Suisse, où il arrivera dans l'après-midi. Werkmann, qui a pris la communication, fait réveiller l'impératrice. Zita décide de partir aussitôt à la rencontre de son mari. En un quart d'heure, Schonta et la comtesse Schönborn, tirés de leur sommeil, sont prêts à l'accompagner. La voiture file dans la nuit : le lac Léman, Lausanne, Fribourg, Berne... « Nous avions horriblement froid, raconte Werkmann. Assise à côté du chauffeur, sans dormir une seconde, l'impératrice suivait du regard la marche de l'automobile, qui dévorait les kilomètres dans sa course effrénée. » A 7 heures du matin, le véhicule fait halte devant une auberge. Zita n'avale pas même une goutte de thé, et parle de choses indifférentes. L'épisode de Bruck an der Mur, qui a retardé le train, leur permet de parvenir à la frontière suisse avant le souverain. Peu après 16 heures, le convoi entre en gare de Buchs. Zita bondit dans le wagon de Charles. « Au bout de quelques minutes, poursuit

Werkmann, on nous appela, Schonta et moi, auprès de l'empereur. L'impératrice se tenait derrière lui, et, pour la première fois, je vis des larmes dans ses yeux[5]. »

Un nouvel asile sur le lac des Quatre-Cantons

Après avoir dit adieu aux officiers alliés qui l'escortaient, Charles est reçu par deux officiers suisses, qui lui détaillent les nouvelles conditions de son accueil. A vrai dire, il les connaît déjà, car elles lui ont été communiquées après son départ de Szombathely. Le Conseil fédéral les avait transmises à Horthy, qui les lui avait cachées. Selon Zita, si le monarque avait connu ces conditions, il serait resté en Hongrie. Le président de la Confédération helvétique, Edmond Schulthess, a donné son accord pour un retour de l'empereur, pour une durée limitée, mais le canton de Vaud lui interdit son sol. Toutes les régions frontalières lui sont fermées, de même que les villes de Zurich, Bâle et Berne. La quatrième clause exige que le souverain s'abstienne de toute activité politique; la cinquième qu'il informe les autorités, quarante-huit heures à l'avance, de toute intention de quitter le territoire helvétique.

Non seulement Charles ne peut pas retourner à la villa Prangins (située dans le canton de Vaud), mais le château de Wartegg (qui se trouve dans le canton de Saint-Gall, frontalier ave l'Autriche) lui est interdit, même pour une nuit. Le train qui transporte le monarque est donc obligé de repartir, avec Zita à son bord. A 23 heures, le 6 avril, il atteint Lucerne. A minuit, le couple impérial descend à l'Hôtel National, palace qui fait face au lac des Quatre-Cantons.

L'odyssée du roi de Hongrie a fait sensation à travers l'Europe. Devant la villa Prangins, les journalistes guettaient son retour. En apprenant sa destination finale, ils rejoignent Lucerne. Au cours des jours suivants, Werkmann organise des entretiens avec le souverain. Parmi eux, deux célèbres journalistes français de l'époque. Albert Londres dépeint Charles comme « un homme sur les nerfs » : « S'il est assis, il veut être debout. S'il est debout, il voudrait s'asseoir. » Au cours de l'interview, le souverain évoque la misère de l'Autriche, entr'aperçue au cours de son voyage, et son amour pour la Hongrie : « Je vous saurais gré de lancer un appel à la noblesse et aux sentiments de justice de la France en faveur de l'Etat successeur de ma Monarchie[6]. » Charles reçoit aussi Henri Béraud, dont le jugement, empreint de préjugés rapportés de Paris, est très sévère : « Sur ses maigres épaules, on ne trouve à première vue qu'un masque presque enfantin, mais on est en cela victime d'une illusion ; que le sourire s'efface et l'on reconnaît bientôt cette expression opiniâtre et dissimulée qui est celle de tous les Habsbourg[7]. »

L'Hôtel National est un établissement de luxe. Charles ne peut y demeurer, et il est impatient de retrouver un foyer afin de faire venir les enfants et d'établir sa suite. Dans le courant du mois d'avril, il jette son dévolu sur le château-hôtel de Hertenstein. Situé dans la commune de Weggis, baigné par le lac des Quatre-Cantons, l'établissement est à louer. Après avoir signé un bail d'un an, sur la foi de rumeurs selon lesquelles la Suisse prolongerait leur autorisation de séjour, le souverain, sa famille et la suite impériale s'y installent le 5 mai 1921.

Ce sont encore plus d'une cinquantaine de personnes qui vivent à Hertenstein. Mgr Seydl est toujours l'aumônier de cette Cour en exil, pour qui il célèbre la messe dans un salon de l'hôtel aménagé en chapelle. La mère de l'empereur, l'archiduchesse Maria Josepha, est rejointe par l'archiduchesse Marie-Thérèse, grand-mère adoptive de Charles et tante de Zita. L'archiduc Max, le frère de Charles, habite ici un temps. La garde rapprochée du souverain est constituée des mêmes fidèles : Ledochowski, Schonta, Werkmann.

A la mi-avril, les milieux socialistes de Genève ont lancé une campagne contre la présence de la famille impériale sur le sol helvétique. Puis les choses se sont calmées. Le 15 mai, le chef des affaires extérieures du Conseil fédéral rend visite à Hertenstein, et annonce au souverain que les autorités ne mettent plus de limites à son séjour. Mais, au fond de lui, le souverain en voit une : le jour où il repartira pour la Hongrie.

Préparatifs secrets de départ

Si Charles ne perd pas espoir, il a des raisons objectives à cela. En Hongrie, ses partisans considèrent que l'échec de Pâques n'est que partie remise. Et le roi continue d'y bénéficier de soutiens au plus haut niveau. Le nouveau Premier ministre, le comte Bethlen, est plutôt favorable à la monarchie. Gustav Gratz, l'ancien ministre des Affaires étrangères, et Stefan Rákovszky, l'ancien président de l'Assemblée nationale, soutiennent ouvertement la cause royale. Le directeur de cabinet du ministre des Affaires étrangères, Aladàr Boroviczény, est un des plus chauds partisans du souverain. Profitant de ses fonctions, il multiplie les allers-retours entre Budapest et la Suisse, informant Charles au plus près de la situation.

Les légitimistes, dirigés par le comte Julius Andràssy – le dernier ministre des Affaires étrangères de l'Autriche-Hongrie –, constituent une force puissante, avec laquelle Horthy doit compter. En août 1921, précisément, le comte Bethlen, soucieux de l'unité nationale, organise une rencontre entre légitimistes et soutiens du régent. Faisant un geste très calculé, Horthy consent à envoyer à Charles une lettre dans laquelle il réaffirme son loyalisme envers lui, tout en soulignant que la restauration lui paraît impossible pour l'instant.

Fin avril, Charles a fait savoir à Briand pourquoi son nom avait été ébruité lors de la tentative de Pâques : l'indiscrétion était due à Horthy. Dès le mois de mai, les relations clandestines entre le souverain et Paris sont rétablies. Le président du Conseil, de nouveau, encourage Charles à reprendre son trône. D'après Zita, le pape également, mais semble-t-il à l'insu du secrétaire d'Etat du Saint-Siège, le cardinal Gasparri. Le 26 juillet 1921, aux environs de Neuchâtel, l'empereur rencontre en secret un envoyé de Benoît XV.

Dans ses Mémoires, Boroviczény raconte que, tout de suite après son installation à Hertenstein, Charles lui a fait part de sa détermination à rentrer en Hongrie le plus vite possible. Mais comment s'y rendre ? Boroviczény suggère le moyen le plus court : l'avion. Bien qu'il ne soit jamais monté dans un appareil, l'empereur accepte immédiatement. Début août, Boroviczény se rend en Hongrie, étudie le projet avec Lehár. Deux pilotes hongrois à toute épreuve sont recrutés et se rendent en Suisse. Boroviczény loue un monoplan à l'aérodrome de Dübendorf, près de Zurich. Mais ce Junker F 13, fabriqué en Allemagne, possède un pilote qui est le seul habilité à s'en servir. Mis dans la confidence, l'Allemand se joindra aux deux Hongrois.

Il n'y a plus qu'à sauter sur l'instant propice, qui sera indiqué par les partisans du roi en Hongrie. Le 15 octobre, toutefois, Boroviczény est appelé chez les souverains. Charles l'avertit que l'impératrice voyagera avec lui. Elle est pourtant enceinte et elle non plus n'a jamais pris l'avion. « N'essayez pas de me faire changer d'avis, je suis décidée à partir. » Supportera-t-elle le vol ? « Si je veux le supporter, je le supporterai[8]. »

A l'époque, Horthy s'emploie à réduire les effectifs de l'armée en Hongrie occidentale, où subsistent des groupements paramilitaires nés dans les troubles de l'après-guerre. Ainsi les gendarmes du commandant Osztenburg, un fidèle de la dynastie. Le 23 octobre, son bataillon doit rallier

Budapest pour être dissous, et ses hommes incorporés dans l'armée nationale. Son appui étant décisif, il faut agir avant cette échéance. Le plan est enfin élaboré : les souverains atterriront dans un domaine ami, à l'ouest de la Hongrie, puis le roi gagnera la ville de Sopron le soir même, et embarquera dans un convoi ferroviaire qui transportera les troupes du colonel Lehár et le bataillon Osztenburg. Arrivées à Budapest, les forces royales investiront le palais, et Charles proclamera qu'il reprend le pouvoir.

Le 16 octobre, l'empereur rédige son testament. Il lègue ses droits souverains à son fils aîné, l'archiduc Otto. S'il meurt, Zita sera régente. Si l'impératrice devait mourir avant la majorité du prince héritier, la régence serait assurée par l'archiduc Maximilien, frère de l'empereur. Que Charles signe un tel acte prouve qu'il n'a pas peur : il envisage sa mort comme une des conséquences possibles de l'expédition dans laquelle il se lance.

Octobre 1921 : seconde tentative de restauration

Le 20 octobre, à 9 heures du matin, Charles et Zita quittent Hertenstein. Aux enfants, il a été expliqué que leurs parents allaient célébrer leurs dix ans de mariage à l'abbaye d'Einsiedeln, mais qu'ils seraient ce soir « de retour à la maison ». On ne ment jamais aux enfants : la maison, c'est la Hongrie...

Peu avant midi, les souverains parviennent à l'aérodrome de Dübendorf, près de Zurich, où ils sont déclarés sous un faux nom. A midi, l'appareil décolle avec six personnes à bord : Charles, Zita, Boroviczény et les trois pilotes. Le vol dure quatre heures et demie, dont un moment d'émotion quand un des moteurs s'arrête : le pilote parvient heureusement à le redémarrer.

A 16 heures, l'appareil se pose dans un champ de chaume d'où s'élève de la fumée, ce qui correspond au signal prévu.

Mauvaise surprise, ce n'est pas l'endroit attendu : les feux ont été allumés par un paysan, pas peu surpris de voir un avion débarquer chez lui. Nouveau décollage, et nouvel atterrissage un quart d'heure plus tard, bien que les feux prévus soient invisibles. L'appareil a bien atterri à l'endroit convenu, chez le comte Cziràky, près de Denesfa, mais aucun comité d'accueil ne se présente à l'horizon. On va chercher le maître des lieux, chez qui se cachait le colonel Lehár. Celui-ci n'a pas reçu le message codé qui lui a été envoyé : « Col sera recousu le 20 octobre. » Il n'a donc pas fait constituer le transport de troupes qui devait rallier Budapest la nuit même. Autre imprévu, la maison du comte Cziràky est pleine, car son fils nouveau-né est baptisé ce jour-là. Or son beau-père, venu pour cette fête de famille, n'est autre que Julius Andràssy, le chef du parti légitimiste, qui ne s'attendait pas au retour du roi...

Après délibération, il est décidé de différer l'opération de vingt-quatre heures, temps nécessaire à la formation des trains qui emmèneront les 3 000 hommes de Lehár et d'Osztenburg. A 3 heures du matin, Charles et Zita sont conduits à Sopron. Dans la journée, Charles nomme un gouvernement, dont Stefan Rákovszky est le Premier ministre ; Lehár, promu général, est ministre de la Guerre. Toute la journée du 21, Charles reçoit des délégations et passe les troupes en revue. D'ores et déjà, l'effet de surprise est perdu : Horthy est au courant de l'arrivée de Charles.

C'est seulement le 22 octobre, à 4 heures du matin, que le convoi peut démarrer : trois trains remplis de troupes, le couple royal voyageant dans un wagon de la Croix-Rouge, dans le train du milieu. A 13 heures, on atteint Györ, dont la garnison prête serment au roi, mais non sans que son commandant ait d'abord prévenu Horthy. A Budapest, c'est l'affolement : les hauts commissaires alliés qui vont chez le régent le trouvent paniqué. L'amiral estime n'avoir pas assez de troupes dans la capitale, et doute de leur détermination à tirer sur le roi et sur leurs frères d'armes.

Horthy commande de faire déboulonner la voie ferrée qui conduit à Budapest. Là où ses ordres sont suivis, les soldats du convoi royal remettent les rails en état. Le régent ordonne d'ouvrir le feu : aucun officier ne veut obéir. A Komarom, le détachement local, mis en ordre de bataille contre le convoi, se rallie au roi. La scène se reproduit partout. Horthy envoie un de ses ministres négocier : Charles refuse de le recevoir.

Le dimanche 23 octobre, à 6 heures du matin, le train de tête qui approche de la capitale est pris dans une fusillade. Le capitaine Gömbös*, un partisan de Horthy, a passé la nuit à lever des volontaires parmi les étudiants de Budapest, prétendant que la ville était attaquée par les Tchèques ; 300 fusils ont été distribués. Cette milice improvisée a renforcé un régiment dévoué au régent : assez pour opposer un tir de barrage qui fait croire à une vraie résistance.

Au même moment, Charles et Zita suivent la messe que célèbre un aumônier militaire, un autel de campagne ayant été dressé sur la voie. A peine l'office terminé, les souverains sont informés : des morts et des blessés sont à déplorer. Un conseil de guerre se tient, au cours duquel se produit un fait décisif. Dans le convoi royal se trouve le général Hegedüs, commandant de la place de Sopron, qui a été le supérieur de Lehár. Ce dernier insiste pour être déchargé à son profit de la direction des opérations. Devant son insistance, Charles cède. Or Hegedüs joue double jeu. A 10 heures, il se propose d'aller traiter avec les troupes de Horthy. En réalité, il traverse la zone de feu et gagne Budapest, où il se présente comme un parlementaire venu négocier un armistice.

A 14 heures, de retour auprès du roi, Hegedüs avoue avoir vu Horthy, mais prétend que la capitale est un camp retranché : en attendant des renforts, le plus sage est de

---

* L'activiste Gyula Gömbös, ultranationaliste et antisémite, deviendra Premier ministre de Horthy en 1932, et engagera la Hongrie dans la collaboration avec l'Italie de Mussolini et l'Allemagne de Hitler.

conclure un cessez-le-feu. Charles veut juger de la situation par lui-même. Avec quelques officiers (dont Hegedüs), il monte dans une locomotive qui doit se diriger vers la première ligne. Zita a sauté sur le marchepied et Charles, connaissant son caractère, n'a pas essayé de l'en dissuader. Le long de la voie gisent des blessés ou des cadavres. Arrivés au point d'accrochage, ils apprennent que les troupes de Horthy ont proposé une trêve. Le souverain n'est pas partisan de l'accepter, mais on lui fait valoir que les hommes n'ont pas dormi depuis deux jours. Un cessez-le-feu est donc conclu jusqu'à 8 heures du matin. Les souverains regagnent ensuite l'arrière, mais Hegedüs, prétextant la présence de deux de ses fils dans l'autre camp, demande à être déchargé de son commandement. Inexplicablement, on le laisse partir pour Budapest.

Le 24 octobre, à 5 heures du matin, violant l'armistice, les forces du régent attaquent, engageant leur artillerie. Un obus explose à quelques mètres du wagon où se tiennent le roi et son état-major. Lehár et Osztenburg bondissent du train, criant qu'ils vont en découdre jusqu'à la dernière goutte de sang. « Revenez, ordonne Charles, j'interdis que l'on continue de se battre : cela n'a plus de sens[9]. » Le souverain, tout à coup, a pris peur pour Zita. Et il y a déjà trop de morts et de blessés. Il est venu pour reprendre son trône, non pour déclencher une guerre civile. Alors il abandonne. L'ordre de repli transmis, le convoi royal rebrousse chemin.

L'échec a des causes immédiates : les vingt-quatre heures initiales perdues, la surprise éventée et la trahison du général Hegedüs. Mais ces facteurs n'expliquent pas tout. En dépit de leur avantage numérique, les troupes royalistes souffrent d'une certaine indécision dans leur camp. Dans cette affaire, la duplicité est partout, avec des chefs qui ne savent pas toujours à qui ils doivent allégeance, au régent ou au roi. En filigrane se lit la crise d'identité de la Hongrie nouvelle. Quant à Charles, il répugne à faire couler le sang : ce pacifique n'est pas fait pour les coups d'Etat.

Depuis deux jours, l'aventure provoque un accès de fièvre international. La Petite-Entente dépose une note de protestation auprès du gouvernement magyar contre le retour du roi. A Prague, Beneš déclare que la présence de Charles en Hongrie est un *casus belli*. A Londres, le Foreign Office exige de Budapest l'arrestation du souverain. Beneš renchérit en affirmant que l'affaire ne sera pas terminée tant que Charles ne sera pas prisonnier, et même officiellement destitué. Le 24 octobre, la Conférence des Ambassadeurs siège à Paris. Les Alliés renouvellent leur interdiction de la restauration des Habsbourg, et mettent la Hongrie en demeure d'éviter un conflit avec les pays voisins.

La Petite-Entente proteste également auprès de Briand, qui abonde dans le sens de l'indignation générale. Hypocrisie ? Le président du Conseil avait toujours précisé que la restauration devait réussir à Budapest pour qu'il en obtienne l'approbation en France. Il reste que le souverain, pour lui, était une carte parmi d'autres dans un jeu dont il ne maîtrisait pas le déroulement. Après avoir encouragé Charles à foncer, il ne se préoccupera pas de lui.

L'empereur était réellement persuadé que son retour ne provoquerait pas une guerre en Europe centrale. « Les archives lui donnent raison aujourd'hui[10] », écrit Michel Dugast Rouillé dans une biographie de Charles où il reprend longuement la thèse de l'historien S. de Vajay sur les tentatives de restauration de 1921. Soutenue à Geneve en 1955, cette thèse, commencée pendant la Seconde Guerre, s'appuie sur des documents qui ont brûlé, en 1945, lors du siège de Budapest par l'Armée rouge. Il en ressort que l'agitation entretenue par les chancelleries d'Europe centrale contre la tentative de Charles reposait sur du bluff. Si la restauration avait réussi, la Tchécoslovaquie aurait rompu ses relations diplomatiques avec Budapest : c'est tout. Beneš lui-même estimait que la majorité des officiers tchèques, ayant naguère prêté serment à Charles, n'auraient pas marché contre lui. Les Allemands de Bohême et les Slovaques n'auraient pas davantage accepté des hostilités ouvertes avec la Hongrie. La Yougoslavie, de même, aurait craint des problèmes avec les Croates. En 1921, l'Empire austro-hongrois n'avait disparu que depuis trois ans, et les gouvernements des Etats successeurs savaient impossible de faire se battre entre eux des hommes qui avaient fait la Grande Guerre ensemble. Charles avait donc raison. Mais il a échoué.

Le roi prisonnier dans son pays

Le 24 octobre, le comte Franz Esterházy, qui a rejoint le train royal, offre l'hospitalité aux souverains dans son château de Tata, à 50 kilomètres de Budapest. Dans cette majestueuse demeure – lors de l'occupation de Vienne par Napoléon, c'est là que François Ier s'était réfugié –, Charles va être accueilli, pour la dernière fois de sa vie, selon le grand cérémonial réservé au souverain. A la gare, dix calèches attelées à des chevaux harnachés avec leurs bridons de cérémonie, les cochers vêtus de leurs livrées tissées de fil d'or, attendent le couple royal. Ultime hommage des Esterházy aux Habsbourg.

Lehár et Osztenburg veulent organiser la garde du château. Mais Charles les en dissuade. Pressentant leur sort s'ils sont pris, il leur ordonne de fuir, et de disperser leurs troupes. Le 25 octobre, au réveil, le château est cerné : le roi est prisonnier de Horthy.

Le gouvernement hongrois a décidé d'arrêter le roi sans ses conseillers politiques. Courageusement, Andràssy, Gratz, Rákovszky et Boroviczény exigent de partager la condition de leur maître. Le 26 octobre, tous sont internés à l'abbaye de Tihany, sur une presqu'île du lac Balaton. Le lendemain, deux représentants du ministère des Affaires étrangères viennent faire signer au roi une déclaration d'abdication, mais il ne leur donne même pas audience. Abandonnés par Horthy aux Alliés, les souverains reçoivent la visite de trois officiers : un Français, un Anglais et un Italien.

A Paris, le même jour, la Conférence des Ambassadeurs réclame l'abdication de Charles, et décide de le condamner à la relégation dans un lieu lointain. En attendant, il est placé sous l'autorité du commandant de la flottille britannique du Danube.

Le Premier ministre, le comte Bethlen, souhaiterait que Charles renonce de lui-même à sa charge royale. Il sollicite à cette fin le primat de Hongrie, le cardinal Csernoch. Mais le prélat, qui avait couronné Charles, refuse cette mission. Il se rend néanmoins à Tihany. Il est frappé par l'aspect physique du couple royal : Charles est grisonnant, Zita amaigrie. Les souverains, racontera Mgr Csernoch, parlent avec calme, intelligence, et leur foi est inébranlable : Charles se dit tenu par le serment du sacre à défendre la couronne de saint Etienne, et se déclare prêt à accepter les épreuves du destin. Il remet au cardinal deux notes de protestation, l'une au gouvernement hongrois, contre sa livraison aux Alliés, l'autre au Parlement, dont il sait qu'il prépare sa destitution : « Je déclare que la résolution prise par l'Assemblée nationale, qui vote ma déchéance sous la pression et la contrainte de l'étranger, est illégale et inopérante au point de vue de la Constitution hongroise et des lois hongroises, et je proteste contre cette résolution. Je ne renonce à aucun des droits qui me sont dévolus par la Constitution hongroise, comme roi apostolique ceint de la couronne de saint Etienne[11]. »

Le 6 novembre 1921, le Parlement de Budapest vote la destitution de Charles. La Hongrie reste une monarchie, mais sans roi. Elu régent pour deux ans en 1920, Horthy restera au pouvoir jusqu'en 1944.

En Suisse, la cour de Hertenstein se disperse. Le 26 octobre, un décret du Conseil fédéral a prononcé l'expulsion de Mgr Seydl, de Ledochowski, de Schonta et de Werkmann. L'archiduchesse Maria Josepha, la mère de l'empereur, doit aussi partir. Elle ne reverra jamais son fils. Seuls les enfants impériaux sont autorisés à séjourner sur le territoire helvétique, sous la garde de l'archiduchesse Marie-Thérèse, au château de Wartegg, chez leur grand-mère.

Le 31 octobre, escortés par les officiers de l'Entente, Charles et Zita quittent l'abbaye de Tihany. Mais ils ignorent pour quelle destination. Un train les emmène à Baja, à 200 kilomètres de Budapest, sur le Danube, où ils embarquent sur un bateau de guerre britannique, le *HMS Glowworm*. Avant le départ, ils reçoivent la visite du nonce à Budapest, Mgr Schioppa, qui leur apporte la bénédiction de Benoît XV.

Au passage de la frontière roumaine, Charles passe un costume civil : il reprend sa peau d'exilé. La suite du voyage, le long du Danube, s'effectuera pour partie en train, pour partie sur un navire roumain. A Sulina, sur la mer Noire, les souverains montent sur un nouveau navire de la Royal Navy, le *Cardiff*. Le comte Joseph Hunyady – le dernier grand maître de la cour royale – et sa femme accompagnent dans leur exil les souverains, à qui on a accordé le droit d'emmener chacun un serviteur.

Le 8 novembre, le navire fait escale à Constantinople. Un télégramme apporte à Zita les premières nouvelles de ses enfants depuis l'arrivée à Sopron. Le message a été expédié par le colonel Strutt... Le 9, le *Cardiff* met le cap sur Gibraltar. Le 10, en vue de la Crète, il essuie une tempête et, dans leur cabine, Charles et Zita sont malades. Les souverains ignorent toujours où on les emmène, mais Hunyady a glané une information : ce serait Madère, île portugaise au large des côtes de l'Afrique. La route se poursuit : Malte, la Sicile, Alger, l'Espagne. Le 16 novembre, le navire jette l'ancre à Gibraltar. En dépit de leur vœu, ni les souverains, ni les Hunyady ne sont autorisés à descendre. Le gouverneur, toutefois, leur fait porter des fruits et des fleurs. Le lendemain, un aumônier catholique de la marine britannique monte à bord. « Après dix-sept jours, nous pouvons enfin entendre la messe[12] », note Zita dans son journal.

Le 17 novembre, c'est officiel : le *Cardiff* conduit les souverains à Madère. Deux jours plus tard, le 19 novembre 1921, l'île est en vue. A l'approche du port de Funchal, Charles montre à Zita deux clochers carrés, sur les hauteurs : « Regarde là-haut cette église, elle ressemble à celles que l'on aperçoit sur les montagnes du Tyrol. Nous irons la voir[13]. »

L'empereur ne peut pas le savoir, mais il passera 132 jours à Madère. Et cette église sera sa dernière demeure.

14

Comment meurt un empereur chrétien

Il pleut des trombes, ce 19 novembre 1921, quand Charles et Zita débarquent à Madère. Après avoir été salués par le consul britannique, ils sont accueillis par le représentant du gouvernement portugais, flanqué du maire de Funchal. Si l'île est habituée à recevoir des touristes, surtout de riches Anglais qui goûtent la douceur du climat, les souverains y sont rares*. Aussi l'empereur et l'impératrice d'Autriche font-ils attraction. Mais ce qui les frappe d'emblée, dans la petite foule qui les attend, ce sont les sourires et les fleurs : sur des âmes d'exilés, la gentillesse des Portugais agit comme un baume. Un prêtre s'avance, s'incline devant eux, et leur dit un mot dans leur langue : « *Wilkommen !* »

Sur le quai, un notable, Antonio Vieira de Castro, attendait le couple impérial. Il invite Charles et Zita à monter dans sa voiture, et les conduit, avec les Hunyady, à l'Hôtel Reid, dont il est propriétaire. Le palace, entouré d'un vaste parc, fait face à l'Atlantique : le cadre est magnifique. Une dépendance de l'établissement, la villa Victoria, leur a été réservée.

Deux jours après leur installation, l'évêque de Funchal, Mgr Pereira Ribeiro, leur rend visite. Les souverains ont une double requête à lui présenter : qu'un prêtre leur soit

---

* L'impératrice Elisabeth d'Autriche avait passé l'hiver 1860-1861 à Madère.

attaché, et qu'ils soient autorisés à utiliser une des pièces de la villa Victoria comme chapelle. Ces vœux expriment une piété à laquelle le prélat ne peut être que sensible : sa réponse est évidemment positive.

Chanoine de la cathédrale, l'abbé Homen de Gouveia, qui leur avait souhaité la bienvenue lors de leur arrivée, devient leur aumônier. Quatre jours plus tard, de Rome, le cardinal secrétaire d'Etat, Mgr Gasparri, écrira à l'évêque de Funchal, de la part de Benoît XV, en le priant, hors de toutes considérations politiques, de veiller sur le couple impérial en lui apportant un soutien spirituel. Le 14 décembre, Mgr Pereira Ribeiro sera heureux de répondre qu'il avait précédé les vœux du Saint-Père.

Vivre dans la pauvreté

Le Reid est un hôtel de luxe. Or Charles y loge à ses propres frais. Un calcul rapide lui montre que ses moyens ne lui permettront pas longtemps d'acquitter la facture. Ses avoirs subsistants sont en Suisse, loin d'ici. Alors il rogne sur tout. Par exemple en se privant de café après le déjeuner : dérisoire économie. Comment vivre ici, si l'exil doit se prolonger ?

Le 16 novembre, alors que les souverains voguaient en Méditerranée, Lord Curzon, le ministre des Affaires étrangères britannique, a attiré l'attention de la Conférence des Ambassadeurs sur la nécessité d'assurer un revenu à l'ex-empereur. D'emblée, il a été convenu avec le Portugal que la charge du séjour à Madère ne lui incomberait pas. Selon Curzon, une liste civile de 500 000 francs or, ou de 20 000 livres sterling, serait une somme décente. Mais qui doit les payer ? Au final, les Alliés ont décidé que ce serait les Etats successeurs de la Double Monarchie : la Pologne, la Yougoslavie, la Tchécoslovaquie et la Roumanie. Beneš, cependant, a immédiatement fait savoir que Prague ne débourserait pas un centime pour les Habsbourg. Quant aux autres capitales, elles feront la sourde oreille.

Selon Zita, le consul britannique à Madère aurait suggéré à l'empereur que, s'il abdiquait, à la fois en Autriche et en Hongrie tout s'arrangerait, et que l'Angleterre l'aiderait à recouvrer ses biens saisis. A quoi Charles aurait répondu que sa couronne n'était pas à vendre...

Au mois de février 1922, pressé par la nécessité, Charles se résout à s'adresser à ses geôliers. Une lettre est expédiée à ses mandataires légaux, en Autriche et en Suisse : « Veuillez avoir l'amabilité d'informer la Conférence des Ambassadeurs que votre client a jusqu'ici supporté intégralement les frais de son séjour, en puisant sur les fonds personnels qu'il avait en sa possession. Cependant, ces fonds étant épuisés, il ne peut plus continuer à faire face à ses dépenses. La Conférence des Ambassadeurs l'a amené ici contre sa volonté, et elle se trouve donc dans l'obligation d'assumer elle-même les frais de son séjour[1]. »

Cette lettre incite la Conférence des Ambassadeurs à remettre le sujet sur le tapis. Après concertation avec la Pologne, la Tchécoslovaquie, la Yougoslavie et la Roumanie, il est de nouveau convenu de subvenir aux besoins de la famille impériale. Mais Charles est prié de fournir un rôle détaillé de ses ressources et de ses biens, afin que les Alliés statuent sur la somme à lui verser. Le 2 mars, le souverain écrit à son administrateur, à Vienne, le priant de s'atteler à la tâche. Quand ce travail sera terminé, Charles ne sera plus de ce monde.

L'empereur n'est pas à Madère depuis une semaine qu'il avoue au propriétaire du Reid's qu'il ne pourra bientôt plus régler la note de l'hôtel. Zita et lui ayant l'intention de faire venir les enfants, il leur faudrait une maison, mais il n'a pas les moyens d'en louer une. Compatissant, Vieira de Castro trouve une solution. Son beau-frère, Luis Rocha Machado, possède une demeure sur les hauteurs de Funchal, à

600 mètres d'altitude. Il la met gracieusement à la disposition des souverains.

Charles visite la Quinta do Monte le 25 novembre : il fait beau, ce jour-là, et la maison et son jardin, illuminés par le soleil, lui plaisent. Il accepte la proposition. L'empereur envisage même un emménagement immédiat, mais la famille Machado le met en garde : l'hiver, les brumes envahissent fréquemment les collines au-dessus de Funchal. Mieux vaut attendre la belle saison. Le Reid's consent un rabais, et le comte Hunyady trouve un crédit pour l'empereur. Le séjour à l'hôtel se prolongera jusqu'au retour de Zita, qui doit partir pour la Suisse.

Zita va chercher les enfants en Suisse

A peine débarqués, les souverains ont reçu un télégramme leur annonçant que leur fils Robert, âgé de 6 ans, a subi une crise d'appendicite, et qu'il doit être opéré. L'impératrice a déposé une demande de passeport auprès du gouverneur de Madère. La demande a été transmise à Lisbonne, où les autorités se sont tournées vers la Conférence des Ambassadeurs. Celle-ci, à son tour, a interrogé le Conseil fédéral helvétique. Qui lui-même a sondé le gouvernement hongrois. A Budapest, Bethlen s'était inquiété de savoir si la souveraine ne projetait pas de faire proclamer roi son fils Otto !

Le 9 décembre, la Suisse accorde finalement à Zita le droit de pénétrer sur son territoire. Mais à condition qu'elle demeure dans la ville où son fils sera hospitalisé, et reparte quelques jours après l'opération. Peu après, son passeport lui est remis à Madère. Il est délivré au nom de la comtesse de Lusace, domiciliée à Lucques, en Italie. Afin de ne pas laisser Charles à Noël, l'impératrice partira début janvier. Elle reviendra avec les enfants. Et profitera du voyage pour éclaircir la situation financière de la famille.

A Funchal, Charles et Zita font tous les jours un tour en ville. Dans la rue, les gens se découvrent devant eux. Les souverains leur répondent par un sourire. Mais un sourire mélancolique. « L'impératrice, se souviendra Vieira de Castro, avec un petit sac à main, faisait les achats nécessaires, comme une femme de la bourgeoisie, alors que l'empereur achetait chaque matin son journal au kiosque de la place principale[2]. »

A la mi-décembre, le comte et la comtesse Hunyady doivent regagner l'Europe. Leur départ est une épreuve, et ce Noël 1921 est une fête triste. Infiniment triste. Leurs enfants leur manquent, leurs parents leur manquent, leurs amis leur manquent, leur pays leur manque, l'argent leur manque. Il reste la foi et l'amour : Charles et Zita se rapprochent un peu plus l'un de l'autre.

Afin de soustraire l'empereur à ses idées noires et instruit de ses distractions de naguère, le chanoine Homen de Gouveia organise pour lui une partie de chasse. Du 27 au 30 décembre, Charles sillonne la montagne en compagnie du fils du propriétaire de l'Hôtel Reid, un garçon de 22 ans, et d'un de ses amis. De cette excursion, il tirera un long compte rendu qui est un témoignage intéressant : c'est à la fois un récit de chasse, un carnet de choses vues (des anecdotes récurrentes illustrent l'affabilité de la population, son respect envers Charles) et une petite étude sur la faune, la flore, l'économie et la sociologie de Madère, avec un luxe de détails étonnant. Si l'on songe que, deux mois auparavant, le souverain ne connaissait rien à cette île – qu'il n'aurait peut-être pas su situer sur une mappemonde –, le document apporte un démenti à ceux qui accusent ses limites intellectuelles.

Le 31 décembre, Dom Joao d'Almeida débarque à Funchal. Ancien officier de l'armée autrichienne, ce Portugais a vécu à Vienne jusqu'à la chute de la monarchie.

Retiré à Lisbonne, il a appris les déboires et la solitude de l'empereur, et il est venu se mettre à sa disposition.

Avec lui apparaissent trois domestiques partis du Havre le 23 décembre : un valet de Charles, qui est à son service depuis 1911 et qui a été son chauffeur en Suisse, et deux cuisinières. Ils apportent quelques affaires personnelles pour les souverains : des vêtements, des objets auxquels ils sont attachés. Charles se réjouit de retrouver ses jumelles, qui vont lui permettre d'observer les bateaux, et une photo de sa mère posant avec Otto. Si l'empereur s'émeut d'entendre le son de leurs voix, qui lui rappelle l'Autriche, les nouveaux venus, eux, sont frappés par sa transformation physique : amaigri, voûté, blanchi, il a vieilli.

C'est la Saint-Sylvestre. A la cathédrale, le chanoine Homen de Gouveia célèbre la fin de l'année par une cérémonie qui comble Charles, car elle se déroule « comme chez nous[3] » : *Te Deum*, *Miserere*, chapelet, bénédiction. A 22 heures, les souverains retournent prier. Ils devaient prendre un souper froid à 23 heures, mais ils sont restés trop longtemps à la chapelle. Ils avalent une bouchée, et se rendent sur la proche terrasse d'un fort d'où ils peuvent admirer le feu d'artifice qui illumine la ville. A minuit, à l'hôtel, un autre spectacle pyrotechnique les attend, organisé pour les clients du Reid's. Selon la tradition, le bouquet final est tiré en hommage au roi d'Angleterre. Cette année, vingt fusées supplémentaires s'élèvent en leur honneur.

Le 1er janvier 1922, les souverains vont saluer l'évêque de Funchal. Le 3 janvier, lorsque Mgr Pereira Ribeiro leur rend leur visite, Zita prépare ses valises.

Le 4 janvier 1922, l'impératrice embarque pour Lisbonne. Son voyage se poursuit en train à travers l'Espagne, où elle est escortée par la femme de Dom Joao d'Almeida, et à travers la France, où l'accompagne son frère Xavier de Bourbon-Parme. Le 12 janvier, à Bâle, la souveraine franchit la frontière helvétique. Au nom des autorités civiles, un diplomate lui notifie les conditions de son accueil : autorisée à séjourner quatorze jours en Suisse, Zita logera à Zurich, dans l'hôpital où son fils sera opéré, et ne sera autorisée ni à en sortir, ni à recevoir de visites. Comme convenu avec Charles, elle demande néanmoins à voir Henri Seeholzer, leur avocat suisse, afin d'étudier leur situation financière, autorisation qui lui est accordée.

La clinique Paracelse, à Zurich, est tenue par des religieuses. Quatre pièces ont été réservées à l'impératrice. Quand elle y arrive, ses enfants l'attendent : Otto, 9 ans, Adélaïde, 8 ans, Robert, 7 ans, Félix, 5 ans, Charles-Louis, 4 ans, Rodolphe, 2 ans, et Charlotte, 10 mois, n'ont pas vu leur mère depuis près de trois mois. Trois jours après l'opération, l'impératrice reçoit son avocat, qui a une mauvaise nouvelle à lui annoncer : Bruno Steiner, l'administrateur de biens à qui Charles avait confié des bijoux, a disparu. Les avoirs dont dispose le couple impérial paieront le retour à Madère et le voyage des enfants. Mais après ?

Le 21 janvier, Zita quitte la Suisse. Les enfants la suivront quatre jours plus tard. La Conférence des Ambassadeurs a posé des conditions draconiennes pour sa traversée de la France, qui doit s'effectuer sans passer par Paris. Pour aller de Genève en Espagne par le train, il lui faut passer par Lyon et Bordeaux. Xavier de Bourbon-Parme, qui sert de nouveau de chevalier servant à sa sœur, doit intervenir auprès de Raymond Poincaré, car le programme initial prévoyait de la faire dormir, elle qui est enceinte de six mois, dans la salle d'attente, à Lyon et à Bordeaux, avant sa correspondance. En Espagne, en revanche, l'impératrice est traitée comme une souveraine : à la gare de Madrid, elle est attendue par Alphonse XIII et la reine, accompagnés de tous les membres du gouvernement. Zita reste deux jours à la cour de Madrid, puis gagne le Portugal, où les enfants la rejoignent. Elle est accompagnée de la comtesse Viktoria Mensdorff, qui lui servira de dame d'honneur à Madère.

Ultimes rêves politiques d'un exilé

Pendant le voyage de Zita, Charles tient un journal. Pour une part, ce sont des notations quotidiennes qui lui permettront de raconter à sa femme ce qu'il a fait en son absence. Le chanoine Homen de Gouveia, dont il sert la messe chaque jour, est son compagnon ordinaire, de même que Dom Joao d'Almeida. L'empereur fait procéder à quelques aménagements dans la Quinta où la famille s'installera bientôt, notamment la transformation du hall en chapelle : Charles monte régulièrement suivre l'avancée des travaux.

Le 10 janvier, un bateau apporte des caisses venues de Suisse. Encore des effets personnels que Charles est content de retrouver. Il regrette que trois disques de gramophone aient été cassés pendant le transport. Le 14 janvier, un télégramme lui annonce que l'opération de Robert s'est bien déroulée. Pour fêter cette bonne nouvelle, le chanoine débouche une bouteille de madère, cru 1800. Le 19 janvier, Charles effectue une promenade à cheval. Le 20 janvier, il se livre à un décompte : « Dans douze jours, Zita sera là avec les enfants. Dieu soit loué. » Le 24 janvier, l'annonce de la mort de Benoît XV le touche profondément. Le 26 janvier, après avoir beaucoup travaillé, il estime avoir le droit de lire un Sherlock Holmes. Le 27 janvier, il apprend que Zita se trouve à Madrid, que les enfants sont Paris et qu'ils se retrouveront à Lisbonne : « J'ai pleuré de joie et je suis aussitôt aller réciter un *Te Deum* dans la chapelle[4]. »

Ce journal contient également de nombreuses remarques touchant aux événements récents dans le bassin danubien. Du 18 au 31 janvier, l'empereur travaille par ailleurs à un mémoire dans lequel il répond à un journaliste britannique, Lethbridge. Installé à Madère, ce dernier lui a posé six questions par écrit, dont il compte tirer la matière d'une longue interview sur les conséquences économiques et politiques de la disparition de la Double Monarchie. La revue de détail opérée par Charles – Tchécoslovaquie, Yougoslavie, Autriche, Hongrie, Roumanie, Trieste – illustre encore une fois sa connaissance des dossiers, et la largeur de ses perspectives internationales.

A la même époque, il ébauche aussi un projet de Constitution pour une future Confédération danubienne. Un Commonwealth autrichien reposant sur quatre Etats : l'empire d'Autriche, le royaume de Hongrie, les pays de Bohême, le royaume de Croatie, Slavonie, Dalmatie et Illyrie, auxquels s'ajouteraient les villes de Vienne et de Trieste, qui bénéficieraient d'un statut spécial. Chacun de ces Etats serait doté de sa propre armée, et l'ensemble serait couronné par une monarchie constitutionnelle. Ce nouvel empire des Habsbourg garantirait sa sécurité au moyen d'une alliance durable avec la France.

Ces réflexions peuvent être jugées de deux manières. Elles peuvent être regardées comme les doux rêves d'un souverain exilé, coupé des réalités, bâtissant des châteaux en Espagne. Ce qui n'est pas faux. Mais on peut aussi y voir l'étonnante passion politique d'un homme qui aspire à servir, et qui tente de conjurer le destin qui l'a condamné à l'inactivité et à rester prisonnier d'une île au milieu de l'océan, lui l'héritier d'une dynastie terrienne.

La Quinta do Monte, royaume des nuages

Le 2 février, le bateau qui ramène les siens est en vue de Funchal. Brûlant d'impatience, Charles n'a pas dormi la veille. Pour aller à la rencontre de sa famille, il emprunte une vedette à moteur. Les retrouvailles ont lieu sur le pont : étreintes, pleurs de joie. Lorsque le paquebot est à quai, l'empereur descend la passerelle en portant le petit Rodolphe. Mais c'est un homme écrasé par la vie, prématurément usé, dont le vieillissement physique saute aux yeux du personnel qui débarque avec l'impératrice.

Zita, qui plus est, doit lui faire part de leur situation financière catastrophique. Elle devait rapporter de l'argent : elle n'en a pas. Charles a beau être personnellement détaché des biens matériels, sa responsabilité de père de famille est engagée. Comment va-t-il faire vivre les siens ? Ces soucis financiers vont le miner, d'autant que l'impératrice n'est pas revenue seule. Elle a voyagé avec la gouvernante des enfants, la comtesse Kerssenbrock, et sa dame d'honneur, la comtesse Viktoria Mensdorff. Cinq jours plus tard débarquent un jeune prêtre hongrois, l'abbé Paul Zsamboki, un précepteur, le Tyrolien Joseph Dietrich, une religieuse suisse, chargée du soin des enfants, et trois domestiques. Le 1er mars, l'archiduchesse Marie-Thérèse les rejoindra avec le petit Robert, guéri. Comment nourrir toutes ces bouches ?

Le 18 février, la famille impériale emménage à la Quinta do Monte. La maison n'est pas petite, mais ce sont 25 personnes environ qui s'y installent, et se retrouvent à l'étroit. La Quinta est dotée de l'eau courante, mais seulement à l'étage et à la cuisine, et d'un seul water-closet. Il n'y a pas l'électricité : on s'éclaire à la lampe à pétrole. Le précepteur dort dans un pavillon délabré, au fond du jardin, et deux couples de domestiques dans une vague annexe, sur la terre battue.

Février, à Madère, est encore la saison froide : le Monte est alors le royaume des nuages. Le 12 mars 1922, une femme de chambre écrit à sa famille, en Autriche : « Ici, nous n'avons vraiment eu que trois beaux jours. En dehors de cela, toujours du brouillard, de la pluie, de l'humidité. (...) Pour se chauffer, on n'a que du bois vert qui fume constamment. On ne fait la lessive qu'avec de l'eau froide et du savon. (...) La maison est très humide ; partout cela sent le moisi, et chacun peut voir sa propre respiration. (...) Dans la chapelle, les champignons poussent sur les murs ; et on ne pourrait tenir dans les chambres si on n'y entretenait pas en permanence du feu dans les cheminées. »

Dans cette maison où il n'y a pas d'argent, la moindre dépense est comptée. «Ce pauvre empereur, poursuit la femme de chambre, ne peut pas avoir de viande le soir (...). Je ne peux pas dire que cela me prive, mais il faut avouer que nous n'avons pas assez à manger : nous avons toujours faim. (...) Ce qui est le pire de tout, c'est que Sa Majesté doit accoucher au mois de mai et qu'on ne veut prendre ni garde, ni médecin.»

Face à l'épreuve, comment réagissent les souverains? Notons encore une observation de la femme de chambre : «Quelquefois on a envie de désespérer. Seulement, quand on voit avec quelle patience Leurs Majestés endurent tout cela, nous nous remettons à la besogne[5].»

Charles a toujours été profondément croyant, et pieux. A Madère, cependant, ceux qui le côtoient remarquent chez lui une dimension nouvelle. Quelque chose comme l'abandon à la Providence d'un homme qui a tout perdu. Non qu'il ne connaisse pas la souffrance : le chanoine Homen de Gouveia, qui monte fréquemment à la Quinta, se rappellera avoir vu le souverain scruter longuement l'Atlantique, sans une parole. Mais plus ses conditions de vie sont dures, plus Charles reste d'humeur égale, se préoccupant sans cesse de son entourage.

A quoi s'occupe-t-il là-haut? Il travaille toujours : chaque bateau lui apporte une abondante correspondance, à laquelle il répond. Tous les jours, il se promène avec les aînés de ses enfants. De temps en temps, il se rend à Funchal : deux heures de marche aller et retour. Pour remonter, il y a bien un funiculaire, mais c'est encore une dépense qui peut être évitée. Début mars, avec Zita, il assiste à la bénédiction de l'horloge de la cathédrale, dont il a accepté d'être le parrain : ce sera sa dernière sortie publique.

Charles malade : une montée au calvaire

Le 9 mars, Charles descend à pied à Funchal, avec Otto et Adélaïde, afin d'acheter un cadeau pour Charles-Louis, dont l'anniversaire a lieu le lendemain. Comme souvent, le soleil brille sur la ville, tandis que les hauteurs sont envahies par le brouillard. En remontant, l'empereur, qui n'a pas eu la précaution de prendre un manteau, frissonne[6].

Le 10, lors de la petite fête organisée pour l'anniversaire de son fils, il ne se sent pas bien. Les jours suivants, l'impression de fatigue se poursuit. Le 14, Charles se réveille fiévreux, au point de ne pas se lever pour assister à la messe et de garder le lit toute la journée. C'est probablement la grippe. Cinq jours durant, la température reste stationnaire : 39°.

Le 20 mars, un visiteur se présente à la Quinta : Joseph Károlyi. Cousin du « comte rouge », dont il ne partage pas les idées, ce légitimiste est venu de Hongrie pour assurer le service d'honneur du souverain. Charles, dont la fièvre a baissé, le reçoit couché mais bavarde avec lui, nullement inquiet de sa santé. Le souverain n'est d'ailleurs pas le seul malade : tous ses enfants vont avoir la grippe à leur tour.

Le 21 mars, la température remonte. Malade depuis une semaine, Charles tousse sans discontinuer et respire avec difficulté. Par souci d'économie, il hésite à faire venir un médecin. Mais Zita obtient gain de cause. Le praticien appelé décèle une bronchite, et prescrit de l'aspirine et des cataplasmes. Le lendemain, la fièvre atteint 40°. Le médecin fait appel à un confrère, et tous deux parviennent au même diagnostic : un poumon est atteint. Ce n'est plus seulement une bronchite, c'est une pneumonie.

De jour en jour, l'état du patient empire. Pendant que la comtesse Kerssenbrock s'occupe des enfants, Zita se consacre à son mari, relayée par l'archiduchesse Marie-Thérèse et par la comtesse Mensdorff. Charles s'était attribué une petite chambre contiguë à celle de Zita, au premier étage. L'archiduchesse lui cède la sienne, plus spacieuse et plus ensoleillée, située au rez-de-chaussée, à côté de la chapelle. Mais il faut insister, car il ne veut pas enlever sa chambre à sa grand-mère. Le 23 mars, Charles est descendu sur un brancard, dont les secousses le lancent.

Ce sont maintenant trois médecins qui se succèdent jour et nuit à son chevet. Ils constatent que le second poumon est touché. La température ne descend pas : 39-40°. On pose des ventouses sur le dos du malade, déjà brûlé par les cataplasmes.

Dans la maison, l'angoisse s'installe. Les enfants se plaignent de ne plus voir leur père. Zita les autorise à y aller quelques minutes. Mais ce visage étranger, pâle et non rasé, leur fait peur : Robert se met à pleurer.

L'impératrice ne quitte plus son mari. Elle veille à ce qu'il boive, mange et reste propre, à ce que le feu soit entretenu pour chasser l'humidité qui imprègne les draps. Et elle prie. Matin, midi et soir. A l'église Nossa Senhora do Monte, le dimanche 26 mars, Zita suit une procession organisée pour implorer le Ciel d'accorder la guérison au malade. Le même jour, l'abbé Zsamboki célèbre la messe dans la chambre de Charles.

Au soir du 27, le prêtre propose de donner les derniers sacrements à l'empereur. Charles se confesse d'abord. Après avoir reçu l'absolution, il dit dans un souffle : « Je pardonne à tous ceux qui travaillent contre moi, je continuerai à prier et à souffrir pour eux. » Afin de mieux se pénétrer de l'extrême-onction, il demande à Zita de lui lire le rituel auparavant. Puis exige qu'on aille chercher Otto : « Il doit voir comment un empereur meurt en catholique. » L'archiduc, qui n'a pas 10 ans, est secoué de larmes. Sa mère lui dit de bien se tenir, afin de ne pas faire de peine à son père. Après l'extrême-onction, Zsamboki donne à Charles la bénédiction du pape.

Le lendemain, l'espoir renaît. La température a baissé ·

39°. Quelques heures après, elle remonte brutalement : 40,5°. Les médecins procèdent à des injections de camphre et de térébenthine. Quand le cœur donne des signes de faiblesse, ils font une piqûre de caféine. Nouvelle crise quelques heures plus tard : le masque à oxygène entre en fonction.

Les diverses injections ont créé des abcès sur les jambes du malade. Son dos est dévoré par les ventouses et les cataplasmes. Charles est traversé d'interminables quintes de toux. Son corps n'est plus qu'une plaie : il souffre atrocement. Et ses doigts commencent à bleuir...

Pourtant, hors les minutes de délire provoquées par la fièvre, il est lucide. Il parle. Avec Zita et sa grand-mère, en allemand ; avec la comtesse Mensdorff, en tchèque ; avec les médecins portugais, en français. En dépit des tortures qu'il endure, il a toujours un sourire ou un mot gentil pour ceux qui sont à son chevet, s'excusant du tracas qu'il leur cause.

31 mars. Dix-septième jour de la maladie. L'empereur délire. Les médecins s'efforcent d'atténuer ses souffrances, non plus de le guérir. Zita, elle, veut espérer contre l'espérance. «Dieu, dit-elle à sa tante, a créé Charles pour qu'il accomplisse son devoir. L'Autriche a besoin de lui.» Dans les prières qu'elle récite avec les enfants, l'impératrice supplie que la vie de son mari soit épargnée d'abord pour sa patrie, ensuite pour sa famille.

«Nous traversons maintenant la souffrance, mais après viendra la résurrection», murmure Zita. Nous sommes Vendredi saint. Charles François Joseph Louis Hubert Georges Marie de Habsbourg-Lorraine commence sa Passion. «Quand on connaît la volonté de Dieu, dit-il, tout est bien.»

L'empereur s'endort. Quand il se réveille, c'est pour prier. Sous son oreiller, depuis le début de la maladie, il garde une image du Cœur de Jésus. Ses mains ne lâchent plus le crucifix. «Tout mon effort, articule-t-il, cherchant le regard de sa femme, est toujours, et en toutes choses, de m'efforcer de comprendre la volonté de Dieu, et de lui obéir de la manière la plus totale.» Zita lui recommande de ne pas se fatiguer en priant à voix haute. «Je dois prier pour tant de gens, répond-il. Je dois tant souffrir pour que mes peuples puissent se retrouver.»

A l'aube du 1er avril, la fièvre est descendue : 37°. Une heure après, elle atteint de nouveau 40°. Pour la première fois, l'empereur se plaint : il a du mal à respirer, ses articulations se paralysent. «Ce n'est plus qu'une question d'heures», pronostiquent les médecins. Comme chaque jour, Charles reçoit la communion. Puis l'abbé Zsamboki expose le Saint-Sacrement à sa vue, dans un ostensoir.

«Viens, assieds-toi près de moi, et soutiens-moi», commande Charles à sa femme. L'impératrice se pose au bord du lit. De la main gauche, elle lui tient la tête. De la main droite, elle lui essuie le visage ou lui tient la main. Elle pose sa propre tête sur son épaule. Quatre heures durant, elle restera dans cette posture épuisante, à prier avec son mari.

Charles pousse un cri : «Otto, Otto.» On va chercher l'enfant, qui s'agenouille au pied du lit. Il sanglote, mais son père, déjà ailleurs, ne l'entend pas. Zsamboki récite la prière des agonisants. «J'aime tellement mes enfants, soupire l'empereur. Je voudrais aller à la maison avec toi, je suis si fatigué.» Zita l'apaise : «Pense seulement au Sauveur qui est ici et qui te tient dans les bras, pense seulement à cela et abandonne-toi à Lui. — Oui, répond-il, dans les bras du Sauveur, toi et moi, et nos enfants chéris.» Ajoutant : «Je t'aime infiniment.»

A midi, Charles reçoit de nouveau la communion. Regardant le ciboire, il geint : «Saint Sauveur, si c'est ta volonté, guéris-moi. Saint Sauveur, s'il te plaît.» Mais son pouls baisse, son teint bleuit : la vie le quitte. Il lui reste à offrir sa mort. «Bon Sauveur, chuchote-t-il, protège nos enfants chéris : Otto, Adélaïde, Robert, Félix, Charles-Louis, Rodolphe, Charlotte, et le tout tout-petit. Protège leur corps et leur âme et laisse-les plutôt mourir que de commettre un péché mortel. » Sa tête tombe sur l'épaule de Zita. Après quelques minutes : « Jésus, viens, viens ! » Zita prie tout haut : « Seigneur Jésus, que Votre volonté soit faite. » L'empereur râle. Il appelle encore : « Mon Jésus, quand tu veux. » Un instant de silence. Puis, dans un dernier souffle : « Jésus. » Et il se tait : pour toujours.

Samedi saint, 1ᵉʳ avril 1922, 12 h 23 : Charles d'Autriche rend son âme à Dieu. Il a 34 ans.

Madère rend hommage à l'empereur

L'impératrice a ce jour-là une robe rose. C'est la dernière fois qu'on la voit vêtue de couleur. Elle a 30 ans, et portera le deuil toute sa vie.

Elle a fermé les yeux de Charles, et lui a joint les mains avec un chapelet et un crucifix. La toilette funèbre est assurée par la comtesse Kerssenbrock. Le soir, le corps est embaumé, après que le cœur a été prélevé : scellé dans un coffret d'argent, il accompagnera Zita dans tous ses exils, jusqu'à ce qu'il soit déposé, en 1975, dans la crypte funéraire des Habsbourg à l'abbaye de Muri, en Suisse. Revêtue d'un uniforme sur lequel est épinglé l'insigne de la Toison d'Or, la dépouille mortelle restera exposée jusqu'aux obsèques.

Par télégramme, le pape Pie XI et le roi Alphonse XIII sont prévenus. L'évêque de Funchal, l'un des premiers à s'incliner devant la dépouille, offre que l'inhumation ait lieu dans l'église du Monte.

Le gouverneur de Madère propose qu'un détachement de l'armée portugaise rende au défunt les honneurs dus à son rang. L'impératrice remercie, mais décline l'offre : l'empereur et roi ne saurait recevoir le dernier salut de soldats étrangers sans avoir reçu l'hommage de ses propres armées.

Le 5 avril, jour de l'enterrement, l'abbé Zsamboki célèbre une première messe, à 7 heures du matin, devant le corps du défunt. La mise en bière a lieu à 10 heures. Deux sculpteurs réalisent un masque mortuaire de l'empereur. Selon l'usage local, le cercueil est transporté le visage découvert, par le jardin, jusqu'à la chapelle, où il reste exposé jusqu'à 14 heures.

Les autorités de l'île ont décrété le deuil. A Funchal, les drapeaux sont en berne, les magasins fermés. Madère compte 170 000 habitants. Une foule estimée à 30 000 personnes se presse autour de Nossa Senhora do Monte : environ le sixième de la population de l'île.

A 16 heures, Mgr Pereira Ribeiro, en habits pontificaux, entouré de quarante prêtres, préside la cérémonie de levée du corps. Après avoir été fermé, le cercueil est glissé sur un corbillard à deux roues et à baldaquin, que tirent Joseph Dietrich, le précepteur tyrolien, deux serviteurs de Charles, un commerçant viennois habitant Funchal, et Dom Joao d'Almeida. Derrière le corps marche le comte Károlyi, qui porte sur un coussin l'Ordre de la Toison d'Or.

Pendant que le cortège funèbre serpente sur le flanc de la montagne, l'impératrice et ses enfants gagnent l'église en voiture. Dans le sanctuaire, le cercueil, hissé sur un catafalque, est drapé d'un étendard aux armes des Habsbourg. Trois couronnes sont déposées. L'une aux couleurs de l'Autriche, l'autre aux couleurs de la Hongrie. La troisième a été envoyée par le général Arz, dernier chef d'état-major des forces austro-hongroises, « au nom des officiers, sous-officiers et soldats de l'armée impériale et royale ».

Pendant la messe de funérailles, 101 coups de canon sont tirés par les forts de l'île. Après l'absoute, l'évêque vient saluer l'impératrice, invisible sous un long voile noir. Jusqu'ici, elle a tenu bon. Mais, tandis que le cercueil est placé dans la chapelle de l'Immaculée-Conception, Zita s'affaisse, sanglote, serre Otto dans ses bras. Puis se ressaisit, se redresse : pour Charles, pour les enfants, pour son honneur, elle doit être digne.

Le 19 mai 1922, la famille impériale embarque pour l'Espagne, où Alphonse XIII a dû vaincre l'opposition de la Conférence des Ambassadeurs pour pouvoir l'accueillir. C'est une autre page de l'histoire des Habsbourg qui s'ouvre : elle sera écrite par Zita, Otto et ses frères.

Le 31 mai, l'impératrice donne naissance à son huitième enfant : l'archiduchesse Elisabeth. La seule que son père n'a jamais serrée dans ses bras*.

---

* Le tombeau de l'empereur sera aménagé dans une chapelle latérale de l'église Nossa Senhora do Monte. Un nouveau mausolée sera béni, en 1968, en présence de l'impératrice. Un grand crucifix en bois du Tyrol veille sur le tombeau. Une plaque de marbre porte l'inscription suivante :

Carolus I.D.G. Austriae Imperator,
Bohemiae rex, etc., etc., etc.,
Apostolicus Rex Ungariae, nomine IV,
Natus Persenbeug, XVII-VIII-MDCCCLXXXVII,
Mortuus Madeira, I-IV—MCMXXII,
Adorans S.S. sacramentum praesens
Dicens : "Fiat voluntas tua."

(Charles Ier par la grâce de Dieu empereur d'Autriche,
roi de Bohême, etc., etc., etc.,
roi apostolique de Hongrie, quatrième du nom,
né à Persenbeug, le 17 août 1887,
mort à Madère, le 1er avril 1922,
en adorant le Saint-Sacrement présent
et en disant : « Que Votre volonté soit faite. »)

En 2005, une statue en bronze de l'empereur a été inaugurée sur la terrasse qui entoure l'église.

15

Charles le bienheureux

3 octobre 2004. Le soleil inonde Rome. Sur l'esplanade de la basilique Saint-Pierre, la foule se presse. Jean-Paul II, ce dimanche, procède à une cérémonie de béatification. La dernière de son pontificat : le Saint-Père, tordu de souffrance, n'a plus que six mois à vivre. Selon la tradition, d'immenses portraits des nouveaux bienheureux, accrochés à la façade, seront découverts au début de la cérémonie. A 10 heures, lorsque la messe commence, cinq effigies apparaissent : Pierre Vigne, qui fut missionnaire itinérant dans le Vivarais et en Dauphiné, au XVIIe siècle; Joseph Cassant, un moine cistercien de l'abbaye de Sainte-Marie-du-Désert, près de Toulouse, mort en 1903 ; Anne-Catherine Emmerick, une mystique allemande du XIXe siècle; sœur Maria Ludovica de Angelis, une religieuse italienne, missionnaire en Argentine, disparue en 1962. Et **Charles d'Autriche**.

Minute d'intense émotion, pour tous ceux qui connaissent son histoire, quand le portrait de l'empereur glisse de long de la façade. Le proscrit de Madère, celui que les dirigeants occidentaux de naguère ne voulaient plus voir et même plus nourrir, revient au cœur de l'Europe, dans sa capitale spirituelle, avec les plus hauts honneurs posthumes qui puissent être réservés à un baptisé : être érigé en modèle aux yeux de ses frères. L'abandonné, l'exilé, le rejeté, s'était dans sa détresse toujours tourné vers l'Eglise et vers le pape. Entendu plus de quatre-vingts ans après sa disparition, il reçoit enfin sa récompense.

Les archiducs Otto, Félix, Charles-Louis et Rodolphe ont pris place au premier rang de l'assistance. Leur mère, l'impératrice Zita, a été rappelée à Dieu quinze ans auparavant. Leur frère, l'archiduc Robert, ainsi que leurs trois sœurs, les archiduchesses Adélaïde, Charlotte et Elisabeth, ne sont déjà plus de ce monde. Des compagnons d'infortune de la Quinto de Monte, ils ne sont plus que quatre.

Que de temps a passé depuis 1922... La famille a traversé un long exil (Espagne, Belgique, Amérique) avant de revenir sur le vieux continent. Les Habsbourg ont vu le triomphe du nazisme, et son effondrement; l'apogée du communisme, et sa chute. L'archiduc Otto, après le combat qu'il a mené pour l'indépendance de l'Autriche, avec l'aide de ses frères, avant et pendant la Seconde Guerre, s'est engagé pour l'Europe. En 1961, afin d'obtenir le droit de rentrer dans son pays, il a signé une déclaration de reconnaissance de la République d'Autriche. Il est vraisemblable que cette décision n'a pas fait plaisir à sa mère, mais l'impératrice n'en a jamais rien dit. En 1982, après soixante-trois ans d'exil, Zita a pu revenir à Vienne. En 1989, ses obsèques ont été célébrées selon le grand cérémonial impérial, et elle a rejoint la Crypte des Capucins. L'empereur, lui, est toujours à Madère.

Si Charles est honoré par l'Eglise catholique, ses adversaires ne désarment pas. «Charles Ier, le dernier des Habsbourg, béatifié à Rome dans la dérision[1]», annonce *Le Monde* «Polémique à Vienne autour d'un monarque contesté[2]», commente *Le Figaro*. La presse française se fait ainsi l'écho de l'hostilité manifestée par les réseaux qui, en Autriche, protestent depuis plusieurs mois contre la «décision grotesque du Vatican de béatifier le Habsbourg controversé[3]».

Caution universitaire de cette campagne, Brigitte Hamann. Allemande établie à Vienne, auteur de plusieurs livres sur la dynastie, présentée par tous les médias comme *la* spécialiste des Habsbourg, l'historienne lance la charge : « Charles était un homme faible et incertain, qui dépendait de son entourage ; de sa femme, l'impératrice Zita, qui lui était intellectuellement supérieure, mais qui elle-même était sous la coupe de sa parentèle Bourbon et de ses confesseurs. » Rien de nouveau sous le soleil : ce type d'accusation était déjà brandi contre le couple impérial en 1917-1918... Enumérant les revers essuyés par l'empereur pendant son court règne, Brigitte Hamann ironise : « Il n'est pas exclu que Charles devienne un jour le saint patron des perdants[4]. »

Au cours de cette année 2004 a paru l'imposant ouvrage que l'historienne Elisabeth Kovács a consacré à la vie et à la pensée de Charles : une somme scientifique, qui produit de multiples pièces plaidant en faveur de l'action menée par le souverain. Un colloque réunissant une vingtaine d'historiens a de même mis en lumière la diversité des facettes positives de ce prince qui fut à la fois « chrétien, homme d'Etat, mari et père de famille[5] ». Ces travaux n'ont pas droit à la même publicité.

Le jugement de la postérité

« La responsabilité devant l'Histoire, c'est toujours le monarque qui la porte » : cette sentence du vieux François-Joseph a profondément marqué Charles. Il y adhérait par la lettre et l'esprit. Il y a d'autant moins de raisons, dès lors, d'exonérer son bilan du jugement de la postérité, sous prétexte qu'il a été béatifié.

Si une politique se juge à ses résultats, il est exact, parfaitement exact, que l'action de l'empereur a rencontré une suite impressionnante de déboires et d'insuccès. Il veut sortir son pays de la guerre : il n'y parvient pas. Il tente de desserrer l'emprise allemande sur l'Autriche-Hongrie :

il n'y arrive pas, et c'est même le contraire qui se produit. Il aspire à modifier la structure de son empire afin de le doter d'une Constitution de type fédéraliste : cela s'avère irréalisable. Quand il tente le tout pour le tout en publiant son manifeste fédéraliste, l'initiative ne fait que précipiter l'éclatement de la monarchie. Il cherche à sauver son trône : une tâche impossible. Il refuse de quitter le pouvoir : il y est contraint. Il exclut de quitter l'Autriche : il y est forcé. Il entreprend par deux fois de retrouver sa couronne en Hongrie : ce sont deux fiascos...

Encore faut-il, pour chaque événement, prendre la mesure des circonstances atténuantes, susceptibles de rééquilibrer le verdict de l'Histoire. Charles devient empereur alors qu'il a 29 ans, et sans avoir eu le temps de se préparer à sa charge. Quel autre chef d'Etat occidental, à l'époque, exerce le pouvoir aussi jeune ? Lorsqu'il accède au Trône, il hérite d'une guerre qu'il n'a pas contribué à déclencher, mais dont il lui échoit de supporter les conséquences. Conséquences d'autant plus lourdes que le conflit est déjà perdu pour l'Autriche-Hongrie, ou du moins qu'il ne peut plus être gagné. La guerre, cette terrible guerre mondiale qui n'a pas de précédent, va broyer le jeune souverain, en mettant son empire à genoux et en minant les fidélités qui relient la dynastie à ses peuples.

Vis-à-vis des Allemands, la marge de manœuvre de Charles est d'emblée réduite. Là encore, il reçoit en partage une alliance qu'il n'a pas choisie, et qui ne correspond pas à son vœu intime. La subordination de l'appareil militaire autrichien à celui du Reich ne peut lui être imputée : elle est antérieure à son accession au pouvoir. Quand il veut prendre son autonomie, il s'aperçoit vite, et dans la douleur, qu'il ne possède aucun moyen de pression sur ses alliés.

Pour ce qui est des réformes des institutions, le souverain dispose également d'une liberté de mouvement étroite. Comment fédéraliser l'empire, dès lors que le serment qu'il a prononcé en tant que roi de Hongrie lui crée l'obligation de maintenir l'intégrité du royaume de saint Etienne ? Et, d'ailleurs, comment réformer en temps de guerre ? La fin du règne de François-Joseph a été caractérisée par l'immobilisme du gouvernement impérial, mais c'est Charles qui paie les pots cassés.

Il ne faut pas non plus oublier qu'il est un monarque constitutionnel, dont les ministres, s'ils sont nommés par lui, ont besoin du Parlement pour gouverner. Le prince Windischgraetz, dans ses Mémoires, rapporte une conversation qu'il a eue avec l'empereur, le 23 octobre 1918, dans les jours de la fin. « Comment la révolution, s'exclame Charles, pourrait-elle se tourner contre moi ? Moi aussi, je voulais un changement. Qui m'a soutenu alors ? Ne voulais-je pas satisfaire les Tchèques, les Yougoslaves ? Je ne suis pas un magicien. Si je n'en suis pas venu plus tôt aux réformes les plus radicales, cela prouve que je n'ai pas voulu régner en autocrate. J'ai les mains liées. La politique des peuples doit être faite par les peuples. Je ne puis pas sortir de la légalité. Je ne puis pas chasser les ministres qui ont une majorité[6]. »

Sans grands ministres à son côté, peu d'entre eux partageant réellement ses vues, Charles est terriblement seul face à ses responsabilités. Et cet homme qui fait confiance à l'autre *a priori* multiplie les déconvenues en se heurtant à la trahison, de Czernin à Horthy.

Pendant toute la période où il exerce le pouvoir, l'empereur se trouve devant une suite de situations où il n'a aucun choix. N'importe qui, à sa place, aurait buté sur les mêmes obstacles. Des obstacles qui ne tiennent nullement à sa personnalité, mais au contexte dans lequel il a vécu. Incriminer son caractère, comme le font ses adversaires posthumes, est inepte. Et injuste. Car si les failles psychologiques de Charles sont avérées – une certaine indécision, une forme de naïveté –, elles n'altèrent pas la profondeur du personnage, qui a eu de grands objectifs, de grands desseins, et s'y est tenu, et qui, dans ce sens, a manifesté *une vraie volonté*.

Pour être objectif, un bilan sur Charles doit mettre en lumière ses réussites. Sa politique sociale, par exemple, son action au jour le jour, pendant la guerre, pour améliorer la condition des combattants – condition qu'il connaissait comme aucun chef d'Etat des pays belligérants –, sans compter son activité souterraine, dans la période où il vit à Prangins, pour empêcher l'Anschluss ou pour renouer des liens entre les pays de son ancien empire.

Et il faudrait parler du style de son pouvoir. Par son goût des contacts personnels, sa capacité d'écoute, son obstination à convaincre, il se montrait extrêmement humain, et moderne. Une force intérieure le poussait à faire régner la concorde et la justice entre les hommes. Le drame du souverain, sa tragédie personnelle, au fond, c'est d'avoir été voué à régner en temps de guerre, quand il était manifestement fait pour gouverner en temps de paix. Comme tout un chacun, il n'a pas choisi son époque. Alors il a fait ce qu'il a pu, du mieux qu'il a pu. Des erreurs, il en a commises. Qui n'a jamais fait d'erreurs ?

Une dimension sacrificielle

Une des idées directrices de Charles était l'existence d'une communauté de destin des peuples de l'Europe centrale. Il avait prévu les conséquences de l'effondrement de la Double Monarchie : l'émiettement politique du bassin danubien, propre à aiguiser les appétits du grand voisin allemand, resté puissant malgré sa défaite de 1918, et propre à servir de champ d'expansion au communisme, à partir de la Russie. La suite de l'histoire lui donnera raison : l'Allemagne avalera successivement l'Autriche, la Tchécoslovaquie et la Pologne et quand, sur les ruines du IIIe Reich, le communisme s'emparera de l'Europe centrale et balkanique, les petites nations danubiennes changeront de maître, mais resteront serves. On n'avait plus voulu des Habsbourg, leur empire étant qualifié de « prison des peuples », on aura Hitler et Staline. Et il faudra attendre la fin des années 1980 pour que revienne la liberté dans cette région du monde.

Le 1ᵉʳ janvier 2004, la Pologne, la République tchèque, la Slovaquie, la Hongrie et la Slovénie rejoignent l'Union européenne. Le 22 mai suivant, 80 000 fidèles se rassemblent à Mariazell, sanctuaire marial d'Autriche dont l'histoire est liée à celle des Habsbourg, pour un *Katholikentag* d'Europe centrale. Sont présents 200 cardinaux et évêques, et les chefs d'Etats et gouvernants de l'Autriche, de la Hongrie, de la République tchèque, de la Slovaquie, de la Bosnie-Herzégovine, de la Slovénie, de la Croatie et de la Pologne. Le 3 octobre de cette même année, Charles est béatifié. Il est des correspondances de dates qui ressemblent à des signes : « Je dois tant souffrir pour que mes peuples puissent se retrouver », avait dit le gentilhomme européen pendant son agonie.

Dans le court temps de sa vie politique, Charles s'est attaqué à d'immenses problèmes, quasi insolubles, avec la conscience qu'il avait peu de temps pour parvenir à les résoudre, et en sachant à l'avance combien il s'agissait d'une mission presque impossible. On a souvent vu dans ce livre l'empereur saisi de pressentiments. Jamais, cependant, il n'a fui devant ce qui l'attendait. Il y a chez Charles une dimension sacrificielle, comme s'il avait deviné sa destinée de victime propitiatoire, offerte pour d'autres renaissances.

« Dans les épreuves que la Divine Providence m'a envoyées, écrivait-il à Benoît XV le 28 février 1919, j'ai conservé le sentiment d'avoir toujours fait mon devoir et de n'avoir voulu, en toute chose, que le bonheur de mes sujets, de même que la plus grande gloire de Dieu et le triomphe de notre Sainte Mère l'Eglise[7]. »

C'est ici que se noue la relation entre le jugement de

l'Histoire et le jugement de l'Eglise. Même si Charles est un homme politique, les critères de l'Eglise, pour décider de sa béatification, ne sont pas de nature politique. Proclamer bienheureux un souverain n'est pas apprécier son bilan selon une mesure terrestre, mais porter un jugement sur l'esprit dans lequel il s'est efforcé d'accomplir sa tâche, de répondre à sa vocation propre. Tous les chrétiens sont appelés à la sainteté, enseigne l'Eglise. On peut devenir saint en étant ouvrier, paysan, chef d'entreprise, mère au foyer, prêtre, médecin, artiste ou responsable politique. La béatification récompense la façon dont le bienheureux a pratiqué les vertus chrétiennes, dans son rôle social comme dans sa vie privée, sans rupture entre l'un et l'autre.

Dans le cas d'un homme public, cette cohérence est d'autant plus nécessaire qu'elle a vertu d'exemple, et qu'elle est jugée comme telle. Or Charles d'Autriche a été un grand chrétien : il l'a été dans sa famille, comme dans sa manière d'être empereur.

Un souverain catholique

Charles est catholique. Il l'est d'abord par les traditions de sa dynastie. Dans les temps anciens, l'identité culturelle de l'empire des Habsbourg, dans le bassin danubien, s'était forgée dans la résistance à la Réforme et dans la lutte contre les Turcs : rempart de la chrétienté à l'est du continent, l'Autriche était de fidélité romaine. L'esthétique baroque avait conféré sa particularité à ce catholicisme où Dieu se fait visible par l'intercession de Son cœur, de Sa mère et de tous les saints. Adoration de l'Eucharistie, culte du Sacré Cœur de Jésus, vénération de la Croix, vénération de la Vierge Marie, culte des saints protecteurs du pays (saint Léopold et saint Jean Népomucène en Autriche, saint Wenceslas en Bohême, saint Etienne en Hongrie) : Charles est nourri par cette spiritualité. A Vienne, la procession de la Fête-Dieu, suivie par l'empereur et toute la Cour, symbolise la soumission de la monarchie à l'Eglise et à ses dogmes. Empereur par la grâce de Dieu, le souverain doit protéger l'Eglise, veiller à l'expansion de la foi et suivre les commandements de Dieu et de l'Eglise. De cette mission, Charles est pénétré.

Pour autant, cette identité catholique, chez lui, n'est pas intolérante. Mosaïque de populations et de cultures, l'Autriche-Hongrie abritait toutes les religions, ce qui se vérifiait aussi dans les cercles du pouvoir. Stephan Tisza, Premier ministre de Hongrie lorsque Charles accède au trône, est calviniste, et les désaccords qui se manifesteront entre les deux hommes n'auront rien à voir avec la religion. Le général Arz von Straussenburg, chef d'état-major de l'armée impériale désigné par Charles, est luthérien. Sándor Wekerle, nouveau chef du gouvernement hongrois en août 1917, passe pour libre-penseur, et on le dit même franc-maçon. Quant à Vilmós Vázsonyi, le ministre sur lequel Charles s'appuie pour tenter de réformer le système électoral en Hongrie, il est juif.

Dès l'enfance, Charles a été imprégné par l'exemple de sa mère, l'archiduchesse Maria Josepha, qui allait à la messe tous les jours et y emmenait son fils. Toute sa vie, Charles assistera chaque jour à la messe, et l'on pourrait sans doute compter le nombre de fois où il en aura été empêché. Selon l'usage alors en vigueur, il communie une fois par semaine, jusqu'à ce que le pape Pie X, en 1905, publie un décret autorisant la communion fréquente. Dès lors, Charles, qui a 18 ans, communie tous les jours et, selon un autre usage alors en vigueur, en général avant la messe.

Il se confesse tous les huit jours en moyenne. « Il faisait tous les soirs un examen de conscience approfondi, comme s'il allait se préparer à la confession[8] », racontera son fils Otto, qui se souvient que son père préparait pour ses enfants l'ordre des questions qu'ils devaient se poser pour leur propre examen de conscience, et qu'il les leur rappelait le soir.

Charles aura toujours eu un aumônier à son service, même lors de ses visites sur le front, et toujours une chapelle à sa disposition. Dans ses résidences d'exil, il en fera installer une là où il n'y en avait pas. A cette époque, il sert lui-même la messe, en alternance avec ses enfants. Mais si Charles a besoin d'une chapelle chez lui, ce n'est pas seulement pour assister à la messe : c'est qu'il observe quotidiennement l'adoration eucharistique*.

Lors de la campagne hostile qui s'est déclenchée au moment de la béatification, un historien autrichien ironisait sur ce souverain qui allait à l'église au lieu de prendre des décisions. C'est méconnaître la force de la prière chez un croyant : Charles allait à l'église pour prendre des décisions.

Lisons encore le témoignage de l'archiduc Otto, recueilli en 1950 dans le cadre du procès de béatification de son père : « Je l'ai vu prier pendant la Sainte Messe, et j'ai été frappé de la piété qu'il manifestait et qui resplendissait dans toute son attitude. Il n'existait plus pour le monde, il était en conversation avec Dieu. (...) Moi, son fils, je l'ai vu dans des états mystiques qui me font croire qu'il était sans cesse en conversation avec Dieu. Il priait comme jamais je n'ai vu personne prier. (...) Je l'ai surpris un soir en adoration quelques semaines avant qu'il ne tombât malade ; il paraissait comme abîmé en Dieu et on aurait pu le croire en extase, car il ne réagissait plus aux événements extérieurs. »

Les sceptiques objecteront que c'est un fils qui encense son père. Ecoutons alors Maria Lackner. Cette domestique est arrivée à Madère le 31 décembre 1921, jour où la famille impériale assistait, dans la cathédrale de Funchal, à un *Te*

---

* L'adoration eucharistique est une prière tournée vers l'hostie consacrée (cachée dans le tabernacle ou exposée dans un ostensoir), qui incarne, selon la doctrine catholique, la présence réelle du Christ dans le sacrement de communion.

Deum célébré pour la fin de l'année. « Pendant le *Te Deum*, au fur et à mesure, se souvient-elle, nous devenions muets l'un après l'autre, la voix coupée par la douleur. Seul le serviteur de Dieu tint jusqu'au bout, et pria en accentuant chaque mot. Je le regardais avec admiration : on voyait très clairement que pour lui, en ce moment, seul Dieu existait, et que ce *Te Deum* fut un dialogue personnel entre Dieu et lui[9]. »

Charles pratique le Rosaire : il égrène tous les jours son chapelet, y compris sur le front, et plus tard avec ses enfants. Et bien sûr avec Zita : on ne l'a pas encore dit, mais l'impératrice partage la même piété, et les mêmes rites.

A midi, où qu'il se trouve, Charles récite l'Angélus. Au début de chaque repas, il dit le bénédicité. Il porte un scapulaire. Il voue une dévotion spéciale au Sacré Cœur de Jésus, auquel il consacre sa famille en octobre 1918. En avril 1920, il y ajoute une consécration à saint Joseph.

Encore un témoignage, celui de Mgr Seydl, l'aumônier de la Cour, qui raconte un premier vendredi du mois* à la villa Prangins : « 8 heures. La messe va commencer. Voici Leurs Majestés. Elles communient avant la sainte messe, ce qu'elles font chaque jour. (...) Les archiducs Otto et Robert servent la messe, tandis que l'empereur, à genoux, son chapelet à la main, est plongé dans la méditation. (...) Le soir, à 18 heures, il y a, à la chapelle, Salut solennel, suivi de la bénédiction du Saint-Sacrement. Tout le monde y assiste : les souverains entourés de leurs enfants, leur suite, le personnel de la villa. A 9 heures et demie du soir, je retourne une dernière fois à la chapelle. Je commence à prier un Notre-Père. Soudain, la porte s'ouvre. Leurs Majestés paraissent, s'agenouillent au pied du tabernacle, s'abîment dans la prière[10]. »

---

* D'après la tradition catholique, la messe est célébrée, le premier vendredi du mois, en l'honneur du Sacré Cœur de Jésus.

La foi de Charles et sa singulière piété expliquent à quelle source il a puisé pour trouver la force de tenir, lui qui, pendant son règne, était physiquement épuisé. Si l'on considère la somme des échecs qu'il a subis, n'importe quel personnage politique ordinaire se serait effondré, ou aurait abandonné la partie. Souverain catholique, persuadé d'avoir été investi d'une mission, mission sanctifiée lors de la cérémonie du sacre, Charles a continué d'avancer sur son chemin semé d'épines.

Les raisons d'une béatification

« Charles est un saint. Il a vécu comme un saint. Il est mort comme un saint. » Le mot est de l'archiduchesse Marie-Thérèse, qui a vécu jusqu'au bout, jusque dans la chambre du malade, à Madère, dans la proximité de Charles. La population de l'île, elle aussi, parlait du «*rei santo*», du «roi saint». Le 1er avril 1923, un an après la mort de l'empereur, le député autrichien Wilhelm Miklas, futur président de la République, écrit au cardinal Piffl, estimant qu'au vu du très grand nombre de gens croyant à la sainteté de Charles, l'ouverture de son procès de béatification se justifie.

En 1925, une ligue de prière pour la paix entre les peuples, fondée jadis afin de former une chaîne de prière en faveur de Charles, reçoit l'approbation ecclésiastique en Autriche et poursuit sa tâche en vue d'obtenir l'ouverture de la cause. En 1938, cette organisation compte 25 000 membres à travers le monde. Interdite par les nazis lors de l'Anschluss, en 1938, elle se reconstitue en 1947 et reprend son action. A partir de 1953, et jusqu'à nos jours, elle édite chaque année un petit volume d'études historiques et religieuses consacrées à la vie de Charles.

Pie XII est alors pape. Il n'a pas oublié les excellents rapports qu'il avait entretenus avec l'empereur lorsqu'il était diplomate pontifical. Le 3 novembre 1949, Radio-Vatican annonce officiellement l'ouverture, dans l'archidiocèse de Vienne, du procès de béatification et de canonisation du «serviteur de Dieu, Charles, de la Maison d'Autriche, empereur d'Autriche et roi de Hongrie, pour l'honneur de Dieu et la gloire de l'Eglise, pour donner à notre temps, dans la personne du serviteur de Dieu, l'intercesseur dont l'image de souverain conscient de ses responsabilités et moderne, comme époux et père de famille catholique, serait si nécessaire à notre époque de corruption et de destruction morale, de décadence du mariage et de la famille».

Audition des témoins pour recueillir des indices de sainteté, recherche d'éventuels miracles. La longue investigation que postule un procès de béatification débute en 1950. En 1954, la phase préparatoire des enquêtes diocésaines (Vienne, Luxembourg, New York, Fribourg, Paris, Le Mans et Funchal) est achevée. Près de 90 témoins ont parlé, dont 70 témoins oculaires. Des censeurs ecclésiastiques ont examiné tous les écrits laissés par l'empereur. La traduction des milliers de documents collectés nécessite trois années de travail. Au début des années 1960, le dossier est prêt. La cause, cependant, va rester enterrée une dizaine d'années à Rome.

Au début des années 1970, la procédure est relancée. La reconnaissance du corps a lieu le 1er avril 1972, le jour du cinquantième anniversaire de la mort de l'empereur. L'ouverture du tombeau s'effectue en présence de l'archiduc Otto et de son frère Rodolphe, qui ont l'occasion de constater que le corps embaumé de leur père est intact.

Dans les années 1980 et 1990, la commission des historiens puis la commission des théologiens rendent leur ouvrage. Celles-ci ont à décréter, respectivement, si les faits rapportés par les témoins au cours du procès concordent avec la réalité historique, et si les documents émanant du postulant à la béatification sont conformes à l'orthodoxie catholique. Double avis positif.

Au cours de son pontificat, Jean-Paul II a proclamé des centaines de bienheureux. Il tient cependant à voir aboutir de son vivant la cause de Charles, dont il ne porte pas le prénom par hasard (Karol, Charles en polonais). Pendant la Grande Guerre, le père du pape, Polonais de Galicie, était officier au 56e régiment d'infanterie de l'armée impériale et royale, unité dans laquelle il avait reçu la croix du mérite, décoration portant l'effigie de l'empereur Charles. En mémoire du souverain, le capitaine Wojtyla, lors de la naissance de son fils, en 1920, lui avait donné son prénom. « Je suis heureux de saluer la souveraine de mon père », avait dit Jean-Paul II, un jour, en recevant Zita au Vatican. Pour le pape, béatifier Charles est aussi un devoir de piété filiale.

Le 12 avril 2003, Jean-Paul II publie le décret proclamant l'héroïcité des vertus de Charles : « Il était un homme d'une intégrité morale certaine et d'une foi solide, qui a toujours cherché le mieux pour ses peuples, et dans ses actes de gouvernement s'est conformé à la doctrine sociale de l'Eglise. Il a entretenu les idéaux de justice et de paix avec un appel constant à la sainteté. Il était un chrétien, un mari, un père et un monarque exemplaire. »

Dès lors, pour l'Eglise, Charles est vénérable. Mais accéder au rang de bienheureux nécessite la reconnaissance d'un miracle*. Le 20 décembre 2003, c'est fait. En 1960, en priant l'empereur, sœur Maria Zita Gradowska, une religieuse polonaise vivant au Brésil, avait été guérie d'une maladie gravement invalidante (des hémorragies internes dans les jambes). Elle est morte depuis, mais sa guérison,

---

* Depuis 1983, un seul miracle est requis pour une béatification dans l'Eglise catholique, deux pour une canonisation.

scientifiquement inexplicable, est attestée. Désormais, tout est prêt pour que Charles soit proclamé bienheureux.

En cette fin de l'année 2003, un troisième volume – consacré à ce miracle – complète les deux premiers volumes des actes du procès de béatification de Charles, qui ont été publiés en 1994. L'ensemble de la *Positio* représente 2 800 pages : une source documentaire prodigieuse. Contrairement à une idée reçue, on n'y trouve pas que des propos hagiographiques. C'est ainsi que le frère de l'empereur, l'archiduc Maximilien (disparu en 1952), estime la procédure sans objet : « Je considère mon frère comme un bon catholique, de pensée très noble, qui voulait absolument venir en aide à tous, mais je ne le considère pas comme un saint. »

Le biographe n'est pas peu surpris, non plus, de découvrir l'aveu, émanant de Charles lui-même, à travers le témoignage de la duchesse de Parme et de l'impératrice, d'une relation féminine intime, ayant duré moins d'un mois, et qui peut être datée de 1907, deux ans avant sa rencontre avec Zita, alors qu'il est officier de cavalerie. On imagine le lieutenant de 20 ans, un peu trop sage, poussé par ses camarades... Mais ce qui prouve précisément la pureté d'âme de ce jeune homme pas comme les autres, c'est qu'à la veille de ses fiançailles il le confesse à sa future belle-mère et à sa future femme, pour savoir si elles le jugent toujours digne d'elles !

Le 3 octobre 2004, Charles est proclamé bienheureux à trois titres : pour ses efforts de paix, pour ses mesures sociales, et pour sa piété personnelle. « Le devoir décisif du chrétien, déclare Jean-Paul II au cours de son homélie, consiste à chercher en toute chose la volonté de Dieu, à la reconnaître et à la suivre. L'homme d'Etat et le chrétien Charles d'Autriche se fixa quotidiennement ce défi. Il était un ami de la paix. (...) Sa principale préoccupation était de suivre la vocation de chrétien à la sainteté également dans son action politique. C'est pour cette raison que l'assistance sociale avait une telle importance à ses yeux. Qu'il soit un exemple pour nous tous, en particulier pour ceux qui ont aujourd'hui une responsabilité politique en Europe ! »

Le calendrier de l'Eglise catholique a fixé la fête de Charles d'Autriche au 21 octobre. Un symbole fort : cette date est celle de son mariage avec Zita*. Si un second miracle dû à son intercession était authentifié, il serait canonisé. Saint Charles d'Autriche ? Le temps le dira.

Si le dernier empereur reste à Madère

A Rome, lors de la béatification, une forte délégation était venue de Madère. Là-bas, la dévotion envers Charles n'a jamais cessé. Depuis plus de quatre-vingts ans, les évêques de Funchal se succèdent en veillant sur son tombeau, dans l'église Nossa Senhora do Monte. C'est pourquoi les descendants du souverain n'estiment pas opportun de transférer sa dépouille à Vienne : il a été à la peine à Madère, il est juste qu'il y reste à l'honneur.

Charles Ier ne dormira donc pas de son dernier sommeil en compagnie des douze empereurs et des dix-sept impératrices dont les sarcophages s'alignent dans la Crypte des Capucins. Léopold Ier et Charles VI, Marie-Thérèse et François de Lorraine, Joseph II et François-Joseph resteront sans lui. Et Zita sera la seule à être revenue d'exil.

Charles n'aura pas les mêmes obsèques que sa femme. Pour lui, on ne ressuscitera pas le grandiose cérémonial funèbre des Habsbourg. Il ne reposera pas dans l'abbaye de

---

* En 2008, la Congrégation des Causes des Saints, au Vatican, a donné son approbation pour l'ouverture du procès de béatification de l'impératrice Zita. La première procédure se déroule dans le diocèse du Mans, où se trouve l'abbaye de Solesmes, qui était le centre spirituel de l'impératrice. Une association, présidée par l'auteur de ce livre, a été créée pour soutenir matériellement cette cause : Association pour la béatification de l'impératrice Zita, Abbaye Saint-Pierre, 1 place Dom Guéranger, F- 72300 Solesmes.

Klosterneuburg sous la couronne archiducale d'Autriche. On ne défilera pas devant son catafalque dans Stefansdom. L'Europe des princes ne se réunira pas pour le saluer dans la cathédrale. Le *Requiem* de Mozart ne retentira pas pour lui. Le *Gott erhalte* ne sera pas chanté en son honneur. Le lourd corbillard noir tiré par six chevaux ne sortira pas de Schönbrunn. Le bourdon de la Pummerin, cette cloche fondue avec le bronze de 180 canons pris aux Turcs, ne sonnera pas en sa mémoire. Les Schützen tyroliens ne porteront pas son cercueil. Les étudiants des Landsmannschaften ne marcheront pas en cadence. Les corps de tradition ne feront pas claquer leurs étendards frappés de l'aigle à deux têtes. Vingt et une salves d'artillerie ne tonneront pas pour lui. Il ne cheminera pas dans les rues de sa capitale, du Graben à l'Albertina, pour gagner son ultime demeure. Le cérémoniaire n'aura pas à décliner la trentaine de titres de prince, duc, comte et seigneur que portait Charles Ier, empereur d'Autriche et roi de Bohême, quatrième roi de Hongrie du nom, pour finir par lui faire avouer qu'il n'était qu'un être « mortel et pécheur ».

Et si cela devait survenir un jour, si le dernier empereur devait rejoindre les siens, ce serait pour que descende dans la Crypte des Capucins le corps d'un homme de 34 ans, qui est mort dans la misère en prononçant le nom de Jésus. Sa vraie couronne de gloire.

Notes

Une place vide dans la Crypte des Capucins

1. Jean Sévillia, *Zita impératrice courage*, Perrin, 1997 et Tempus, 2003.
2. *Beatificationis et canonizationis servi dei Caroli e Domo Austriae. Positio*, 3 vol., Rome, 1994 et 2003.
3. Elisabeth Kovács, *Untergang oder Rettung der Donaumonarchie ?* T. 1 : *Die österreichische Frage. Kaiser und König Karl I. (IV.) und die Neuordnung Europas.* T. 2 : *Politische Dokumente aus internationalen Archiven*, Böhlau Verlag, Wien, 2004.

1. La simplicité d'un prince

1. Kovács, t. 1, p. 62.
2. Erich Feigl, *Kaiser Karl I. Ein Leben*, p. 22.
3. Kovács, t. 2, p. 37.
4. Kovács, t. 1, p. 77.
5. *Positio*. Déposition de la princesse Maria Antonia de Bourbon-Parme.
6. Eva Demmerle, *Kaiser Karl I.*, p. 48.
7. Erich Feigl, *Zita*, p. 47.
8. Kovács, t. 2, p. 39-47.
9. *Ibid.*
10. Erich Feigl, *Zita*, p. 74.
11. Tamara Griesser-Pečar, *Zita*, p. 61.
12. *Ibid.*, p. 67.
13. Erich Feigl, *Zita*, p. 107.
14. Général Albert von Margutti, *La Tragédie des Habsbourg*, p. 184.
15. Alfred Dumaine, *La Dernière Ambassade de France en Autriche*, p. 63.
16. Erich Feigl, *Zita*, p. 80.

2. L'archiduc héritier sur le front

1. Gordon Brook-Shepherd, *Zita*, p. 45.
2. Erich Feigl, *Zita*, p. 122.
3. Arthur Polzer-Hoditz, *L'Empereur Charles*, p. 54.
4. Stefan Zweig, *Le Monde d'hier*, p. 270.
5. Erich Feigl, *Zita*, p. 134.

6. *Ibid.*, p. 133.
7. *Ibid.*, p. 139.
8. Arthur Polzer-Hoditz, *op.cit.*, p. 73.
9. Kovács, t. 2, p. 49.
10. Karl von Werkmann, *Le Calvaire d'un empereur*, p. 66.
11. Arthur Polzer-Hoditz, *op. cit.*, p. 229.
12. Erich Feigl, *Kaiser Karl*, p. 103.
13. Hans Flesch-Brunningen, *Die letzten Habsburger*, p. 283.
14. Kovács, t. 2, p. 121.
15. *Ibid.*, p. 142
16. Arthur Polzer-Hoditz, *op. cit.*, p. 85.

3. Sa Majesté impériale et royale apostolique l'empereur et roi Charles

1. Kovács, t. 2, p. 148.
2. *Ibid.*, p. 147.
3. *Ibid.*, p. 147.
4. Bernard Michel, *La Chute de l'empire austro-hongrois*, p. 27.
5. *Ibid.*, p. 52
6. Kovács, t. 1, p. 110
7. Franz Conrad von Hötzendorf, *Aus meiner Dienstzeit*, p. 338.
8. *Ibid.*, p. 343.
9. Kovács, t. 2, p. 261.
10. Ernst Görlich, *Der letzte Kaiser*, p. 183.
11. Eva Demmerle, *Kaiser Karl I.*, p. 95.
12. Arthur Polzer-Hoditz, *L'Empereur Charles*, p. 136.
13. Eva Demmerle, *op. cit.*, p. 293.
14. Karl Friedrich Nowak, *La Catastrophe autrichienne*, p. 168.
15. Josef Gelmi, *Karl I. und Tirol*, p. 87.
16. Karl Friedrich Nowak, *op. cit.*, p. 170.
17. Erich Feigl, *Kaiser Karl*, p. 114.
18. Polzer-Hoditz, *op. cit.*, p. 229.
19. Josef Redlich, *Schicksalsjahre Österreichs*, p. 213.
20. Albert von Margutti, *La Tragédie des Habsbourg*, p. 163.
21. Kovács, t. 2, p. 690.
22. Polzer-Hoditz, *op. cit.*, p. 51.
23. Kovács, t. 2, p. 49.

4. L'empereur tend la main aux Alliés

1. Tamara Griesser-Pečar, *Zita*, p. 101.
2. Reinhold Lorenz, *Kaiser Karl*, p. 256.
3. Kovács, t. 1, p. 117.
4. Arthur Polzer-Hoditz, *L'Empereur Charles*, p. 142.
5. Erich Feigl, *Zita*, p. 143.
6. Bernard Oudin, *Aristide Briand*, p. 277.
7. Raymond Poincaré, *Au service de la France,* t. IX, p. 142.
8. Sixte de Bourbon, *L'Offre de paix séparée de l'Autriche*, p. 82.
9. Erich Feigl, *Zita*, p. 210.
10. Kovács, t. 1, p. 141.
11. Karl Johannes Bauer, *Alois Musil*, p. 137.
12. Emilio Vasari, *Zita*, p. 122.
13. Alexandre Ribot, *Journal*, p. 233.

14. Sixte de Bourbon, *op. cit.*, p. 177.
15. *Ibid.,* p. 203.
16. David Lloyd George, *Mémoires de guerre*, p. 164.
17. Kovács, t. 2, p. 183
18. Marcel Le Goff, *Anatole France à la Béchellerie,* p. 84.

5. Un souverain réformateur

1. Eric Feigl, *Zita*, p. 213.
2. Arthur Polzer-Hoditz, *L'Empereur Charles*, p. 67.
3. *Ibid.*, p. 193.
4. Kovács, t. 2, p. 191.
5. Arthur Polzer-Hoditz, *op. cit.*, p. 211.
6. *Ibid.*, p. 212.
7. Kovács, t. 2, p. 226.
8. Bernard Michel, *La Chute de l'empire austro-hongrois*, p. 98.
9. F.W. Foerster, *Erlebte Weltgeschichte*, p. 218.
10. Arthur Polzer-Hoditz, *op. cit.*, p. 232.
11. Bernard Michel, *op. cit.*, p. 74.
12. Arthur Polzer-Hoditz, *op. cit.*, p. 133.
13. Erich Feigl, *Zita*, p. 244.
14. Erich Feigl, *Ein sozial denkender Kaiser*, in Jan Mikrut (Hg), *Kaiser Karl I.*, p. 151.

6. Avec Benoît XV, pour la paix

1. *Positio*, déposition d'Erich Thanner, témoignage de Heinrich Schuhmann, photographe de l'empereur.
2. Polzer-Hoditz, *L'Empereur Charles*, p. 261

3. Kovács, t. 2, p. 227.
4. *Ibid.*, p. 188.
5. *Ibid.*, p. 201.
6. *Ibid.*, p. 251.
7. Antoine Fleury, *Le Saint-Siège et les négociations de 1917*, in *Les Pourparlers de paix de 1917 avec l'Autriche-Hongrie*, p. 17.
8. Friedrich Engel-Janosi, *Die politische Korrespondenz der Päpste mit den österreichischen Kaisern*, p. 387.
9. Kovács, t. 2, p. 258.
10. Karl von Werkmann, *Le Calvaire d'un empereur*, p. 65.
11. Prince Windischgrätz *Mémoires*, p. 194.
12. Gordon Brook-Shepherd *Le Dernier Habsbourg*, p. 145.
13. Kovács, t. 2, p. 252.
14. Bernard Michel, *La Chute de l'empire austro-hongrois*, p. 128.
15. Kovács, t. 1, p. 342

7. 1918, l'année terrible

1. Peter Broucek, *Karl I. (IV.)*, p. 39.
2. Bernard Michel, *La Chute de l'empire austro-hongrois*, p. 150.
3. Gordon Brook-Shepherd, *Le Dernier Habsbourg*, p. 149.
4. Emmerich Zeno von Schonta, *Aus den Erinnerungen eines Flügeladjutanten*, p. 123.
5. Erich Feigl, *Zita*, p. 239.
6. Bernard Michel, *op. cit.*, p. 160.
7. Kovács, t. 2, p. 296.
8. *Ibid.*, p. 313.

8. Clemenceau contre Czernin : Charles pris au piège

1. Wolfdieter Bihl, *La Mission de médiation des princes Sixte et Xavier de Bourbon-Parme*, in *Les Pourparlers de paix de 1917 avec l'Autriche-Hongrie*, p. 60.
2. Bernard Michel, *La Chute de l'empire austro-hongrois*, p. 170.
3. Georges de Manteyer, *M. Clemenceau*.
4. Bernard Michel, *op. cit.*, p. 173.
5. Arthur Polzer-Hoditz, *L'Empereur Charles*, p. 190.
6. André Scherer et Jacques Grünewald, *L'Allemagne et les problèmes de la paix pendant la Première Guerre mondiale*, t. IV, p. 109.
7. Bernard Oudin, *Aristide Briand*, p. 227.
8. Raymond Poincaré, *Au service de la France*, t. IX.
9. Général A. von Cramon, *Quatre ans au GQG austro-hongrois*, p. 253.
10. Kovács, t. 1, p. 420.
11. Bernard Michel, *op. cit.*, p. 177.
12. Kovács, t. 2, p. 618.
13. Tamara Griesser-Pečar, *Zita*, p. 131.
14. Erich Feigl, *Kaiser Karl* p. 129.
15. Erich Feigl, *Zita*, p. 267.
16. Tamara Griesser-Pečar, *Zita* p. 145.
17. Erich Feigl, *Zita*, p. 276.
18. Kovács, t. 1, p. 423.
19. Bernard Michel, *op. cit.*, p. 60.
20. *Ibid.*, p. 63.
21. *Ibid.*, p. 138.
22. T. M. Masaryk, *La Résurrection d'un Etat*, p. 44.
23. Karel Čapek, *Entretiens avec Masaryk*, p. 195.

9. Les derniers feux de la monarchie

1. Erich Feigl, *Zita*, p. 250.
2. Bernard Michel, *La Chute de l'empire austro-hongrois*, p. 195.
3. Kovács, t. 2, p. 346.
4. *Ibid.*, p. 376.
5. Arthur Polzer-Hoditz, *L'Empereur Charles*, p. 289.
6. Kovács, t. 1, p. 449.
7. Bernard Michel, *op. cit.*, p. 217.
8. Helmut Rumpler, *Das Völkermanifest Kaiser Karls*, p. 88.
9. Polzer-Hoditz, *op. cit.*, p. 292.
10. *Ibid.*, p. 291.
11. Friedrich Funder, *Vom Gestern ins Heute*, p. 557.

10. L'agonie d'un empire

1. Kovács, t. 2, p. 400.
2. Peter Broucek, *Karl I.*, p. 63.
3. Gordon Brook-Shepherd, *Le Dernier Habsbourg*, p. 217.
4. *Ibid.*, p. 224.
5. *Ibid.*, p. 225.
6. Kovács, t. 2, p. 403.
7. Tamara Griesser-Pečar, *Zita*. p. 157.
8. Kovács, t. 1, p. 471

9. Gordon Brook-Shepherd, *op. cit.*, p. 234.
10. *Ibid.*, p. 237.
11. Arthur Polzer-Hoditz, *L'Empereur Charles*, p. 295.
12. Kovács, t. 2, p. 409.
13. Josef Redlich, *Schicksalsjahre Österreichs*, p. 317.
14. Karl von Werkmann, *Le Calvaire d'un empereur*, p. 9.
15. *Ibid.*, p. 15.
16. *Ibid.*, p. 16.
17. Kovács, t. 2, p. 414.
18. *Ibid.*, p. 419.

11. L'empereur sans couronne

1. Kovács, t. 2, p. 444.
2. *Ibid.*, p. 436.
3. *Ibid.*, p. 448.
4. *Ibid.*, p. 447.
5. Herbert Vivian, *Kreuzweg eines Kaisers*, p. 247.
6. Gordon Brook-Shepherd, *Le Dernier Habsbourg*, p. 276.
7. Emmerich von Schonta, *Aus den Erinnerungen eines Flügeladjutanten*, p. 67.
8. Stefan Zweig, *Le Monde d'hier*, p. 351.
9. Kovács, t. 2, p. 460.

12. L'exil, la langueur et l'espoir

1. Kovács, t. 2, p. 475.
2. Karl von Werkmann, *Le Calvaire d'un empereur*, p. 44.
3. *Ibid.*, p. 43.
4. *Positio*, témoignage de Maria Antonia de Parme.
5. Kovács, t. 2, p. 468.
6. *Ibid.*, p. 486.

7. Karl von Werkmann, *op. cit.*, p. 56.
8. Kovács, t. 2, p. 504.
9. *Ibid.*, p. 508.
10. *Ibid.*, p. 485.
11. *Ibid.*, p. 677.

13. Echec au roi à Budapest

1. Karl von Werkmann, *Le Calvaire d'un empereur*, p. 144.
2. Gordon Brook-Shepherd, *Le Dernier Habsbourg*, p. 307.
3. *Ibid.*, p. 319.
4. Kovács, t. 2, p. 727.
5. Karl von Werkmann, *op. cit.*, p. 162.
6. *Excelsior*, 13 avril 1921. Albert Londres, *D'Annunzio, conquérant de Fiume*, Julliard, 1990, p. 123.
7. Henri Béraud, *Le Flâneur salarié*, Bartillat, 2007, p. 130.
8. Aladàr von Boroviczény, *Der König und sein Reichsverweser*, p. 262.
9. *Ibid.*, p. 293.
10. Michel Dugast Rouillé, *Charles de Habsbourg*, p. 251.
11. Aladàr von Boroviczény, *op. cit.*, p. 336.
12. Gordon Brook-Shepherd, *op. cit.*, p. 372.
13. Eva Demmerle, *Kaiser Karl I.*, p. 222.

14. Comment meurt un empereur chrétien

1. Gordon Brook-Shepherd, *Le Dernier Habsbourg*, p. 385.
2. Joseph Delabays, *La*

Destinée tragique d'un monarque pacifique, p. 220.

3. Kovács, t. 2, p. 846-887.

4. *Ibid.*

5. Karl von Werkmann, *Le Calvaire d'un empereur*, p. 312.

6. Le récit de la maladie et de la mort de Charles a été transcrit de manière précise par la comtesse Mensdorff, témoin direct de l'épisode. Le document original a disparu pendant la Seconde Guerre, mais Hans Karl Zessner-Spitzenberg en avait pris copie en 1928. Ce légitimiste autrichien, déporté par les nazis, est mort à Dachau en 1938. Les citations que nous utilisons sont tirées de son livre posthume, *Kaiser Karl*, p. 271-295.

15. Charles le bienheureux

1. *Le Monde*, 30 septembre 2004.

2. *Le Figaro*, 2 octobre 2004.

3. *Profil*, 5 janvier 2004.

4. *Ibid.*

5. Les actes de ce colloque ont été publiés : Jan Mikrut (Hg), *Kaiser Karl I. (IV.) als Christ, Staatsmann, Ehemann und Familienvater.*

6. Prince Windischgraetz, *Mémoires*, p. 259.

7. Kovács, t. 2, p. 448. Intégralité de cette lettre en annexe.

8. *Positio.* Déposition d'Otto de Habsbourg.

9. *Positio.* Déposition de Maria Lackner.

10. Joseph Delabays, *La Destinée tragique d'un monarque pacifique*, p. 159.

ANNEXES

Lettre de l'empereur Charles
au prince Sixte de Bourbon-Parme
Laxenburg, le 24 mars 1917

Mon cher Sixte,

La fin de la troisième année de cette guerre qui a apporté tant de deuils et de douleurs dans le monde approche. Tous les peuples de mon empire sont unis plus étroitement que jamais dans la volonté commune de sauvegarder l'intégrité de la monarchie, au prix même des plus lourds sacrifices. Grâce à leur union, au concours généreux de toutes les nationalités de mon empire, la monarchie a pu résister pendant bientôt trois ans aux plus graves assauts. Personne ne pourra contester les avantages militaires remportés par mes troupes, en particulier sur le théâtre de la guerre balkanique.

La France a montré, de son côté, une force de résistance et un élan magnifiques. Nous admirons tous, sans réserves, l'admirable bravoure traditionnelle de son armée et l'esprit de sacrifice de tout le peuple français.

Aussi m'est-il particulièrement agréable de voir que, bien que momentanément adversaires, aucune véritable divergence de vues ou d'aspirations ne sépare mon empire de la France et que je suis en droit de pouvoir espérer que mes vives sympathies pour la France, jointes à celles qui règnent dans toute la Monarchie, éviteront à tout jamais le retour d'un état de guerre pour lequel aucune responsabilité ne peut m'incomber. A cet effet, et pour manifester d'une façon précise la réalité de ces sentiments, je te prie de transmettre secrètement et inofficiellement à M. Poincaré, président de la République française, que j'appuierai, par tous les moyens et en usant de toute mon influence personnelle auprès de mes alliés, les justes revendications françaises relatives à l'Alsace-Lorraine.

Quant à la Belgique, elle doit être rétablie entièrement dans sa souveraineté, en gardant l'ensemble de ses possessions africaines, sans préjudice des dédommagements qu'elle pourra recevoir pour les pertes qu'elle a subies.

Quant à la Serbie, elle sera rétablie dans sa souveraineté et, en gage de notre bonne volonté, nous sommes disposés à lui assurer un accès équitable et naturel à la mer Adriatique, ainsi que de larges concessions économiques. De son côté, l'Autriche-Hongrie demandera, comme condition primordiale et absolue, que le royaume de Serbie cesse à l'avenir toute relation et qu'il supprime toute société ou (tout) groupement dont le but politique tend vers une désagrégation de la monarchie, en particulier la *Narodna Obrana* [la Main noire] : qu'il empêche loyalement, et par tous les moyens en son pouvoir, toute sorte d'agitation politique, soit en Serbie, soit en dehors de ses frontières, dans ce sens et qu'il en donne l'assurance sous la garantie des puissances de l'Entente.

Les événements qui se sont produits en Russie m'obligent de réserver mes idées à ce sujet jusqu'au jour où un gouvernement légal et définitif y sera établi.

Après t'avoir ainsi exposé mes idées, je te demanderai de m'exposer à ton tour, après en avoir référé avec ces deux puissances, l'opinion tout d'abord de la France et de l'Angleterre, à l'effet de préparer ainsi un terrain d'entente sur base duquel des pourparlers officiels pourraient être engagés et aboutir à la satisfaction de tous.

Espérant qu'ainsi nous pourrons bientôt, de part et d'autre, mettre un terme aux souffrances de tant de millions d'hommes et de tant de familles qui sont dans la tristesse et l'anxiété, je te prie de croire à ma très vive et fraternelle affection

Lettre de l'empereur Charles au pape Benoît XV
Eckartsau, le 28 février 1919

Très Saint-Père,

Comptant sur la bonté paternelle de Votre Sainteté, bonté que, depuis Son glorieux avènement, Elle n'a cessé de témoigner à ma personne ainsi qu'à ma maison et à mes Etats, j'ose espérer qu'Elle voudra bien m'excuser si la forme de cette lettre n'est pas ce qu'elle devrait être.

Mais j'éprouve un réel besoin de m'approcher de Votre Sainteté avec une confiance toute filiale et de Lui parler à cœur ouvert. Aussi je La prie instamment de vouloir considérer cette lettre comme strictement confidentielle et exclusivement personnelle.

Dans les épreuves que la Divine Providence m'a envoyées, j'ai conservé le sentiment d'avoir toujours fait ce que j'ai cru être mon devoir et de n'avoir voulu, en toute chose, que le bonheur de mes sujets, de même que la plus grande gloire de Dieu et le triomphe de notre Sainte Mère l'Eglise.

Ma situation actuelle - Votre Sainteté doit s'en douter – est des plus difficiles. Mais je ne perds pas courage et j'ai, surtout, confiance que le Sacré Cœur de Jésus n'abandonnera pas ce pays qui Lui est consacré.

C'est cette pensée qui nous donne le plus de force à l'impératrice et à moi

Du point de vue politique et juridique, voici quelle est ma situation :

Je n'ai pas renoncé au trône et je suis décidé à ne jamais abdiquer. Dans l'Etat austro-allemand, la révolution m'a forcé de signer une proclamation moyennant laquelle je déclarais vouloir m'abstenir, en attendant, de tout acte gouvernemental, laissant à la nation le soin de décider de l'avenir. Je ne me considère nullement engagé par cette déclaration parce qu'elle m'a été extorquée à un moment où je ne disposais plus des moyens voulus pour étouffer la révolution. Mon armée se trouvait encore engagée au front, tandis qu'ici mes troupes m'avaient complètement abandonné, à tel point que ne me restaient, finalement, pour me protéger, que les élèves de deux écoles militaires. Comme roi de Hongrie, également, sous la menace de voir ma maison à tout jamais détrônée, je me suis trouvé dans la nécessité de donner une déclaration semblable à l'autre.

Quel sera désormais le sort de l'Autriche-Hongrie ? Pour le moment, il est fort question de la réunion des provinces allemandes de l'Autriche à l'Allemagne, un projet qui agite très fort les esprits et qui a beaucoup d'adeptes dans les milieux radicaux et socialistes, et qui, s'il se réalisait, signifierait la fin de l'Autriche en tant qu'Etat catholique. Il écarterait à tout jamais cette autre solution que je considère comme la seule possible et désirable et offrant des garanties de durée et de consolidation et qui consisterait à faire renaître l'ancienne Monarchie sous forme d'une fédération des Etats nationaux qui se sont organisés sur son ancien territoire.

Cette seconde solution compte également de nombreux partisans, surtout parmi les éléments modérés et conservateurs, parmi les honnêtes gens en général, mais la terreur qu'exercent les radicaux les paralyse et les empêche de se prononcer ouvertement dans ce sens.

Outre qu'ils ont la même foi, leur situation géographique, leur système économique, le réseau de leurs voies de communication, tout, en un mot, pousse des peuples, riverains du Danube, à chercher et à trouver, sans trop tarder, la formule de l'union de leurs intérêts les plus vitaux. Ce n'est pas par pur hasard, ce n'est pas pour rien qu'ils ont vécu en union étroite durant des siècles.

J'admets que cette union, si elle doit se refaire, devra à la suite des événements prendre une forme très changée et toute nouvelle.

Mais je ne vois cette fédération que comme monarchie avec son souverain légitime.

Tout président élu appartenant forcément, par ses origines, à un des Etats nationaux ne pourrait donc être accueilli qu'avec méfiance par les autres nationalités et, par là, porterait en soi le germe de la discorde et de nouveaux désordres. Un inconvénient, un danger que ne présenterait pas la dynastie indigène, planant, pour ainsi dire, au-dessus des différentes nationalités.

Cette monarchie fédérale aurait comme affaires communes à tous :

1) Les rapports avec l'étranger (diplomatie).

2) L'armée.

3) Commerce, postes et chemins de fer, navigation, avec un parlement fédéral et les ministres respectifs.

Pour tout le reste, chaque Etat aurait son autonomie entière, sa Constitution, même sa forme gouvernementale à soi.

J'ai la conviction qu'une confédération danubienne de ce genre, et monarchique, sera seule capable d'empêcher que la vieille Monarchie de mes ancêtres ne devienne, à l'instar des Balkans, le théâtre de guerres sanglantes et de luttes interminables.

Déjà les différentes petites Républiques, à peine constituées, font la guerre, plus ou moins ouverte, à tout ce qui est catholique. Et, considérant l'énergie des Allemands de l'empire et connaissant, d'autre part, le caractère faible et débonnaire de mes Allemands d'Autriche, tout me porte à craindre qu'une union politique de ces deux éléments ne pourrait se produire qu'au détriment du catholicisme.

C'est, je ne me le cache pas, ma propre cause que je plaide, en même temps que celle de notre religion. Mais l'Autel et le Trône, ces deux pouvoirs d'institution divine, ne sont-ils pas appelés à marcher de pair, étant seuls capables, par leur union, de rétablir l'ordre et, surtout, de le maintenir.

Puissent, Saint-Père, nos efforts réunis arriver à endiguer le bolchevisme qui, dans chacune de ces petites Républiques, approche à pas de géant. Les gouvernements étant impuissants à y porter remède, nous n'espérons le salut que d'une intervention étrangère.

Voilà ce que je tenais à soumettre à Votre Sainteté. Je La prie de vouloir m'excuser si j'ai abusé de Sa patience, mais qu'Elle veuille aussi considérer quel soulagement j'éprouve, au milieu de mes peines et de mes soucis, de pouvoir Lui dire toute ma pensée, de Lui parler avec la confiance d'un fils, faisant appel à Sa bienveillance paternelle et à Sa très haute sagesse.

CARTES

Carte 1. La monarchie austro-hongroise (1916)

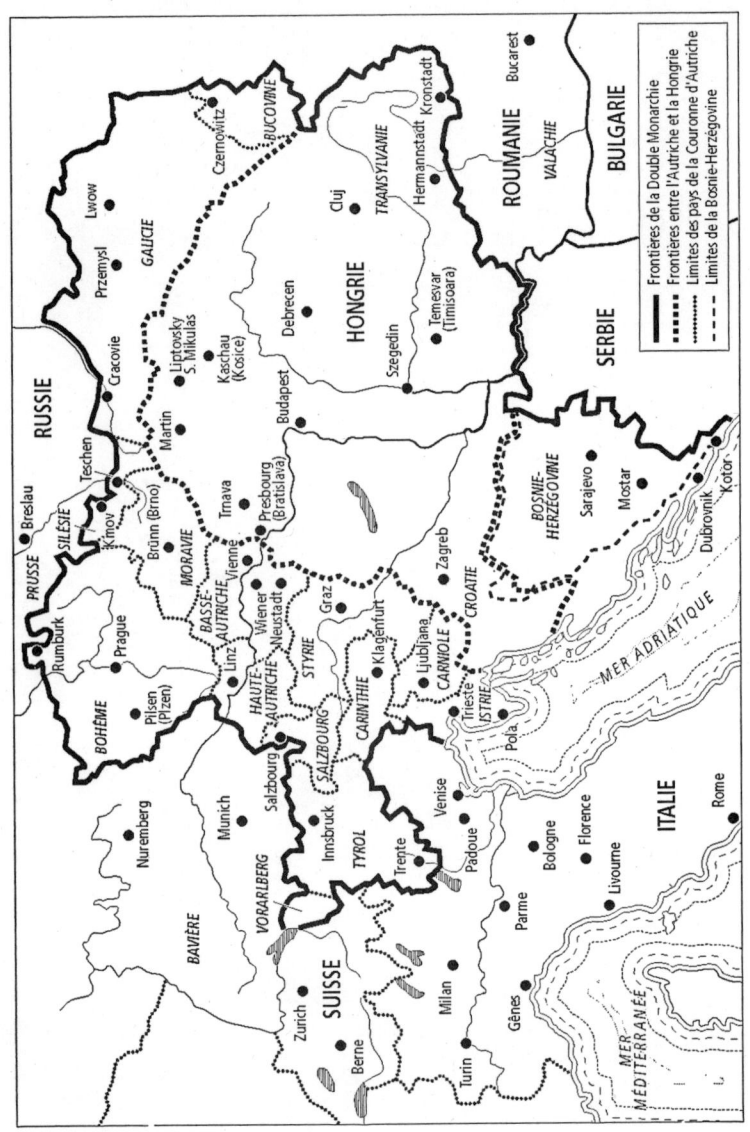

Carte 2. Les Etats successeurs de l'Autriche-Hongrie (1920)

Carte 3. L'Europe des Habsbourg aujourd'hui

La superposition des frontières de l'Autriche-Hongrie sur une carte de l'Europe d'aujourd'hui montre que la souveraineté des Habsbourg, jusqu'en 1918, s'étendait sur tout ou partie de treize Etats actuels : l'Autriche, la République tchèque, la Slovaquie, la Pologne, l'Ukraine, la Roumanie, la Hongrie, la Serbie, la Croatie, la Bosnie, le Monténégro, la Slovénie et l'Italie.

TABLEAUX GÉNÉALOGIQUES

LES HABSBOURG-LORRAINE
(généalogie résumée)

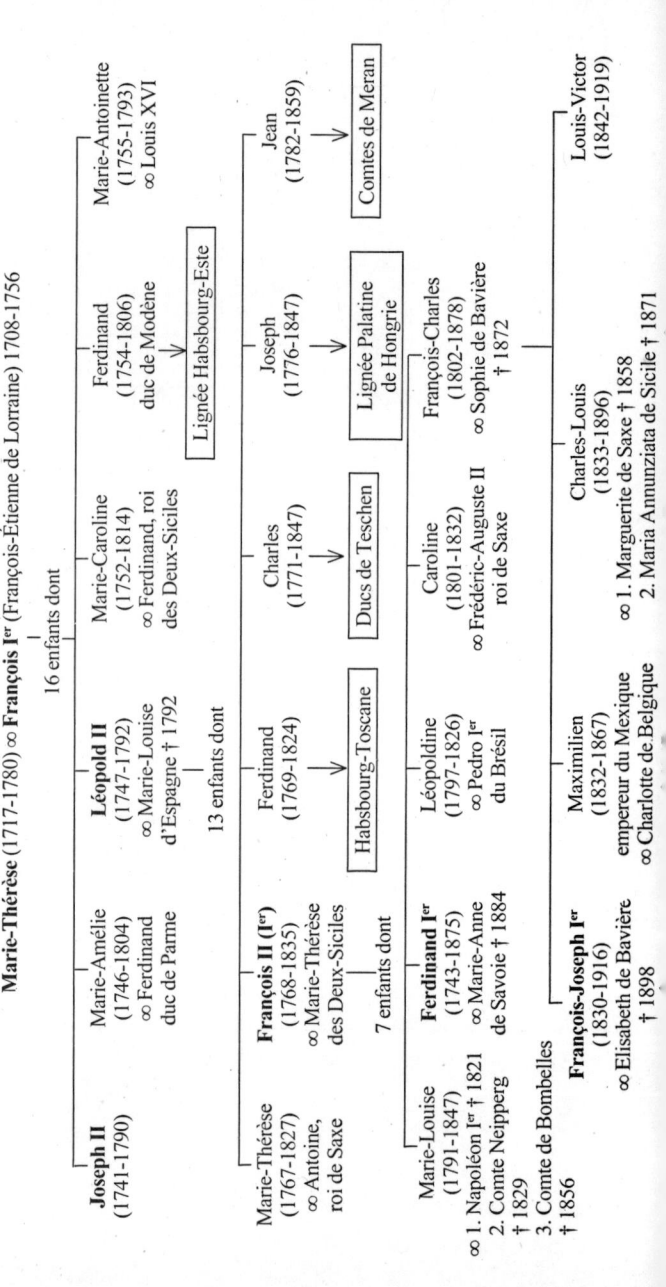

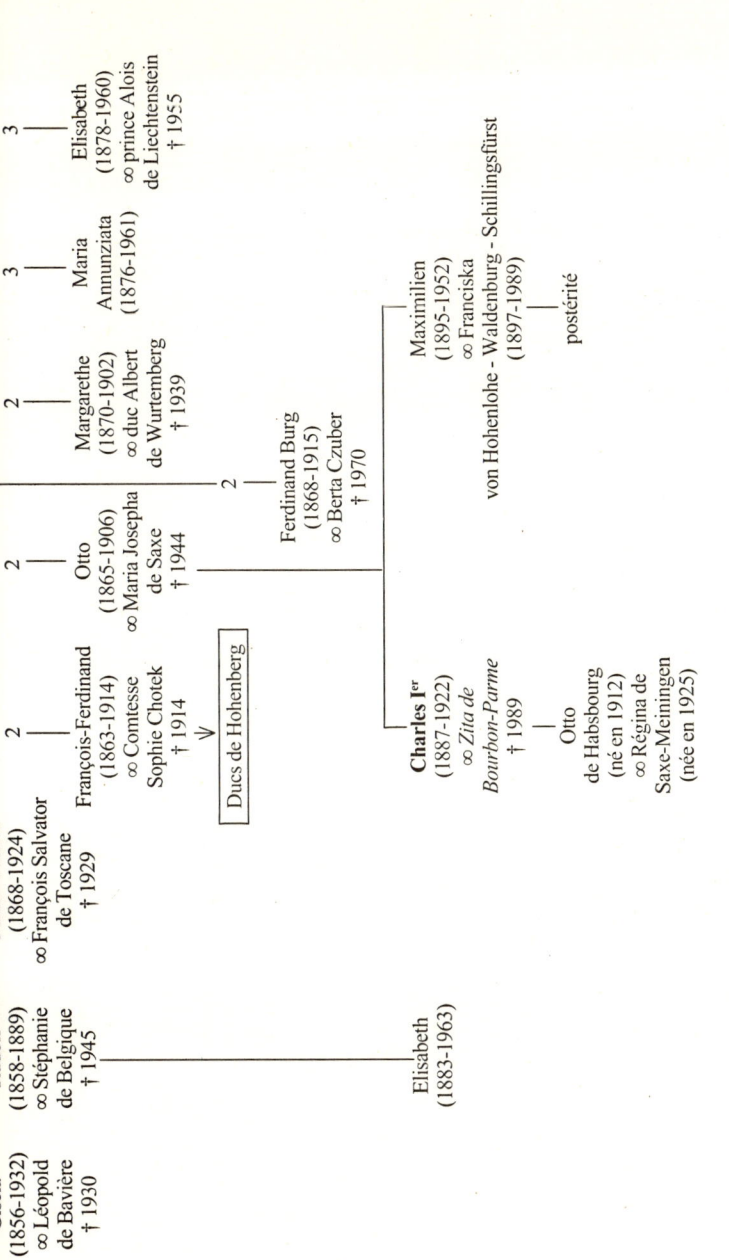

LES PARENTS ET LES FRÈRES ET SŒURS DE ZITA

Robert
duc de Parme
(1848-1907)

| 1 ∞ 1869 | 2 ∞ 1884 |
| Maria Pia des Deux-Siciles († 1882) | Maria Antonia de Bragance († 1959) |

1. Marie-Louise (1870-1899)
   ∞ 1893 Ferdinand de Bulgarie
   † 1948
   postérité : Maison royale
   de Bulgarie
2. Ferdinand (1871-1871)
3. Louise (1872-1943)
4. Henri (1873-1939)
   duc de Parme à partir de 1907
5. Marie-Immaculée (1874-1914)
6. Joseph (1875-1950)
   duc de Parme à partir de 1939
7. Marie-Thérèse (1876-1959)
8. Maria Pia (1877-1915)
9. Béatrice (1879-1946)
   ∞ 1906 Pietro Lucchesi-Palli
   † 1939
   postérité
10. Elie (1880-1959)
    ∞ 1903 Maria Anna d'Autriche
    † 1940
    postérité (Robert II,
    duc de Parme, † 1974)
11. Anastasia (1881-1881)
12. Auguste (1882)

13. Adélaïde (1885-1959)
14. Sixte (1886-1934)
    ∞ 1919 Hedwige
    de La Rochefoucauld
    postérité : Maison
    de La Rochefoucauld
15. Xavier (1889-1977)
    ∞ 1927 Madeleine
    de Bourbon-Busset † 1984
    duc de Parme à partir de 1974
    postérité : Maison de Parme
    (Carlos-Hugo, duc de Parme
    depuis 1977)
16. Franziska-Françoise
    (1890-1978)
17. **Zita (1892-1989)**
18. Félix (1893-1970)
    ∞ 1919 grande-duchesse
    Charlotte de Luxembourg
    † 1985
    postérité : Maison grand-ducale
    de Luxembourg
19. René (1894-1962)
    ∞ 1921 Marguerite de Danemark
    † 1992
    postérité : Maison de Parme
20. Maria Antonia (1895-1979)
21. Isabelle (1898-1984)
22. Louis (1899-1967)
    ∞ 1939 Maria de Savoie
    postérité : Maison de Parme
23. Henriette (1903-1987)
24. Gaëtan (1905-1958)
    ∞ 1931 Margarethe von Thurn
    und Taxis
    postérité.

· Louise, Henri, Marie-Immaculée,
Joseph, Marie-Thérèse et Maria Pia
souffrant d'un handicap mental
restèrent célibataires.

* Adélaïde, Franziska et Maria Antonia
furent religieuses à Solesmes.
La princesse Isabelle resta célibataire,
ainsi que la princesse Henriette,
qui était sourde muette.

LES ENFANTS ET PETITS-ENFANTS DE CHARLES ET ZITA

Charles Ier (1887-1922) ∞ Zita de Bourbon-Parme (1892-1989)

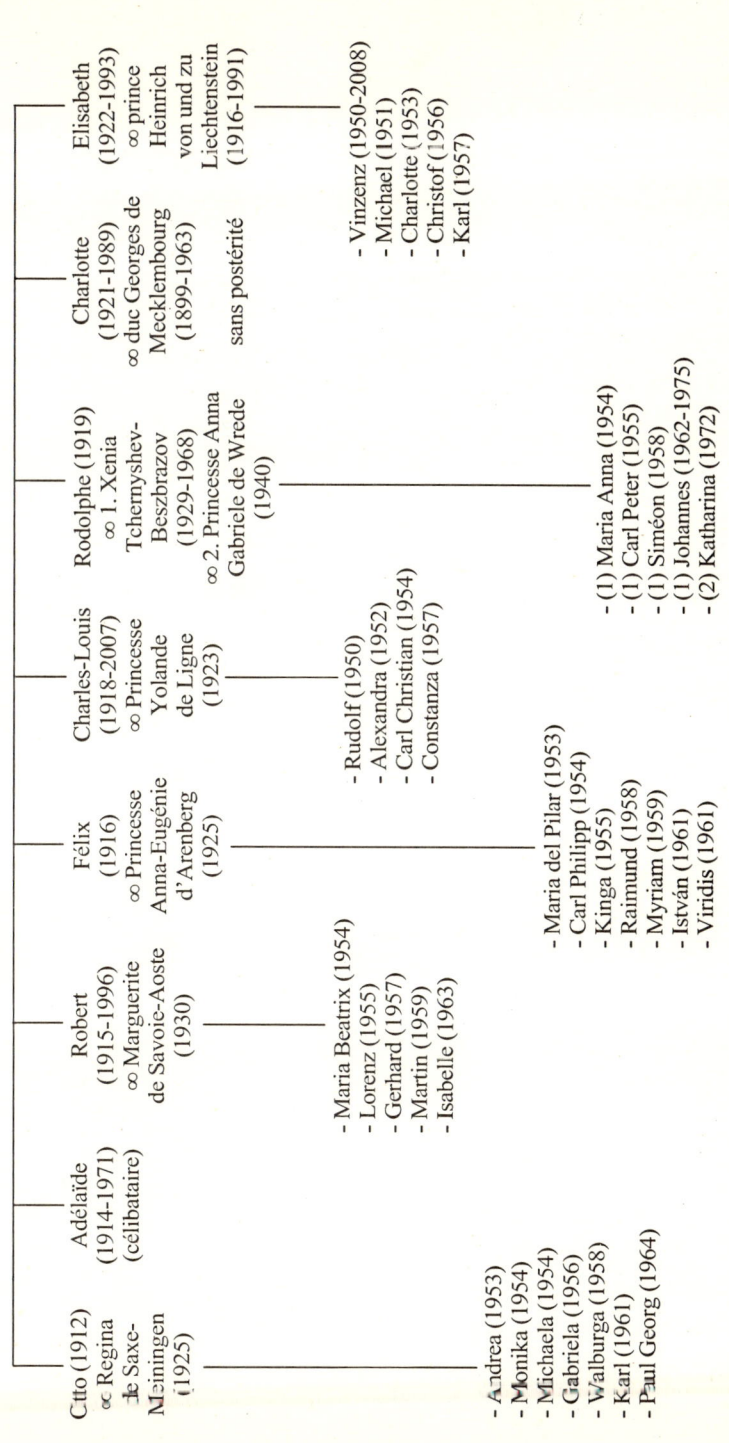

Otto (1912)
∞ Regina
de Saxe-
Meiningen
(1925)

- Andrea (1953)
- Monika (1954)
- Michaela (1954)
- Gabriela (1956)
- Walburga (1958)
- Karl (1961)
- Paul Georg (1964)

Adélaïde
(1914-1971)
(célibataire)

Robert
(1915-1996)
∞ Marguerite
de Savoie-Aoste
(1930)

- Maria Beatrix (1954)
- Lorenz (1955)
- Gerhard (1957)
- Martin (1959)
- Isabelle (1963)

Félix
(1916)
∞ Princesse
Anna-Eugénie
d'Arenberg
(1925)

- Maria del Pilar (1953)
- Carl Philipp (1954)
- Kinga (1955)
- Raimund (1958)
- Myriam (1959)
- István (1961)
- Viridis (1961)

Charles-Louis
(1918-2007)
∞ Princesse
Yolande
de Ligne
(1923)

- Rudolf (1950)
- Alexandra (1952)
- Carl Christian (1954)
- Constanza (1957)

Rodolphe (1919)
∞ 1. Xenia
Tchernyshev-
Beszbrazov
(1929-1968)
∞ 2. Princesse Anna
Gabriele de Wrede
(1940)

- (1) Maria Anna (1954)
- (1) Carl Peter (1955)
- (1) Siméon (1958)
- (1) Johannes (1962-1975)
- (2) Katharina (1972)

Charlotte
(1921-1989)
∞ duc Georges de
Mecklembourg
(1899-1963)
sans postérité

Elisabeth
(1922-1993)
∞ prince
Heinrich
von und zu
Liechtenstein
(1916-1991)

- Vinzenz (1950-2008)
- Michael (1951)
- Charlotte (1953)
- Christof (1956)
- Karl (1957)

Chronologie

17 août 1887	Naissance de l'archiduc Charles au château de Persenbeug (Basse-Autriche).
1900	Elève au Schottengymnasium (Collège des Ecossais) de Vienne.
1905	Sous-lieutenant au 7e régiment de dragons.
1906-1908	Etudes supérieures à Prague.
1er novembre 1906	Mort de son père, l'archiduc Otto ; Charles est le deuxième héritier du Trône, derrière son oncle François-Ferdinand.
1906-1910	Lieutenant au 7e régiment de dragons en Bohême.
21 octobre 1911	Mariage avec la princesse Zita de Bourbon-Parme.
20 novembre 1912	Naissance du premier enfant, l'archiduc Otto.
1912-1914	Commandant au 39e régiment d'infanterie, à Vienne, puis lieutenant-colonel.
3 janvier 1914	Naissance du deuxième enfant, l'archiduchesse Adélaïde.
28 juin 1914	Assassinat de l'archiduc François-Ferdinand ; après la déclaration de guerre, Charles, archiduc héritier, part pour le front.
8 février 1915	Naissance du troisième enfant, l'archiduc Robert.
1915-1916	Général et contre-amiral ; commandant en chef du XXe corps d'armée au Tyrol.
31 mai 1916	Naissance du quatrième enfant, l'archiduc Félix.
21 novembre 1916	Mort de François-Joseph ; Charles devient l'empereur Charles Ier, le roi Charles IV en Hongrie.
30 décembre 1916	Couronnement à Budapest.

10 mars 1918	Naissance du cinquième enfant, l'archiduc Charles-Louis.
Fin octobre 1918	La Tchécoslovaquie proclame son indépendance, les Slaves du Sud se rattachent à la future Yougoslavie, la révolution éclate en Hongrie.
3 novembre 1918	L'Autriche-Hongrie signe l'armistice.
11 novembre 1918	Sans abdiquer, Charles renonce à exercer le pouvoir. La famille impériale s'installe au château d'Eckartsau, près de Vienne.
12 novembre 1918	L'Autriche devient une République.
24 mars 1919	Contrainte à l'exil, la famille impériale se réfugie en Suisse, au château de Wartegg, chez la duchesse de Parme. Le 20 mai 1919, l'empereur et les siens emménagent à Prangins, sur le lac Léman.
3 avril 1919	En Autriche, une loi contraint les membres de la famille de Habsbourg à signer une déclaration de reconnaissance du nouveau régime ou à s'exiler.
5 septembre 1919	Naissance du sixième enfant, l'archiduc Rodolphe.
1er mars 1921	Naissance du septième enfant, l'archiduchesse Charlotte.
Pâques 1921	Première tentative de restauration en Hongrie, et retour en Suisse.
5 mai 1921	Installation au château-hôtel de Hertenstein, sur le lac des Quatre-Cantons.
20 octobre 1921	Seconde tentative de restauration en Hongrie.
19 novembre 1921	Charles et Zita, condamnés à la relégation par les Alliés, débarquent à Madère.
2 février 1922	Arrivée à Madère des enfants impériaux.
1er avril 1922	Mort de l'empereur Charles.
31 mai 1922	Naissance du huitième enfant, l'archiduchesse Elisabeth.
1949	Ouverture du procès de béatification de Charles.
14 mars 1989	Mort de l'impératrice Zita.
3 octobre 2004	Jean-Paul II béatifie l'empereur Charles.

Bibliographie

Amiguet, Philippe, *La Vie du prince Sixte de Bourbon*, Editions de France, Paris, 1934.
Andics, Hellmut, *Der Untergang der Donaumonarchie*, Verlag Fritz Molden, Wien, 1976.
Andràssy, Julius, *Diplomatie und Weltkrieg*, Ullstein, Berlin, 1920.
Arz von Straussenburg, Generaloberst Arthur, *Zur Geschichte des Grossen Krieges*, Rikola Verlag, Wien, 1924.
Baernreither, Joseph Maria, *Fragmente eines politischen Tagebuches, herausgegeben und eingeleitet von Joseph Redlich*, Verlag für Kulturpoltik, Berlin, 1928.
Baier Stephan et Demmerle Eva, *Otto von Habsburg*, Amalthea Verlag, 2002 (traduction française *Otto de Habsbourg*, Racine, 2002).
Bauer, Karl Johannes, *Alois Musil. Wahrheitssucher in der Wüste*, Böhlau Verlag, Wien, 1989.
Beatificationis et canonizationis servi dei Caroli e Domo Austriae. Positio super virtutibus et fama sanctitatis, 2 t., Tipografia Guerra, Roma, 1994.
Beatificationis et canonizationis ven. servi dei Caroli e Domo Austriae. Positio super miraculo, Tipografia Nova Res, Roma, 2003.
Benedikt, Heinrich, *Die Friedensaktion der Meinlgruppe, 1917-1918*, Böhlau, Graz, 1962.
Bled, Jean-Paul, *François-Joseph*, Fayard, Paris, 1987.
Bogdan, Henry, *Histoire de la Hongrie*, PUF, Paris, 1966.
—, *Histoire des Habsbourg*, Perrin, Paris, 2002.
Boroviczény, Alàdar von, *Der König und sein Reichsverweser*, Verlag für Kulturpolitik, München, 1924.

Boulet, François (dir.), *Les Traités de paix, 1919-1920*, Les Presses franciliennes, Saint-Germain-en-Laye, 2007.
Bourbon, prince Sixte de [avec Georges de Manteyer], *L'Offre de paix séparée de l'Autriche*, Plon, Paris, 1920.
Brook-Shepherd, Gordon, *Le Dernier Habsbourg*, Flammarion, Paris, 1971 (traduit de l'anglais).
—, *Zita. Die letzte Kaiserin*, Zsolnay Verlag, Wien, 1993 (traduit de l'anglais).
Broucek, Peter, *Karl I. (IV.)*, Böhlau, Wien, 1997.
Burián, Stephan, *Drei Jahre. Aus der Zeit meiner Amstführung im Kriege*, Ullstein Verlag, Berlin, 1923.
Catalogue de l'exposition *Der letzte Kaiser, Karl I. von Österreich*; Pottenbrunn (Basse-Autriche), 27 avril-31 octobre 1996.
Conrad von Hötzendorf, Franz, *Aus meiner Diestzeit (1906-1918)*, Rikola Verlag, Wien, 1921-1925.
Cordfunke, Erik, *Zita, la dernière impératrice*, Duculot, Paris-Louvain-La-Neuve, 1990 (traduit du néerlandais).
Cramon, August von, *Unser österreichisch-ungarischer Bundesgenosse im Weltkriege*, Ullstein, Berlin, 1920 (traduction française : général A. von Cramon, *Quatre ans au GQG austro-hongrois pendant la guerre mondiale comme représentant du GQG allemand*, Payot, Paris, 1922).
Czernin, Ottokar, *Im Weltkriege*, Ullstein, Berlin, 1919.
Delabays, Joseph, *La Destinée tragique d'un monarque pacifique*, Bonduelle, Cambrai, 1945.
Demblin, August, *Czernin und die Sixtusaffäre*, Drei Masken Verlag, München, 1920.
—, *Minister gegen Kaiser*, Böhlau, Wien, 1997.
Demmerle, Eva, *Kaiser Karl I.*, Amalthea, Wien, 2004.
Drimmel, Heinrich, *Vom Umsturz zum Bürgerkrieg, Österreich 1918-1927*, Amalthea, Wien, 1985.
Dugast Rouillé, Michel, *Charles de Habsbourg*, Racine, Bruxelles, 2003 (1re édition Duculot, Louvain, 1991).
Dumaine, Alfred, *La Dernière Ambassade de France en Autriche*, Plon, Paris, 1921.
Engel-Janosi, Friedrich, *Die politische Korrespondenz der Päpste mit den österreichischen Kaisern*, Verlag Herold, Wien, 1964.
Erdödy, Graf Tamás von, *Die Memoiren des Grafen Tamás von Erdödy. Habsburgsweg von Wilhelm zu Briand. Vom Kurier der Sixtus Briefe zu Königsputschisten*, Amalthea Verlag, Wien, 1931.
Feigl, Erich, *Kaiser Karl. Persönliche Aufzeichnungen, Zeugnisse und Dokumente*, Amalthea Verlag, Wien, 2006.

—, *Kaiser Karl I. Ein Leben für den Frieden seiner Völker*, Amalthea Verlag, Wien, 1990.

—, *Zita, Kaiserin und Königin*, Amalthea Verlag, Wien, 1991 (version française abrégée : *Zita de Habsbourg. Mémoires d'un empire disparu*, Critérion, Paris, 1991).

—, *Kaiserin Zita, Kronzeugin eines Jahrhunderts*, Amalthea Verlag, Wien, 1989.

—, *Otto von Habsburg, Profil eines Lebens*, Amalthea Verlag, Wien, 1992.

Fejtö, François, *Requiem pour un empire défunt. Histoire de la destruction de l'Autriche-Hongrie*, Lieu Commun, Paris, 1988.

Flesch-Brunningen, Hans, *Die letzten Habsburger in Augenzeugenberichten*, Karl Rauch Verlag, Düsseldorf, 1967.

Foerster, Friedrich Wilhelm, *Erlebte Weltgeschichte*, Glock & Lutz Verlag, Nürnberg, 1953.

Funder, Friedrich, *Vom Gestern ins Heute*, Verlag Herold, Wien, 1971.

Gehrig, Emmy, *Umjubelt, verkannt, verbannt : Kaiserin und Königin Zita*, Franz Reisinger, Wels, 1962.

Gelmi, Josef, *Der letzte Kaiser. Karl I. und Tirol*, Tyrolia Verlag-A. Wager, Brixen, 2004.

Görlich, Ernst Joseph, *Der letzte Kaiser : ein Heiliger? Kaiser Karl von Österreich*, Christian Verlag, Stein am Rhein, 1988.

Griesser, Hermann A., *Konfisziert, Österreichs Unrecht am Hause Habsburg*, Amalthea Verlag, Wien, 1986.

Griesser-Pečar, Tamara, *Zita. Die Wahrheit über Europas letzte Kaiserin*, Gustav Lübbe Verlag, Bergisch Gladbach, 1992.

—, *Die Mission Sixtus. Österreichs Friedensversuch im Ersten Weltkrieg*, Amalthea Verlag, Wien, 1988.

Habsbourg, Otto de, *Mémoires d'Europe, Entretiens avec Jean-Paul Picaper*, Critérion, Paris, 1994.

Hamman, Brigitte (Hg), *Die Habsburger. Ein biographisches Lexikon*, Verlag Carl Ueberreuter, Wien, 1988.

Horthy, amiral Nicolas, *Mémoires*, Hachette, Paris, 1954 (traduit de l'allemand).

Jahrbuch der Gebtsliga, Kaiser-Karl-Gebetsliga für den Völkerfrieden, Wien, 1953-2008.

Kaiser Karl-Gedächtnis-Jahrbuch, Wien, 1930-1938,

Kann, Robert A., *Die Sixtusaffäre und die geheimen Friedensverhandlungen Österreich-Ungarns im ersten Weltkrieg*, Verlag für Geschichte und Politik, Wien, 1966.

Károlyi, Michael, *Gegen eine ganze Welt* Verlag für Kulturpolitik, München, 1934.
Kiszling, Rudolf, *Österreich-Ungarns Anteil am ersten Weltkrieg*, Stiasny Verlag, Graz, 1958.
Kovács, Elisabeth, *Untergang oder Rettung der Donaumonarchie?* Band 1 : *Die österreichische Frage. Kaiser und König Karl I. (IV.) und die Neuordnung Europas*. Band 2 : *Politische Dokumente aus internationalen Archiven*, Böhlau Verlag, Wien, 2004.
Landwehr von Pragenau, General Ottokar von, *Hunger. Die Erschöpfungsjahre der Mittelmächte, 1917-1918*, Amalthea Verlag, Wien, 1931.
Le Goff, Marcel, *Anatole France à la Béchellerie, Propos et souvenirs, 1914-1924*, Léo Delteil, Paris, 1924.
Lehár, Anton, *Erinnerungen. Gegenrevolution und Restaurationsversuche in Ungarn, 1918-1921*, Verlag für Geschichte und Politik, Wien, 1973.
Les Pourparlers de paix de 1917 avec l'Autriche-Hongrie, Actes du colloque universitaire international de Neuchâtel, Editions Gilles Attinger, Hauterive, 1994.
Lichem, Heinz von, *Karl I. Ein Kaiser sucht den Frieden*, Tyrolia Verlag, Innsbruck, 1996.
Lloyd George, David, *Mémoires de guerre*, Fayard, Paris, 1934 (traduit de l'anglais).
Lorenz, Reinhold, *Kaiser Karl*, Verlag Styria, Graz, 1959.
Ludendorff, Erich, *Meine Kriegserinnerungen*, Mittler, Berlin, 1919 (traduction française : *Mémoires de guerre*, Payot, Paris, 1931-1932).
Manteyer, Georges de, *M. Clemenceau*. L. Jean, Gap, 1930.
Margutti, général baron Albert de, *La Tragédie des Habsbourg, mémoires d'un aide de camp*, Editions Crès, Paris, s.d. (traduit de l'allemand).
Masaryk, Thomas Garrigue, *La Résurrection d'un Etat. Souvenirs et réflexions, 1917-1918*, Plon, Paris, 1930 (traduit du tchèque).
Michel, Bernard, *La Chute de l'empire austro-hongrois, 1916-1918*, Robert Laffont, Paris, 1991.
Nowak, Karl Friedrich, *Der Weg zur Katastrophe*, Erich Reiss, Berlin, 1919 (traduction française : *Les Dessous de la défaite. La chute des puissances centrales en 1916-1918*, Payot, Paris, 1925).
—, *Der Sturz der Mittelmächte,* Callwey Verlag, München, 1921 (traduction française : *Les Dessous de la révolution. L'Allemagne et l'Autriche en novembre 1918*, Payot, Paris, 1927).
Oudin, Bernard, *Aristide Briand*, Robert Laffont, Paris, 1987.

Pédroncini, Guy, *Les Négociations secrètes pendant la Grande Guerre*, Flammarion, Paris, 1969.

Poincaré, Raymond, *Au service de la France. Neuf années de souvenirs. L'Année trouble, 1917* (t. IX) et *La Victoire et l'armistice* (t. X), Plon, Paris, 1932 et 1933.

Polzer-Hoditz, Graf Arthur, *Kaiser Karl. Aus der Geheimmappe seines Kabinettschefs* (2e édition), Amalthea Verlag, Wien, 1980 (traduction française abrégée : comte A. Polzer-Hoditz, *L'Empereur Charles et la mission historique de l'Autriche*, Grasset, Paris, 1934).

Praschl-Bichler, Gabriele, *Das Familienalbum von Kaiser Karl und Kaiserin Zita*, Verlag Carl Ueberreuter, Wien, 1996.

Rauchensteiner, Manfred, *Der Tod des Doppeladlers. Österreich-Ungarn und der Erste Weltkrieg*, Styria Verlag, Graz, 1994.

Redlich, Joseph, *Schickalsjahre Österreichs, 1908-1919, Das politische Tagebuch Joseph Redlichs*, Verlag Böhlau, Graz, 1953.

Renoton-Beine, Nathalie, *La Colombe et les Tranchées. Les tentatives de paix de Benoît XV pendant la Grande Guerre,* Cerf, Paris, 2004.

Ribot, Alexandre, *Lettres à un ami. Souvenirs de ma vie politique*, Bossard, Paris, 1924.

—, *Journal*, Plon, Paris, 1936.

Rieder, Heinz, *Kaiser Karl. Der letzte Monarch Österreichs-Ungarns*, 1887-1922, Callwey, Munich, 1981.

Ronge, général Max, *Espionnage. Douze années au service des renseignements*, Payot, Paris, 1932 (traduit de l'allemand).

Rumpler, Hellmut, *Das Völkermanifest Kaiser Karls vom 16. Oktober 1918*, Verlag für Geschichte und Politik, Wien, 1966.

Scherer, André et Grünewald, Jacques, *L'Allemagne et les problèmes de la paix pendant la Première Guerre mondiale,* PUF, Paris, 1978.

Schonta, Emmerich Zeno von, *Aus den Erinnerungen eines Flügeladjutanten an weiland Seine Majestät der Kaiser und König Karl*, Reichsbund der Österreicher, Wien, 1927.

Steed, Henry-Wickham, *Trente années de vie politique en Europe, Mes souvenirs*, Plon, Paris, 1926-1927 (traduit de l'anglais).

Steglich, Wolfgang, *Die Friedenspolitik der Mittelmächte*, 1917-1918, Steiner, Wiesbaden, 1964.

Thiériot, Jean-Louis, *François-Ferdinand d'Autriche*, Fallois, Paris, 2005.

Troud, Jérôme, *Charles Ier*, Plon, Paris, 1936.

Vasari, Emilio, *Dr. Otto Habsburg oder die Leidenschaft für Politik*, Verlag Herold, Wien, 1972.

–, *Zita, Kaiserin und Königin*, Verlag Herold, München, 1976.

Vivian, Herbert, *Kreuzweg eines Kaisers, Karl I. von Österreich, mit*

Auszügen aus den Tagebüchern des Lieutenant-colonel E. L. Strutt, Höger Verlag, Leipzig-Wien, 1935 (traduit de l'anglais).

Werkmann, Karl, *Der Tote auf Madeira. Kaiser Karl von Österreich*, Verlag für Kulturpolitik, München, 1923 (traduction française : *Le Calvaire d'un empereur*, Payot, Paris, 1924).

—, *Aus Kaiser Karls Nachlass*, Verlag für Kulturpolitik, Berlin, 1925.

—, *Deutschland als Verbündeter. Kaiser Karls Kampf um den Frieden*, Berlin, 1931 (traduction française abrégée : *L'Allemagne dans le rôle d'alliée*, La Petite Illustration, 30 octobre 1937).

Windischgraetz, Ludwig, *Vom roten zum schwarzen Prinzen*, Ullstein, Berlin, 1920 (traduction française : *Mémoires*, Payot, Paris, 1923).

—, *Ein Kaiser kämpft für die Freiheit. So begann Ungarns Leidensweg*, Verlag Herold, Wien, 1957.

Zeman, Z.A.B, *La Fin des Habsbourg*, Rencontre, Lausanne, 1971.

Zessner-Spitzenberg, Hanz Karl, *Kaiser Karl*, Salzburger Verlag für Wirtschaft und Kultur, Salzburg, 1953.

Zweig, Stefan, *Le Monde d'hier*, Belfond, Paris, 1993.

Index

*Les membres de la famille de Habsbourg
(archiducs ou archiduchesses), de même que les princes
de la famille de Bourbon-Parme,
sont classés par leur prénom.*

Adélaïde, archiduchesse, fille de l'empereur Charles : 38, 80, 290, 295, 298, 303.
Adélaïde de Bourbon-Parme (en religion Mère Marie-Bénédicte) : 31
Adler, Friedrich (fils de Viktor) · 59, 122.
Adler, Viktor (pere de Friedrich) . 59, 113, 121, 122, 141, 147, 210, 213.
Almeida, Dom Joao d' : 288, 291, 300.
Alphonse XIII : 158, 240, 249, 252, 253, 255, 290, 299, 301.
Andràssy, Julius : 203, 205, 209 273, 276, 280.
Armand commandant Abel 136 162-164.
Arz von Straussenburg, général

Arthur 72, 76, 98, 170-172 187, 195, 214, 300, 310.
Auguste Viktoria, impératrice, épouse de Guillaume II : 98.

Badoglio, général Pietro : 212.
Baernreither, Joseph : 125, 169.
Balfour, lord Arthur : 236.
Barrère, Camille : 144.
Bauer, Otto : 121, 173, 223, 252
Bellegarde, comtesse Gabriele 226, 241
Below, général Otto von : 137.
Beneš, Edvard : 117, 179-181. 188, 199, 200, 258, 268, 279 285
Benoît XV 130-135, 144, 186, 191, 229, 230, 240, 249, 252, 255, 261, 274, 282, 285 291
Béraud, Henri : 272.

Berchtold, comte Léopold : 48, 248.
Berthelot, Philippe : 260.
Bethlen, comte István : 273, 281, 287.
Bethmann-Hollweg, Theobald von : 54, 86-88, 98, 115, 133.
Bisleti, cardinal Gaetano : 33, 34, 252.
Boroević, général Svetozar : 154, 186, 187, 215, 249.
Boroviczény, Aladàr : 273-275, 280.
Bossart, Dom Thomas : 244, 252.
Boy de la Tour, Maurice : 91.
Briand, Aristide : 93, 96, 98, 170, 253, 260-263, 266, 268, 274, 279.
Burián, comte Stephan : 86, 171, 172, 183, 191, 192, 195, 200, 203.

Cadorna, général Luigi : 101.
Cambon, Jules : 91, 98, 99, 101.
Charles-Louis, archiduc, fils de l'empereur Charles : 12, 149, 290, 295, 298, 303.
Charles-Louis, archiduc, grand-père de l'empereur Charles : 17, 19-21, 30.
Charlotte, archiduchesse, fille de l'empereur Charles : 244, 290, 298, 303.
Clam-Martinic, comte Heinrich von : 65, 110, 111, 113, 124.
Clemenceau, Georges : 98, 161-166, 168-170, 182, 188, 254.
Conrad von Hötzendorf, général Franz : 47, 52, 53, 58, 59, 64, 71-73, 78, 111, 116, 154, 186, 187.

Cramon, général August von : 169, 170, 176.
Csernoch, cardinal Jànos : 68, 281.
Cunninghame, colonel Thomas : 231, 232.
Curzon, lord George : 285.
Czernin, comte Ottokar : 65, 66, 88, 89, 92-98, 101-105, 115, 118, 122, 128, 130, 135, 136, 140, 143, 144, 146, 152, 157-170, 306.

Demblin, comte August : 165.
Denis, Ernest : 179.
Deschanel, Paul : 260.
Deutsch, Julius : 57.
Dugast Rouillé, Michel : 279.
Dumaine, Alfred : 38.
Dutasta, Paul-Eugène : 253.

Eichhoff, baron Johann : 194, 195.
Elie de Bourbon-Parme, frère de Zita : 49.
Elisabeth, archiduchesse, fille de l'empereur Charles : 301, 303.
Elisabeth, impératrice d'Autriche : 19, 55, 67, 80, 203, 284.
Elisabeth, reine des Belges : 50, 90.
Enver Pacha : 183.
Erdödy, comte Tamás : 92, 94-96, 101, 256, 261, 262, 264.
Esterházy, comte Alexander : 225.
Esterházy, comte Franz : 280.
Esterházy, comte Moritz : 120.
Eugène, archiduc : 154, 168.

Falkenhayn, général Erich von : 54, 58.

Fejtö, François : 182.
Félix, archiduc, fils de l'empereur Charles : 55, 290, 298, 303.
Félix de Bourbon-Parme, frère de Zita : 49, 138.
Ferdinand, roi de Bulgarie : 192.
Ferdinand-Charles, archiduc (Ferdinand Burg) : 41.
Foerster, Friedrich Wilhelm · 117, 118, 140.
Fouchet, Maurice : 267, 268.
France, Anatole : 105.
Franchet d'Esperey, général Louis : 192, 257.
François-Ferdinand, archiduc : 17, 20, 21, 24, 30, 32, 34, 37, 40-42, 45, 46, 51, 110, 222, 233.
François-Joseph, empereur d'Autriche : 17, 19, 24, 25, 27, 30, 33, 34, 41, 45, 46, 50, 51, 53-55, 58, 61, 62, 67, 73, 304.
Franz Salvator, archiduc : 248.
Frédéric, archiduc : 52, 53, 64.
Funder, Friedrich : 177, 198.

Gasparri, cardinal Pietro : 274, 285.
Gayer, chevalier Edmund : 220, 221.
Geggerle, Norbert, père dominicain : 21.
George V : 30, 98, 99, 103, 231, 242, 253, 255.
Gömbös, Gyula : 277.
Gradowska, sœur Maria Zita : 315.
Gratz, Gustav : 273, 280.
Guillaume II : 53, 54, 58, 59, 85, 86, 88, 89, 91, 98, 99, 128, 129, 140, 146, 149, 168, 171, 172, 174, 189-191, 193, 209, 217, 255.

Hadik, comte Jànos · 204. 205, 207.
Hamann, Brigitte : 303, 304.
Hauser, Mgr Johann : 218, 222.
Hegedüs, général Paul : 277, 278.
Hemingway, Ernest : 138.
Herron, George David : 157, 160, 206.
Hindenburg, maréchal Paul von : 58, 59, 86, 98, 117, 133, 143, 152, 170, 172, 186, 188, 191 193, 217.
Hoffmann, général Max : 151.
Holtzendorff, amiral Henning von : 88.
Homen de Gouveia, chanoine Antonio : 285, 288, 289, 291, 294.
Horthy, amiral Nikolaus von 258, 259, 266-269, 273, 274, 276, 277, 281, 306.
House, colonel Edward : 189.
Hunyady, comte Josef : 74, 175, 218, 225, 233, 282-284, 287, 288.
Hussarek, baron Max von : 190, 195, 196, 203.

Isabelle, archiduchesse : 171.

Jean-Paul II : 13, 302, 315, 316.
Joseph, archiduc : 154, 207, 261.

Károlyı, comte Joseph : 295, 300.
Károlyi, comte Mihály : 204, 205, 207-209, 257, 258.
Klofáč, Wenzel : 186, 200, 201.
Koerber, comte Ernst von : 63, 65, 81.

Kolowrat, Alexander : 177.
Korff-Schmising-Kerssenbrock, comtesse Thérèse : 150, 243, 293, 295, 299.
Kovács, Elisabeth : 14, 304
Kövess, feld-maréchal Hermann 154, 214.
Kramář, Karel : 114.
Krobatin, feld-maréchal Alexander von : 47, 154.
Kronprinz, Guillaume, fils de Guillaume II : 31, 135.
Kühlmann, Richard von : 151, 160.
Kun, Béla : 245, 258, 262

Lammasch, Heinrich : 113, 140, 157, 160, 206, 210, 212, 214, 217, 219, 220, 253, 254.
Landwehr von Prangenau, général Ottokar von : 123, 200.
Lansing, Robert : 89, 157, 189, 193, 209.
Ledochowski, comte Wladimir : 129, 225, 241, 272, 282.
Lehár, colonel Anton : 265, 269, 270, 274-278, 280.
Lénine : 141, 151, 152.
Léon XIII : 121, 227, 228.
Lloyd George, David : 98-100, 103, 105, 188, 236.
Lobkowicz, prince Zdenko von : 25, 30, 62, 74.
Londres, Albert : 272.
Ludendorff, général Erich von . 58, 59, 86, 98, 117, 133, 143, 152, 170, 173, 174, 188, 191, 193, 217.
Lyautey : 163, 253, 262.

Mandel, Georges : 162.
Manteyer, Georges de : 90, 163.

Margutti, général Albert von : 38, 81.
Maria Annunziata, archiduchesse, tante de l'empereur Charles · 28, 29.
Maria Antonia, duchesse de Bourbon-Parme, mère de l'impératrice Zita : 29, 32, 33, 90, 91, 241.
Maria Josepha, archiduchesse, mère de l'empereur Charles : 18, 19, 21, 24, 225, 241, 243, 272, 282, 310.
Marie-Thérèse, archiduchesse, grand-mère d'adoption de Charles : 29, 30, 42, 47, 272, 282, 293, 295, 313.
Marie-Valérie, archiduchesse, fille de François-Joseph : 62.
Martin, William : 90, 91.
Mary, reine d'Angleterre, épouse de George V : 30, 231.
Masaryk, Thomas Garrigue : 117, 179-181, 186, 188, 199, 258.
Max de Bade : 193, 217.
Maximilien (Max), archiduc, frère de l'empereur Charles · 18, 275, 316.
Meinl, Julius · 140.
Mensdorff, comtesse Viktoria : 290, 293, 295, 297.
Mensdorff-Pouilly, comte Albert : 136.
Michaelis, Georg : 133.
Miklas, Wilhelm : 223, 313.
Millerand, Alexandre : 260.
Montenuovo, prince Alfred : 46, 60.
Musil, Mgr Alois : 97, 102, 183.

Nicolas II : 128, 219, 231.
Northcliffe, lord Alfred : 181.

Nowak, Karl : 77, 78.

Osztenburg, commandant Gyula : 275, 276, 278, 280
Otto, archiduc, père de l'empereur Charles : 18-21, 24, 25, 30.
Otto, archiduc, fils de l'empereur Charles : 37, 56, 62, 69, 70, 76, 80, 220, 238, 244, 275, 287, 290, 295, 296, 298, 300, 301, 303, 310-312, 314.

Pacelli, Mgr Eugenio (futur Pie XII) : 131-134, 144, 186, 191, 252, 313.
Paléologue, Maurice : 260.
Pašić, Nikola : 180, 181.
Penfield, Charles : 89, 253.
Pereira Ribeiro, Mgr Antonio : 284, 285, 289, 300.
Pie X : 32, 34, 310.
Pie XI : 299.
Piffl, cardinal Friedrich : 150, 177, 218, 227, 228, 252, 313.
Poincaré, Raymond : 90, 93, 96, 98, 99, 102, 105, 170, 188, 231, 254.
Polzer-Hoditz, comte Arthur : 23, 27, 45, 51, 56, 74, 75, 79, 80, 83, 89, 107, 110, 113-115, 118, 123, 124, 140, 192, 194, 196, 198, 262.

Rákovszky, Stefan : 273, 276, 280.
Rašin, Josef : 114.
Redlich, Josef : 81, 113, 140, 217.
René de Bourbon-Parme, frère de Zita : 49, 211, 228.
Renner, Karl : 113, 141, 147, 202, 210, 226, 227, 235-238, 245-247, 254.
Revertera, comte Nikolaus : 136, 162-164, 252, 254.
Ribot, Alexandre : 98-100, 102, 103, 105, 134.
Robert, archiduc, fils de l'empereur Charles : 55, 80, 287, 290 291, 293, 298, 303, 312.
Robert, duc de Parme, père de l'impératrice Zita : 28, 29, 33.
Rocha Machado, Luis : 286.
Rodolphe, archiduc, fils de François-Joseph : 18.
Rodolphe, archiduc, fils de l'empereur Charles : 244, 290, 298, 303, 314.
Ronge, colonel Max : 176, 215.

Salomon, Charles : 90, 91.
Schober, Johannes : 226.
Schönborn, comtesse Agnes 245, 263, 294.
Schonta, baron Emmerich von . 149, 225, 227, 233, 239, 243, 270-272, 282.
Schratt, Katharina : 62.
Schulthess, Edmond : 271.
Seeckt, général Hans von : 58.
Seeholzer, Henri : 290.
Seidler, comte Ernst von : 113, 115, 146, 147, 190.
Seipel, Mgr Ignaz : 177, 252.
Seton-Watson, Hugh : 181.
Seydl, Mgr Ernst : 61, 225, 227, 238, 239, 241, 243, 272, 282, 312.
Sieghart, Rudolf : 124.
Sigray, comte Antál : 265.
Sixte de Bourbon-Parme, frère de Zita : 32, 49, 90-105, 163, 228, 231, 242, 253, 260, 262, 263.

Smuts, général Jan Christiaan : 136.
Sonnino, Sidney : 99, 100, 103.
Sophie, duchesse de Hohenberg, épouse de l'archiduc François-Ferdinand : 38, 40-42, 46.
Spitzmüller, Alexander : 65, 66, 195.
Steed, Henry Wickham : 181.
Stefanik, Milan : 180, 189, 200.
Steiner, Bruno : 249, 290.
Strutt, colonel Edward Lisle : 232-239, 241, 248, 263, 282.
Stürgkh, comte Karl : 59, 108, 122.
Summerhayes, colonel John : 231

Tandler, Julius : 106.
Tarnowski, comte Adam : 88.
Teleki, comte Paul : 262, 265.
Tisza, comte István : 47, 48, 66, 67, 69, 118-120, 154, 207, 310.
Trotski : 142, 151, 152.
Trumbić, Ante : 180, 181.
Tusar, Vlastimil : 200.

Valfrè di Bonzo, Mgr Teodoro : 131, 132, 134, 144.
Vass, Mgr Josef : 265.
Vázsonyi, Vilmós : 120, 310.

Victor-Emmanuel III : 101, 103.
Vieira de Castro, Antonio : 284, 286, 288.

Wallis, comte Georg : 20-22, 24, 25, 27, 28.
Weber, général Viktor : 212, 214.
Wedel, comte Botho von : 85, 169, 170, 173, 174.
Weiskirchner, Richard : 141, 160.
Wekerle, comte Sándor : 120, 153, 195, 196, 202, 203, 310.
Werkmann, capitaine Karl von : 176, 177, 203, 218, 220, 242, 243, 251, 259, 262, 270-272, 282.
Wilson, Thomas Woodrow : 87, 89, 133, 142, 156, 158, 188-190, 192, 193, 197, 198, 206, 216.
Windischgrätz, prince Ludwig : 75, 139, 306.

Xavier de Bourbon-Parme, frère de Zita : 49, 90, 91, 93-97, 101, 103, 228, 231, 242, 253, 260, 289, 290.

Zsamboki, abbé Paul : 293, 296, 298, 300.
Zweig, Stefan : 47, 240.

Remerciements

S.A.I.R. l'archiduc Rudolf d'Autriche, aîné des petits-enfants de l'empereur Charles et de l'impératrice Zita, en mettant à ma disposition les actes du procès de béatification de son grand-père, a considérablement facilité ma tâche. Qu'il reçoive ici l'expression de ma vive gratitude.

Cet ouvrage est le septième que je publie chez Perrin. Que Xavier de Bartillat et tous ses collaborateurs soient remerciés pour leur soutien constant, et pour la qualité de leur maison d'édition.

Ce livre, comme les six précédents, n'aurait pas vu le jour sans le consentement de ma femme. Depuis quinze années, je lui ai volé un nombre incalculable d'heures pour me consacrer à la recherche et à l'écriture. Sa patience et son abnégation lui valent mon infinie reconnaissance. Mes enfants (et mes petits-enfants) méritent d'être associés à cet hommage familial : leur énergie est une force pour moi aussi.

Table

Une place vide dans la Crypte des Capucins 11

1. La simplicité d'un prince 17
2. L'archiduc héritier sur le front 40
3. Sa Majesté impériale et royale apostolique l'empereur et roi Charles 61
4. L'empereur tend la main aux Alliés 85
5. Un souverain réformateur 106
6. Avec Benoît XV, pour la paix 127
7. 1918, l'année terrible 145
8. Clemenceau contre Czernin : Charles pris au piège 160
9. Les derniers feux de la monarchie 183
10. L'agonie d'un empire 199
11. L'empereur sans couronne 225
12. L'exil, la langueur et l'espoir 241
13. Echec au roi à Budapest 257
14. Comment meurt un empereur chrétien 284
15. Charles le bienheureux 302

Notes 319
Annexes 325
Cartes 333
Tableaux généalogiques 337
Chronologie 343
Bibliographie 345
Index 351
Remerciements 357

*Cet ouvrage a été imprimé par
CPI – Firmin Didot à Mesnil-sur-l'Estrée
pour le compte des Éditions Perrin
11, rue de Grenelle
Paris 7ᵉ
en janvier 2010*

La photocomposition de cet ouvrage
a été réalisée par
GRAPHIC HAINAUT
59163 Condé-sur-l'Escaut

Imprimé en France
Dépôt légal : septembre 2009
N° d'impression : 98537